高等院校经济管理类
新形态系列教材

U0734049

Enterprise
Management

刘建华 李东进 赵馨頔◎主编

现代企业管理

理论、案例与实践

微课版 第2版

人民邮电出版社

北 京

图书在版编目（CIP）数据

现代企业管理：理论、案例与实践：微课版 / 刘建华，李东进，赵馨頔主编. -- 2 版. -- 北京：人民邮电出版社，2025. --（高等院校经济管理类新形态系列教材）. -- ISBN 978-7-115-66481-5

Ⅰ. F272

中国国家版本馆 CIP 数据核字第 2025YS2108 号

内 容 提 要

本书共 10 章，内容包含企业管理基础、企业管理实务和企业管理创新三大部分。企业管理基础部分主要介绍企业及企业管理的基础知识，包含企业管理导论、企业管理的职能、企业战略规划。企业管理实务部分全面介绍了人力资源管理、供应链与物流管理、生产管理与质量管理、市场营销管理、企业财务管理等。企业管理创新部分阐述了企业创新与企业文化管理、现代企业人工智能管理。

本书内容全面、知识新颖，注重理论联系实际，既可作为高等院校企业管理课程的授课教材，也可作为企业培训及相关从业人员的参考用书。

◆ 主　　编　刘建华　李东进　赵馨頔
　　责任编辑　刘向荣
　　责任印制　陈　犇

◆ 人民邮电出版社出版发行　　北京市丰台区成寿寺路 11 号
　　邮编　100164　电子邮件　315@ptpress.com.cn
　　网址　https://www.ptpress.com.cn
　　三河市君旺印务有限公司印刷

◆ 开本：787×1092　1/16
　　印张：15.5　　　　　　　　2025 年 5 月第 2 版
　　字数：359 千字　　　　　　2025 年 5 月河北第 1 次印刷

定价：59.80 元

读者服务热线：**(010)81055256**　印装质量热线：**(010)81055316**
反盗版热线：**(010)81055315**

前　言

本书第1版自2020年9月出版以来，因内容全面、知识新颖、理论联系实际而广受读者好评。为全面贯彻党的二十大精神，在润物无声中推进立德树人这一根本任务，编者在深入学习二十大报告的基础上，结合高等院校企业管理课程的教学特点，对第1版教材进行了修订。

本书第2版在保持原有编写风格的基础上，在内容设计和编写体系方面进行了优化，对篇章结构进行了较大调整，删去了一些陈旧的知识，增加了一些与时俱进的内容，如企业创新、新质生产力、现代企业人工智能管理等。修订后的写作主线更为清晰，结构更为合理，内容也更为精炼。本书第2版具体修订如下。

（1）在内容设计方面，本书第2版由第1版的13章精简为10章。第2版内容共分为三大部分，分别为企业管理基础、企业管理实务和企业管理创新。其中，企业管理基础部分主要介绍企业的概念与分类、企业管理的概念与企业管理者、企业管理的职能、企业战略规划等。企业管理实务部分主要介绍企业人力资源管理、供应链与物流管理、生产管理与质量管理、市场营销管理、企业财务管理。企业管理创新部分阐述了企业创新与企业文化管理、现代企业人工智能管理。

（2）在体系设计方面，本书第2版增加了本章实训、课堂讨论、延伸学习等专栏，通过大量贴近企业实战的案例和阅读材料为读者营造出良好的学习情境。

（3）在教学资源建设方面，本书第2版为用书教师提供了有力的教学支持，提供电子课件、教学大纲、电子教案、PPT版教学案例、各章习题答案、辅助教学视频、补充阅读资料、微课等丰富的电子教学资源，形成独具特色的立体化教学资源库。

本书第2版内容全面、体例丰富，注重理论联系实际，突出了管理实训训练与案例讨论，既可作为高等院校企业管理课程的教材，也可作为相关从业人员系统学习企业管理知识的参考用书。

　　本书由南开大学刘建华、李东进、赵馨頔主编，于洁、张黎、梁丽军也参加了本书的编写工作。

　　在本书编写过程中，编者参阅了大量中外文献资料，在此向有关著作者表示衷心的感谢。

　　因编者学识有限，书中难免存在不足之处，敬请广大读者批评指正。

编者

2025 年 4 月于南开园

目 录

第 4 章

人力资源管理 / 73

第 5 章

供应链与物流管理 / 95

第 6 章

生产管理与质量管理 / 116

第7章

市场营销管理 / 144

第8章

企业财务管理 / 176

第1章

企业管理导论

本章导学

　　企业是市场经济活动的主要参与者。离开了企业的生产和销售活动，市场就成了无源之水，无本之木。只有培育大量充满活力的企业，社会才能稳定、和谐而健康地发展。企业管理是维持企业正常运营的基础。有效的管理不仅能够使企业明确发展方向，提高效益，激发员工的潜能，确保财务安全，提升产品的销量，提高产品的质量，而且有助于塑造良好的企业形象。本章主要介绍企业及企业管理的概念、特征、发展、分类，以及如何成为优秀的企业管理者等内容。通过对本章的学习，读者可以对企业、企业管理及企业管理者有一个全面认识。

知识结构图

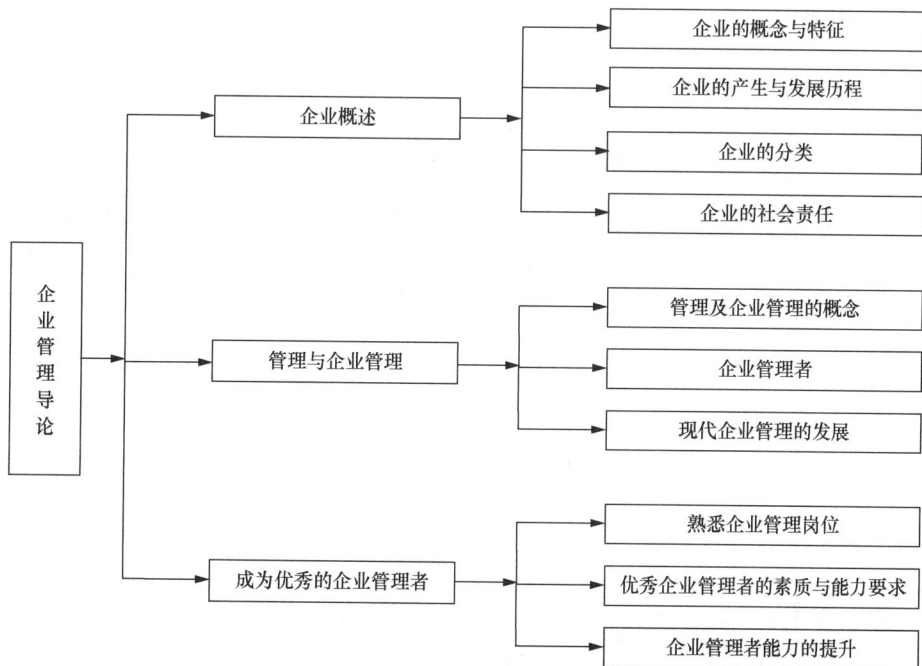

开篇引例　新能源蓬勃十年：中国传统车企的转型之路

我国新能源汽车产业发端于 2009—2012 年的"十城千辆"工程。2013 年，财政补贴从试点城市向全国范围无差别铺开。自此，新能源汽车产业开启了波澜壮阔的发展历程。

过去的十年，新能源汽车产业逐渐步入富有激情的理性期。十年里，国家付出了真金白银，市场之刃也未对投机者手软，大浪淘沙始见金。筚路蓝缕已过，前行依然需要沐风栉雨。

新能源汽车蓬勃发展的十年，画就了一幅涵盖产品、技术、供应链、补能基建、智能化的宏大画卷。

碍于我国汽车工业起步较晚，核心技术被跨国公司主导，在过去很长一段时间里，中国车企一直扮演的是跟随与陪跑的角色。时过境迁，十年的追赶与探索，整个中国汽车市场的竞争格局早已重塑。如今的中国车企已经成长为全球汽车产业中一股不可忽视的力量。

2022 年，比亚迪一骑绝尘，用一年时间摘下了国内乘用车销量桂冠。2023 年其销量更是一度超越南北大众的销量总和。在此之前，销量榜单前三位一直被一汽大众、上汽大众、上汽通用三家合资企业占据。

除此之外，销量榜单前十位中，中国车企的身影也越来越多。2013 年，销量榜单前十位中只有长城、吉利两家中国车企，而在 2023 年的销量榜单中，中国车企已经占到了一半。比亚迪、奇瑞、吉利、长安、长城等迅速崛起，竞争力持续攀升。

截至 2023 年底，中国品牌的汽车本土市场占有率已经逼近 60%，出口量也跃居世界第一。究其原因，汽车的电动化转型无疑起到了关键作用。

资料来源：蓝鲸财经。

问题：近年来我国新能源汽车蓬勃发展的原因是什么？结合本案例，请谈谈影响企业及行业发展的因素都有哪些。

1.1　企业概述

1.1.1　企业的概念与特征

1. 企业的概念

企业是指从事生产、流通、服务等经济活动，以产品或服务满足社会需要，并以获取盈利为目的，依法设立、实行自主经营、自负盈亏的经济组织。企业必须具备以下基本要素。

（1）企业须拥有一定的资源，如必要的人力、物力、财力等。这是企业设立和运营的基础。

（2）企业须有开展经营活动必要的经营场所，如办公地点、生产车间、销售终端等。

（3）为实现营利目的，企业须开展一系列的研发、生产、流通等活动。

（4）企业的设立和经营须遵守相关的法律，企业的活动要受到法律的约束，同时也受到法律的保护。

（5）企业须具有独立运营的自主权，自主经营、自负盈亏。

课堂讨论

个体工商户也是企业吗？请说明理由。

2. 企业的特征

与其他类型的组织相比较，企业主要具有以下四大特征。

（1）企业是一个营利性组织

企业是社会的经济细胞，主要的目的是获取利润。

财富是人生活的物质基础，人要生存，就需要有物质财富。一般来说，拥有物质财富的多寡对人的生活质量起着决定性的作用。为了取得财富，人需要开展生产活动。在开展生产活动的过程中，对原材料、工具、能源、劳动力等要素的耗费，就构成生产成本。如果生产出的产品的价值超过成本，超出的盈余部分就是利润，有利润意味着物质财富的增加。企业作为一个经济组织，将各种生产要素组织起来，就是为了提高生产效率，降低成本，更多地创造利润，从而获取更多的物质财富。

（2）企业是一组资源的集合

企业资源是指企业所拥有或能控制的，用于支持其运营、发展、创新和竞争的各种有形与无形资源和能力总和。

企业的资源可以分为有形资源和无形资源两大类。有形资源是指能被看到并且易于测量的资源，如物化资源（生产设备、原材料、办公用具等）、财务资源（资金、有价证券等）、组织资源（企业的组织结构和管理系统）等。无形资源指的是企业长期积累的、没有实物形态的，甚至无法用货币精确度量的资源，通常包括品牌、商誉、技术、专利、商标、企业文化以及组织经验等。有形资源和无形资源对企业来说都很重要，但都不能单独创造出价值和利润。企业只有把有形资源和无形资源有效地整合在一起，形成特有的企业资源，才能构建竞争优势，创造价值和利润。

（3）企业是一组利益关系的集合

企业是由各方利益相关者组成的一个系统，如股东、经理人和企业员工等。由于出发点和目的不同，这些利益相关者构成了错综复杂的利益关系，如股东与经理人之间的委托代理关系，企业高层决策者与基层管理者的利益关系，企业管理者与工人之间的管理与被管理、监督与被监督的制衡关系。企业必须妥善处理这些关系，以便上下一心，共同为企业的发展而努力。

（4）企业是依法设立的经济组织

企业作为经济社会的基本细胞，其行为对社会有着重大的影响。除了企业内部的利益关系外，企业与银行等债权人、与税务局等国家机构、与消费者等客户、与同行竞争者之间等都存在着更复杂的关系。如果这些关系得不到恰当处理，将会给社会造成极大的危害。所以，国家对企业的设立有严格的法律要求。企业必须按照国家法律的规定设立，才能取得从事生产经营活动的合法资格，得到国家相关法律的保护，享有其独立的企业权益，并承担相应的义务。

1.1.2　企业的产生与发展历程

从家庭式的手工作坊到今天全球化运作的跨国企业，企业的发展大致经历了以下 3 个阶段。第一阶段为早期企业阶段，大致是从罗马帝国时期到 15 世纪末期；第二阶段为近代企业阶段，大致是从 15 世纪末期到 19 世纪下半叶；第三阶段为现代企业阶段，大致是从 19 世纪下半叶直到现在。

1. 早期企业阶段的企业的形态

早期企业阶段的企业的起源和发展是与贸易的兴旺及分担风险的要求联系在一起的。在中世纪的欧洲，地中海沿岸各城市海商繁荣、都市兴旺、商业较为发达，个体商人在社会经济生活中占有十分重要的地位，共同经营先辈遗留下来的家族企业。这些家族企业成为公司制企业的前身。同时，海洋贸易的巨大风险导致船舶共有的经营方式出现。这种方式是合伙制企业或者合营、入股制度的雏形。因而早期企业阶段的企业的诞生，从经济角度来说，同商业的发展密切相关。从地理位置角度来说，地中海地区是中世纪时期的海洋贸易和陆地贸易的主要集中地。

2. 近代企业阶段的企业的兴起

15世纪末期，随着荷兰、英国的海洋贸易和经济的迅速发展，在荷兰和英国产生了适应这种发展需要的特许贸易公司，使得早期的合资贸易组织逐渐向特许贸易公司过渡。近代兴起的企业主要分为两种形式：一种是从15世纪后期的合资贸易组织到17世纪的特许贸易公司，另一种就是从18世纪的合股公司到19世纪中期的公司制企业。

随着15世纪航海技术的发展，海洋贸易迫切需要大型的贸易企业作为支持。西欧各国在重商主义政府的支持下，建立了一批特许贸易公司。之所以称为特许贸易公司，是由于当时西欧各国限制贸易自由，要进行贸易就必须取得政府的特许。早期的特许贸易公司往往带有中世纪合资贸易组织的短期和松散的特点，如英国东印度公司在建立之初的十多年中，一直是按一次航行集资，航程结束后结算的模式运作。后来的荷兰东印度公司是世界上第一个永久性公司，制度上已经具有了近代公司制度的基本特征：募集股金建立，具有法人地位，由董事会领导下的经理人员来经营等。特许贸易公司及后来出现的特许专营公司（营业方向不适合海洋贸易而主要为公用事业的特许公司）都不能被看作是真正意义上的公司，因为它们都是靠政府或者皇家授权建立的，用相应的义务来换取贸易的垄断权。

从18世纪到19世纪中叶，特许贸易公司和特许经营公司获取的高额利润使得商人发现在没有取得"特许状"的情况下，通过合股公司这种类似于特许贸易公司的组织形式就可以招商引资，股东可以自由转让手中的股票，公司由被股东集体授权的人员来管理。但是在当时，欧洲各国并没有赋予这种合股公司以法人地位，直到1837年美国的康涅狄格州颁布了《一般公司法》，1844年英国议会通过了《公司法》，公司制度的基本框架才确立起来。

3. 现代企业阶段的企业的成长

在企业从事多方面经营活动的情况下，企业的经营管理只能交由专业经营人员来负责，于是，公司制企业就从旧时的企业主企业演变为现代的经理人企业了。现代企业的成长过程包括企业规模的扩张过程和资本所有者与管理权的分离过程。

著名的战略管理专家艾尔弗雷德.D.钱德勒（Alfred D.Chandler）认为，现代企业的原型是把大量生产过程和大量分配过程结合在一起的一个单一企业。这种结合最早发生在美国的工业企业中。通过大量生产过程和大量分配过程的结合，一个单一企业就能完成制造和销售一个系列产品所涉及的多项交易和作业程序。这种结合的意义在于管理指导的"有形的手"取代了市场力量的"无形的手"，从而协调从原料和半成品的供应者，直到零售店和最终消费者的货物流动，降低了交易成本和信息成本。更为重要的是，这种结合实现了规模经济，减少了资本成本。现代企业是通过两种途径完成大量生产过程和大量分配过程的结合的：第一种途径是纵向结合，即企业直接建立自己的销售网络和采购渠道；第二种途径是横向结合，即企业通过收购或者兼并小企业来实现生产延伸。企业规模的扩张及技术与管理的专业化使专业管理人员的作用不断加强。

纵观企业产生与发展的历程，现代企业与传统企业已经有了很大的不同，所担负的职能也发生了较大的变化。在全球一体化的进程中，企业的发展在国家的政治、经济、文化领域已越来越起着至关重要的作用。

1.1.3 企业的分类

在我国，按照投资人的出资方式和责任形式，企业有三大类基本组织形式，即个人独资企业、合伙企业和公司制企业。其中公司制企业是现代企业中最典型、最主要的组织形式。另外，企业还有多种类型。例如，按照资产所有制性质来分，企业可以分为国有企业、集体企业、私营企业和混合所有制企业。按照资本来源的国别分类，企业可分为中资企业、外资企业、中外合资企业和中外合作经营企业。按照所属行业及从业人员数量和营业收入，可将企业划分为大型企业、中型企业、小型企业和微型企业。按照企业生产经营业务的性质分类，企业可分为工业企业、农业企业、商业企业、金融企业、建筑企业和交通运输企业等。

需要注意的是，一些人混淆了企业与公司的概念。事实上企业并不等同于公司，两者的关系是凡是公司均属于企业，但企业未必都是公司。公司只是企业的一种组织形态，依照我国法律规定，公司具有企业属性，但专指有限责任公司和股份有限公司，而个人独资企业和合伙企业并不属于此列。

1. 个人独资企业

个人独资企业，也称业主制企业或个体企业，是指由个人投资兴办，自主经营，财产归投资人个人所有，投资人以其个人财产对企业债务承担无限责任的经营实体。《中华人民共和国个人独资企业法》（以下简称《个人独资企业法》）规定，设立个人独资企业必须具备以下条件。

（1）投资人必须是自然人，且必须为中华人民共和国公民。

（2）有合法的企业名称，个人独资企业的名称不得使用"有限""有限责任""公司"字样，个人独资企业名称可以为厂、店、部、中心、工作室等。

（3）有投资人申报的出资。对投资人的出资金额未做限制，只是规定要有出资；设立个人独资企业可以用货币出资，也可以用实物、土地使用权、知识产权或者其他财产权利作价出资，但不能用个人劳务作价出资，也不能用个人信誉或者名誉作价出资。采用实物、土地使用权等作价出资时要折算成货币数额，投资人申报的出资也要与企业生产经营规模相适应；投资人可以以个人财产出资，也可以以家庭共有财产作为个人出资，但要在设立或变更登记申请书上予以注明。

（4）有固定的生产经营场所和必要的生产经营条件。

（5）有必要的从业人员，即要有与生产经营范围、规模相适应的从业人员。

个人独资企业的优点在于设立门槛较低，所有权与经营权归于一体，开业和关闭的手续简单；工商部门对资金没有什么要求，经营场地的要求也较为宽松；企业主拥有完全的自主权；税负较低，企业主可独享全部净利润；同时，企业信息一般不要求被公开，以利于保守商业秘密。

个人独资企业的主要缺点有以下四点：第一是要负无限责任。《个人独资企业法》第十八条规定："个人独资企业投资人在申请企业设立登记时明确以其家庭共有财产作为个人出资的，应当依法以家庭共有财产对企业债务承担无限责任。"该法的第三十一条规定："个人独资企业财产不足以清偿债务的，投资人应当以其个人的其他财产予以清偿。"第二是个人独资企业信誉不高、地位较低。第三是由于资金来源单一，一般个人独资企业实力不强。第四是企业的寿命有限。企业的存在完全取决于企业主，一旦企业主终止经营，如市场竞争失败或企业主自然死亡（除非有子女继承），企业生命也会由此终止。

2. 合伙企业

阅读资料

《合伙企业法》

合伙企业是指由两人以上按照协议投资，共同经营、共负盈亏的企业。合伙企业财产由全体合伙人共有，共同经营，合伙人对企业债务承担无限连带清偿责任。2007年6月1日起我国施行修订后的《中华人民共和国合伙企业法》（以下简称《合伙企业法》），在其中增加了有限合伙企业。该法规定："普通合伙制企业由普通合伙人组成，普通合伙人对合伙企业债务承担无限连带责任。""有限合伙企业由普通合伙人和有限合伙人组成，普通合伙人对合伙企业债务承担无限连带责任，有限合伙人以其认缴的出资额为限对合伙企业债务承担责任。"

设立普通合伙企业，应当具备下列条件。

（1）有两个以上合伙人。合伙人为自然人的，应当具有完全民事行为能力。

（2）有书面合伙协议。

（3）有合伙人认缴或者实际缴付的出资。

（4）有合伙企业的名称和生产经营场所。

（5）法律、行政法规规定的其他条件。

设立有限合伙企业，应当具备以下条件。

（1）有限合伙企业由两个以上五十个以下合伙人设立。

（2）有限合伙企业至少应当有一个普通合伙人。

（3）有限合伙企业名称中应当标明"有限合伙"字样。

（4）合伙协议中，还应当分别载明下列事项：

① 普通合伙人和有限合伙人的姓名或者名称、住所；

② 执行事务合伙人①应具备的条件和选择程序；

③ 执行事务合伙人权限与违约处理办法；

④ 执行事务合伙人的除名条件和更换程序；

⑤ 有限合伙人入伙、退伙的条件、程序以及相关责任；

⑥ 有限合伙人和普通合伙人相互转变程序。

普通合伙和有限合伙的主要区别体现在以下两个方面。

一是合伙人要求不同，普通合伙企业的投资人数为2个普通合伙人以上，没有上限规定，而有限合伙企业的投资人数为2人以上50人以下且至少有1个普通合伙人。

---

① 执行事务合伙人指的是按照合伙协议的约定或者接受全体合伙人的委托，对外代表合伙企业并执行合伙事务的普通合伙人。

二是承担责任不同：普通合伙企业的所有出资人即全部普通合伙人都必须对合伙企业的债务承担无限连带责任，而有限合伙企业中有限合伙人对企业债务承担有限责任，普通合伙人承担无限连带责任。

由于不同类型的合伙企业的合伙人所承担责任不同，普通合伙企业名称中应当标明"普通合伙"字样，而有限合伙企业名称中应当标明"有限合伙"字样。

合伙制企业的优点在于组建较为简单和容易，扩大了资金来源，提高了信用能力、经营水平与决策能力；缺点主要是普通合伙人承担无限连带责任，稳定性差，易造成决策上的延误。

课堂讨论

人们常说合伙生意难做，你觉得主要原因是什么？

无论是个人独资企业还是合伙制企业，都有一个共同的特点，即企业不具有法人资格。一般把这两类企业统称为自然人企业。

3. 公司制企业

（1）公司制企业的产生

公司制企业是指由出资人（股东）出资兴办，自主经营、自负盈亏，具有法人资格的经济组织。公司制企业是适应市场经济发展和社会化大生产的需要而逐步形成的。其物质基础源自生产社会化的发展和经营的专业化趋势，直接动因是资本联合带来的出资者多元化。18世纪60年代的英国，凭借着有限责任制、债务人监狱和专利法三大法宝，以股份公司为主要载体，开启了轰轰烈烈的产业革命和现代经济增长历程。只有弹丸之地的荷兰之所以能够率先步入现代文明社会，原因只有一个，就是荷兰人最先创立了现代股份公司制度和支撑股份公司发展的证券交易所。在欧洲的历史上，国家的经济决策第一次由商人们作出，而不是由王室、一小撮统治者或教廷来决定。通过股份公司制和股票市场制度，经济权力广泛分布于人民手中的荷兰战胜了经济权力集中于王室手中的西班牙。

公司的出现极大地推动了人类社会生产力的发展，成为现代企业的主要组织形式。

（2）公司制企业的分类

《中华人民共和国公司法》（以下简称《公司法》）规定，公司制企业的主要形式为有限责任公司和股份有限公司。这两类公司均为法人组织，投资者可受到有限责任的保护。

有限责任公司和股份有限公司的区别主要有以下几个方面。

① 股权表现形式不同。在有限责任公司里，权益总额不作等额划分，股东的股权通过所认缴的出资额比例来表示。股份有限公司的全部资本分为数额较小、每一股金额相等的股份，每一股有一票表决权。

② 设立方式不同。有限责任公司只能由发起人集资，不能向社会公开募集资金，也不能发行股票，不能上市。股份有限公司除了可以使用有限责任公司的设立方式外，还可以向社会公开筹集资金并上市融资。

③ 股东人数限制不同。有限责任公司的股东不得多于50人，保护了公司的封闭性。

股份有限公司必须有 2～200 名发起人，公司成立后股东人数无限制。

④ 组织机构设置规范化程度不同。有限责任公司可以只设董事、监事各 1 名，不设监事会、董事会。股份有限公司必须设立董事会、监事会，定期召开股东大会，而上市公司在股份公司的基础上还要聘用外部独立董事。

⑤ 股权转让限制不同。有限责任公司向股东以外的人转让出资时，必须经股东会过半数股东同意。股份有限公司的股票公开发行、转让不受限制。

⑥ 信息公开化程度不同。有限责任公司的生产、经营、财务状况，只需按公司章程规定的期限向股东公开，供其查阅，无须对外公布，财务状况相对保密。股份有限公司则要定期公布财务状况，上市公司要通过公共媒体向公众公布财务状况。

（3）公司制企业的优点

① 永续经营。一个公司制企业在最初的所有者和经营者退出后仍然可以继续存在。

② 有限债务责任。公司债务是法人的债务，不是所有者的债务。所有者的债务责任以其出资额为限。

③ 所有权的流动性强，股权转让容易。

④ 具有较高的信用，在资本市场上更易融资。

（4）公司制企业的缺点

① 双重课税。公司作为独立的法人，其利润需缴纳企业所得税，企业利润分配给股东后，股东还须缴纳个人所得税。

② 组建公司的成本高。我国《公司法》对于建立公司制企业的要求比建立个人独资企业或合伙企业的高，并且需要提交各种报告。

③ 存在委托代理问题。经营者和所有者分开以后，经营者被称为代理人，所有者被称为委托人，代理人可能为了自身利益而伤害委托人的利益。

需要说明的是，公司制企业还包含一类较为特殊的类型，即一人有限责任公司。一人有限责任公司本质上是有限责任公司的特例，又被称为"一人公司""独资公司"或"独股公司"。这类公司只有一个自然人股东或法人股东。一人有限责任公司的股东不能证明公司财产独立于自己财产的，应当对公司债务承担连带责任。

小案例

有限责任公司的章程问题出在哪？

甲、乙、丙三家企业准备投资组建一新的有限责任公司。经协商，三家企业共同制定了公司章程。其中，章程中有如下条款：

（1）公司由甲、乙、丙三方组建；

（2）公司以生产经营某一科技项目为主，注册资本为 30 万元人民币；

（3）甲方以专利权和专有技术折价出资 10 万元人民币；乙方以现金出资 5 万元人民币；丙方以土地使用权与房屋折价出资 15 万元人民币；

（4）公司设立董事会为最高权力机构；

（5）公司经理由董事会聘任，作为法定代表人，负责日常经营管理工作；

（6）公司存续期间，出资各方均可自由抽回投资。

据上述材料，请回答：上述章程中的条款哪些符合规定？哪些不符合规定？为什么？

案例分析：

根据 2024 年新修订的《公司法》，该有限责任公司章程部分条款符合规定，部分条款需要修改。首先，符合规定的条款包括：（1）由甲、乙、丙三方组建公司，符合股东人数规定；（2）注册资本 30 万元人民币合法，因新修订的公司法已取消最低注册资本限制；（3）各方的出资方式（专利权、现金、土地使用权）均合法，且新修订的公司法取消了货币出资不得低于 30% 的限制。其次，需要修改的条款有：（4）"董事会为最高权力机构"应改为"股东会为最高权力机构"，因新修订的公司法第 59 条明确规定股东会是有限公司的最高权力机构；（5）虽然新修订的公司法允许经理担任法定代表人（第 10 条），但需在章程中明确"法定代表人由经理担任"；（6）"出资各方可自由抽回投资"的约定违法，因新修订的公司法第 53 条明确禁止股东抽逃出资，股东只能通过股权转让、公司减资或法定回购程序退出。

此外，根据新修订的公司法，公司可自主选择设董事会或执行董事（第 68 条），若设董事会需 3 人以上。综上，该章程需重点修改权力机构设置和出资抽回条款，其他出资相关条款已符合新修订的公司法规定。

4. 不同组织形式企业的特点

个人独资企业、合伙企业、公司制企业是我国新企业创建常选用的三种基本的法律组织形式。《中华人民共和国个人独资企业法》《中华人民共和国合伙企业法》和《中华人民共和国公司法》分别对三类组织形式企业的行为进行了规范，并对企业各利益相关方的合法权益进行了规定。因公司制企业中的有限责任公司和股份有限公司在投资者要求及出资方面存在差异，在此将其分开介绍。下面从法律依据、法律地位、投资者要求、出资方式、财产权性质等方面对个人独资企业、合伙企业、有限责任公司和股份有限公司进行比较，如表 1-1 所示。

表 1-1 不同组织形式企业的特点

企业组织形式	个人独资企业	合伙企业	有限责任公司	股份有限公司
法律依据	《中华人民共和国个人独资企业法》	《中华人民共和国合伙企业法》	《中华人民共和国公司法》	《中华人民共和国公司法》
法律地位	非法人经营主体	非法人营利性组织	企业法人	企业法人
投资者要求	1 人，具有完全民事行为能力的自然人	2 个以上合伙人，合伙人为具有完全民事行为能力的自然人	50 人以下法人、自然人	2 人以上 200 人以下发起人，且半数以上的发起人在中国境内有住所。公司成立后投资人数没有最高限制
出资	投资者申报	协议约定	全体股东认缴的出资额	认购的股本总额或者募集的实收股本
财产权性质	投资者个人所有	合伙人共有	法人财产权	法人财产权
责任形式	无限责任	无限连带责任	有限责任	有限责任
出资转让	可继承	一致同意	股东过半数同意	完全转让
经营主体	投资者及其委托人	合伙人共同经营	股东不一定参与经营	股东不一定参与经营
事务决定权	投资者个人	全体合伙人或从约定	股东会	股东会
利亏分担	投资个人	约定，未约定则均分	投资比例	投资比例

以上三种法律组织形式没有绝对的好坏之分，各有利弊。如个人独资企业、合伙企业设立简单，从业限制少，经营灵活性高，但企业主须承担无限责任，融资渠道有限。创业者要综合考虑不同组织形式企业的特点，并结合自身的实际情况进行选择。

1.1.4　企业的社会责任

企业的社会责任（Corporate Social Responsibility，CSR）是指企业在创造利润，对股东承担法律责任的同时，还要承担对员工、消费者、社区和环境的责任。企业的社会责任要求企业必须超越把利润作为唯一目标的传统理念，强调在生产过程中对人的价值的关注，强调对环境、消费者和社会的贡献。

企业的社会责任的内涵十分丰富，除法律规定的企业行为之外，所有可能影响社会福利的企业行为都应纳入社会责任范围。企业的社会责任大体可以分为以下五个方面。

1.　办好企业

办好企业是企业最大的社会责任。这是因为只有办好企业，才能增强企业的竞争力，才能向社会提供更好、更新、更多的产品和服务，满足人们的物质和文化生活需要。例如，成立于2011年的英华特涡旋技术有限公司，是一家专注于研发、制造和销售涡旋式制冷压缩机的成长型本土科技企业，也是国内首家量产涡旋式制冷压缩机的厂家。该企业打破国外品牌的长期市场垄断，坚持自主创新，成功开发出涡旋式制冷压缩机产品，满足了我国市场对该类产品的需求。该公司不断攻克新的技术难题，从成立伊始的国产品牌涡旋式制冷压缩机先行者发展成为当今涡旋式制冷压缩机行业的领军企业。十几年间，该公司以创新走出了国产涡旋式制冷压缩机企业的"专精特新"崛起之路。

> **课堂讨论**
> 有人说"把企业做大、做强"就是企业最大的社会责任，你是否同意这个观点？请说明理由。

2.　经营管理行为符合道德规范

经营管理行为符合道德规范是企业的应尽之责。所谓的经营管理行为包括企业内部管理、产品设计、制造、质量保证、广告用语设计、营销、售后服务以及公关等。企业的经营管理行为符合道德规范不仅仅是法律、法规的约束，也是消费者对企业的基本要求。例如，京东物流打破行业常规，为30万名一线快递员签署劳动合同，缴纳五险一金，提供商业保险、通信以及防寒防暑、交通工具等方面的多种福利及补贴。京东物流坚守正确的商业价值观，为一线员工提供有保障、有尊严的工作，调动了快递员的工作积极性和主动性，增强了员工对工作的责任感和使命感。

3.　投身社会慈善事业

企业投身社会慈善事业的活动包括对社会教育、医疗公共卫生、疾病预防、福利设施提供资金支持，以及对由于天灾人祸所导致的需要帮助的人及时伸出援助之手。

投身社会慈善事业既是美德也是责任，所有企业都应在力所能及的情况下积极参与。

4.　保护自然环境

保护自然环境是企业最基本的责任，也是衡量企业社会责任的重要指标。

保护自然环境要求企业在生产经营过程中要主动节约能源和减少对其他不可再生能

源的消耗，对工业废料要做无害化处理；同时要求企业要积极参与节能产品的研发，参与对各种自然和人为灾害的研究和治理。

阅读资料

支付宝公益项目"蚂蚁森林"

蚂蚁集团从 2016 年开始在支付宝上线公益项目"蚂蚁森林"，持续向公益机构捐资，参与各地生态建设，通过这些"看得见的绿色"激励公众在日常生活中以低碳行为积攒"绿色能量"。截至 2022 年 8 月，蚂蚁森林项目已接入包括绿色出行、减纸减塑、在线办事、循环利用、节能降耗等方面的 50 多个低碳场景，累计见证了6.5 亿人的低碳行动，产生的"绿色能量"超过 2 600 万吨。目前，蚂蚁集团已参与支持了浙江、江西、宁夏等多个省级碳普惠平台的建设。

5．服务社区

服务社区是指企业根据经营状况，为促进社区的发展所做的支持所在社区或其他特定社区建设的一系列活动。例如，企业不以赚取商业利益为目的，对社区医院、学校、幼儿园、养老院、公共娱乐和健身场所、商业中心、图书馆等设施建设进行投资等。

1.2 管理与企业管理

1.2.1 管理及企业管理的概念

1．管理的概念

虽然管理理论的出现至今已逾百年，但学术界对于管理的定义尚未形成统一的认识。其原因在于，因管理主体、管理客体及管理环境的不同，人们在管理实践中所从事的管理活动具有显著的差异性，从而导致人们对管理活动产生不同的理解和认识，并最终形成了众多的对管理的定义。例如，哈罗德·孔茨（Harold Koontz）认为，"管理就是为在集体中工作的人员谋划和保持一个能使他们完成预定目标和任务的工作环境"；亨利·法约尔（Henri Fayol）认为，"管理就是实行计划、组织、指挥、协调和控制"；赫伯特·A.西蒙（Herbert A. Simon）认为，"管理就是决策"；约瑟夫·梅西（Joseph Massie）认为，"管理就是通过其他人来完成工作"；小詹姆斯·D.唐纳利（James H. Donnelly，Jr.）等人认为，"管理是由一个或更多的人来协调他人活动，以便收到个人单独活动所不能收到的效果而进行的各种活动"……

综合各家观点，本书将管理的定义概述为：管理者在特定的环境中，为实现既定的组织目标，在充分利用组织资源的基础上，进行的一系列的计划、决策、组织、指挥、协调、激励、领导和控制等工作的总称。

2．企业管理的概念

企业管理在本质上与其他类型的管理是一致的，都是为了实现既定的目标，都要受到内外部环境的影响和制约，都要开展计划、组织、领导、控制等活动，都要通过他人来实现管理目标。因此，企业管理可定义为：企业管理是企业管理者为了实现既定的目标，根据自身的特性及生产经营规律，在特定的环境约束下，充分利用企业所拥有的各种资源所进行的计划、决策、组织、指挥、协调、激励、领导和控制等一系列工作的总称。

从上述定义中，我们可以明确以下问题。

第一，企业管理的目的是实现企业既定的目标。这就要求企业在开展管理活动时必须制定明确的、可行的目标。这不仅为企业指明了努力的方向，也会对企业员工产生一定的激励作用。

第二，企业的管理活动要受到内外部环境的影响和制约。有利的内外部环境会促进企业的发展，不利的内外部环境会影响和制约企业目标的实现。因此，对内外部环境进行分析是企业管理活动的重要组成部分。

第三，在企业管理活动中需要投入各种资源。这些资源包括人力、物力、财力、技术和信息资源。在当今的管理环境下，资源外取已经成为重要的管理理念，即企业通过整合活动来获取想要得到的各种资源。

第四，企业管理由一系列的活动组成。这些活动包括计划、决策、组织、协调、领导、激励、控制等。这些活动并非孤立存在，而是相互联系、相互渗透、周而复始、循环不息的。

1.2.2　企业管理者

企业管理者是企业管理活动的主体，主要职责是制定整个企业或分支机构的目标，并创造良好的工作环境，通过协调他人活动来实现目标。

1. 企业管理者的层次

企业管理者是企业的重要成员，工作职责与非管理者有很大的不同。非管理者又称操作者（Operator），是指直接从事某项工作或任务，不具有监督其他人履行职责的企业成员，如车间里的生产工人，饭店中的厨师和服务员等。而管理者（Manager）是指挥别人工作的人，处于操作者层次之上的组织层次。当然，管理者也可以承担具体的作业职责。企业管理者按层级划分可以分为三个类型，即基层管理者、中层管理者和高层管理者，如图 1-1 所示。

基层管理者（First-line Manager）是最低层次的管理者。他们管理的仅仅是操作者，不涉及其他管理者。他们的主要职责是传达上级的计划、指示，直接分配每一个下属的生产任务或工作任务，随时协调下属的活动，控制工作进度，解答下属提出的问题，反映下属的要求。在企业中，这样的管理者通常被称作领班、主管或工长等。中层管理者（Middle Manager）包括所有处于基层和高层管理者之间的各个管理层次的管理者。他们的主要职责是贯彻执行高层管理人员所制定的重大决策，监督和协调下一层级管理人员的工作。中层管理者可能是部门经理、项目主管、工厂厂长或者事业部经理等。处于或接近组织顶层的是高层管理者（Top Manager），承担着制定重大决策，为整个组织制订战略计划和目标的责任。他们典型的头衔是董事长、总经理、总裁、执行董事、首席运营官或董事会主席等。

不同层次的管理者的管理职能存在明显的差异。每个层次的管理者都具有计划、组织、领导和控制职能，但在管理职能实践的重点、依据的信息、占用的时间和对组织的影响上存在差异。图 1-2 所示从时间角度描述了这种差异。高层管理者在计划和控制职能上花的时间要多于基层管理者，而基层管理者在领导职能上花的时间要多于高层管理

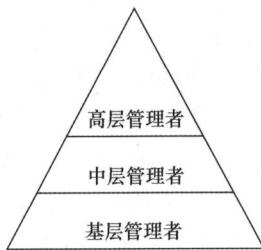

图 1-1　管理者层次

者。即使是同一职能的工作，不同层次的管理者从事的管理工作的内涵也不完全一样。

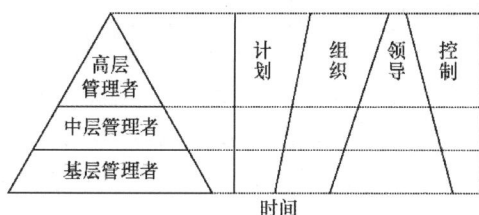

图 1-2　不同层次的管理者在 4 个管理职能上的时间分配情况

2. 企业管理者的角色

管理的成功取决于管理者对管理职能的履行情况。为了有效地履行各种管理职能，管理者必须明确自己所扮演的角色，并通过与其他角色之间的配合和协作来完成任务。管理学家亨利·明茨伯格（Henry Mintzberg）在大量观察和研究的基础上，指出管理者扮演着十种不同的但高度相关的管理角色。明茨伯格将这十种管理角色组合成三个方面，即人际关系、信息传递和决策制定（见表 1-2）。

表 1-2　明茨伯格的管理角色理论

管理角色		角色描述	特征与活动
人际关系	1. 代表人	象征性的代表人，履行法律和社会义务	迎接来访者，签署法律文件
	2. 领导者	负责激励、人员配备、培训	从事所有有下级参与的活动
	3. 联络者	维护自行发展起来的外部关系和信息来源，从中得到帮助	从事公关活动
信息传递	4. 监督者	寻求和收集内外信息，为决策提供服务	阅读期刊和报告
	5. 传播者	将有价值的信息传递给相关组织（企业）人员	召开信息交流会
	6. 发言人	向外界发布组织的计划、政策和结果等	召开董事会，向媒体发布消息
决策制定	7. 企业家	寻求组织和环境中的机会，制订新的方案	组织战略制定会议
	8. 变革者	当面对组织危机时，充当纠正和变革的角色	对危机进行分析并采取行动
	9. 资源分配者	负责分配组织的各种资源	对资源进行调度、授权、预算和控制
	10. 谈判者	在谈判中作为组织的利益代表	参加各种合同谈判

资料来源：H. Mintzberg. *The Nature of Management Work*. New York: Harper & Row. 1973: 93-94.

明茨伯格的管理者角色理论适用于所有的组织，显然对企业也同样适用。

3. 企业管理者应具备的技能

企业管理者的职责是动态和复杂的。企业管理者需要具备特定的技能来履行职责。罗伯特·L.卡茨（Robert L. Katz，1974）研究发现，企业管理者需要具备三种基本的技能，即技术技能、人际技能和概念技能。

（1）技术技能是指企业管理者掌握与运用某一专业领域的知识、技术和方法的能力。对于基层管理者来说，技术技能是最为重要的。随着企业管理者层级的提升，其对具体的工作参与度越来越小。所以，技术技能对于企业的中高层管理者的重要性就不如对基层管理者那样重要。

（2）人际技能是指企业管理者处理人际关系的能力，即理解、激励他人并与他人共事的能力，主要包括领导能力、影响能力和协调能力。人际技能对于不同层次的企业管理者来说都是十分重要的，因为具有良好人际技能的管理者能够促使员工做出更大的努力，能够更好地与员工沟通，从而对员工进行更加充分的激励和引导。

（3）概念技能是指管理者洞察事物的发展趋势以及采取措施趋利避害的能力。具体地说，管理者的概念技能包括理解事物的相互关联性并从中找出关键影响因素的能力、确定和协调各方面关系的能力以及权衡不同方案优劣和内在风险的能力等。具有概念技能的管理者能够深刻识别组织（企业）中的问题，制订有效的行动方案并且有效地实施。对于高层管理者来说，这种技能更加重要。

从上述分析中可以看出，处于不同层次的企业管理者应掌握和运用的技能是有差异的。一般来说，企业的高层管理者应该掌握更多的概念技能，而企业的基层管理者应该掌握更多的技术技能。人际技能则对所有层次的管理者来说都是同等重要的。图 1-3 所示直观地显示了这些技能在不同层次的管理者所需管理技能中的占比关系。

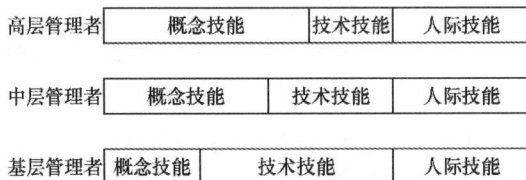

图 1-3   在不同层次的管理者所需管理技能中的占比关系

1.2.3　现代企业管理的发展

现代企业管理的发展是一个多元化、动态化的过程，涉及企业运营、战略决策、组织文化、技术应用等多个层面。随着科技的飞速进步和全球化程度的不断深入，企业也在管理领域不断地进行创新与变革，以适应日益复杂多变的商业环境。

首先，数字化转型与自动化管理逐渐成为现代企业管理的重要特征。随着大数据、云计算、人工智能等技术的不断发展，企业能够收集和分析海量数据，从而更准确地洞察市场发展趋势和消费者需求。数字化转型不仅提升了企业的运营效率和决策准确性，还为企业带来了更多的商业机会。自动化管理则进一步提高了企业的生产效率，降低了人力成本，使企业能够更快速地响应市场变化。

其次，提升企业全球化经营能力也是现代企业管理的重要工作方向。在全球化的背景下，企业必须具备跨地域、跨文化的经营能力，才能在激烈的国际竞争中脱颖而出。为此，企业需要建立完善的全球化经营策略，包括构建全球化的供应链，拓展国际市场，加强跨国合作等。同时，企业需要培养具备全球化视野和跨文化沟通能力的管理人才，以确保全球化战略的顺利实施。

在可持续发展和社会责任方面，现代企业管理越来越注重企业的长期发展和企业对社会的贡献。企业不仅要追求经济效益，还要关注环境保护、社会责任和治理等方面的问题。通过采用环境保护技术和绿色生产方式，企业可以减少对环境产生的不良影响，提高资源利用效率。同时，企业应积极参与社会公益事业，履行社会责任，树立良好的企业形象。

高效的团队管理和协作是现代企业管理中不可或缺的。企业需要建立科学的团队管理机制，明确团队成员的职责和工作目标，激发团队成员的积极性和创造力；打破部门之间的壁垒，促进不同团队之间的交流和合作，实现资源的共享和优势互补，从而提高企业整体绩效和创新能力。

此外，人力资源管理创新也是现代企业管理的重要工作方向。企业需要建立完善的人力资源管理体系，包括招聘、培训、绩效评估等环节。通过采用先进的人力资源管理软件和技术，企业可以实现人力资源管理的数字化和自动化，提高工作效率和准确性。同时，企业还需要关注员工的职业发展，为员工提供良好的工作环境和晋升机会，以吸引和留住优秀的人才。

最后，现代企业管理还需要企业具备更加灵活的组织结构。在快速变化的市场环境中，企业需要能够快速调整战略和业务模式以适应市场的变化。扁平化和网络化的组织结构有助于打破组织部门间的壁垒，实现信息的快速传递和决策的高效执行。这种灵活的组织结构可以使企业更加敏捷地应对市场变化，抓住商业机会。

1.3　成为优秀的企业管理者

优秀的企业管理者是企业稀缺的资源。企业大力培养优秀的企业管理者有助于提升企业的运营效率和竞争实力，因而具有重要的意义。本节从熟悉企业管理岗位，优秀企业管理者的素质与能力要求，以及企业管理者能力的提升角度来探讨如何才能成为一名优秀的企业管理者。

1.3.1　熟悉企业管理岗位

企业管理岗位是指在企业中专门负责计划、组织、指挥、协调、控制和监督等一系列管理工作的职位。企业设置管理岗位，旨在适应并增强企业部门的运转效能，提高工作效率以及提升管理水平。优秀的管理者应胜任管理岗位，对管理岗位有充分的认识。

企业管理岗位可以按照不同的维度进行分类，如按照层级划分，按照职能划分等，下面分别进行介绍。

1. 按照层级分类

按照层级分类，企业管理岗位可以分为基层管理岗位、中层管理岗位和高层管理岗位。基层管理岗位、中层管理岗位和高层管理岗位的职责各有不同。随着管理层级的提升，管理岗位职责的复杂性和战略性逐渐增强。

（1）基层管理岗位

基层管理岗位是企业中最低层次的岗位，职责主要集中在具体任务的执行和监督上，具体为：①任务分配与执行监督。根据部门或团队的目标，将任务细化并分配给下属员工，确保每个成员都明确自己的工作职责和期望成果；监督和检查工作进度，确保任务按时、按质完成。②员工培训与指导。对一线新员工进行培训，使他们尽快熟悉工作环境和任务要求；为所属员工提供必要的指导和支持，帮助他们解决工作中遇到的问题。③日常行政管理。处理基层单位内部的日常行政事务，如考勤、排班、会议组织等，确保日常工作的顺利进行。④沟通与协调。作为基层单位与上级管理层之间的桥梁，及时向上级反馈工作进展、问题和需求，同时向下级传达上级的指示和要求。⑤质量控制与安全管理。在生产或服务领域，基层管理岗位人员还承担监督产品质量或服务质量，确保工作场所安全的职责。

（2）中层管理岗位

中层管理岗位是介于高层管理岗位与基层管理岗位之间的管理岗位，是连接高层管理者和基层管理者及员工的纽带。其职责比基层管理岗位的职责更加复杂和全面。具体来说，中层管理岗位的职责包括：①战略执行与部门规划。根据企业的整体战略和目标，制订并实施本部门的工作计划和策略，确保部门工作与企业整体战略保持一致。②资源管理与协调。负责合理配置和调度部门内的各种资源（如人力、物力、财力等），以支持部门目标的实现。同时，协调与其他部门的关系，确保跨部门工作的顺利进行。③问题解决与决策支持。及时处理部门内部出现的问题，为高层管理者提供决策支持和建议。在必要时，代表部门与外部机构进行协商。④团队建设与人才培养。负责选拔、培养和评估下属员工，激发他们的工作积极性和增强他们的创新能力。通过有效的团队建设活动，增强团队的凝聚力和执行力。⑤绩效管理与考核。制订并实施部门的绩效考核计划，对员工的绩效进行评估和反馈，激励员工持续改进和提高。

（3）高层管理岗位

高层管理岗位是企业最高层次的管理岗位，职责主要集中在制订和实施企业的长远发展规划上，具体包括：①战略制定与执行监督。根据企业的使命和愿景，制定企业的整体发展战略；监督和评估战略的执行情况，确保企业目标的实现。②组织文化建设与价值观塑造。倡导并积极推动企业的组织文化和价值观建设，为员工创造一个积极、健康的工作环境；通过文化引领和激励员工为企业的发展贡献力量。③重大决策与风险管理。对在企业发展中出现的重大问题进行决策，并承担相应的风险；建立和完善风险管理体系，应对可能出现的各种风险和挑战。④资源配置与优化。负责企业整体资源的配置和优化，确保各项资源能够满足企业发展的需要并得到有效利用。⑤外部关系建立与维护。代表企业与外部利益相关者（如政府、合作伙伴、投资者等）建立良好的关系，以支持企业的持续发展；关注市场动态和行业趋势，为企业的发展提供有力的外部支持。

2. 按照职能分类

按照职能划分，企业管理岗位可以分为负责某一方面具体工作的人力资源岗位、行政管理岗位、市场营销管理岗位、财务管理岗位等。

（1）人力资源管理岗位

人力资源管理岗位职责主要是负责员工的招聘、培训、绩效考核等工作。岗位人员需要制定和完善人力资源管理制度，确保企业的人力资源得到充分开发和利用。同时，岗位人员需要关注员工的职业发展和福利待遇，以提高员工的工作满意度和忠诚度。

（2）行政管理岗位

行政管理岗位职责主要是负责企业的日常行政事务管理，包括文件管理、会议组织、行程安排等。岗位人员需要确保企业的行政工作高效有序，为员工提供舒适的工作环境。

（3）市场营销管理岗位

市场营销管理岗位职责主要是负责企业的市场营销策略的制定和执行。岗位人员需要深入了解市场需求和竞争态势，制订有效的市场推广计划，以提高企业的品牌知名度和市场份额。

（4）财务管理岗位

财务管理岗位职责主要是负责制订企业的财务规划，成本控制，制定预算和执行等财务管理工作。岗位人员需要确保企业的财务状况清晰透明，为企业的决策提供有力的财务数据支持。

（5）生产管理岗位

生产管理岗位职责主要是负责生产计划制订、生产现场管理、产品质量控制等生产管理工作。岗位人员需要确保生产过程的顺利进行，提高生产效率和产品质量，降低生产成本。

总的来说，管理岗位的类型多种多样。每个岗位都有独特的职责和要求。不同的管理岗位需要岗位人员具有不同的知识和技能储备，以应对挑战。同时，管理岗位人员需要不断学习，提升自己的专业素养和管理能力，以适应不断变化的市场环境和业务要求。

3. 按照职责的综合性分类

按照职责的综合性分类，管理岗位可以分为单一职责管理岗位和综合管理岗位。

单一职责管理岗位的职责是专注于某一特定领域的管理，如质量管理、采购管理等。综合管理岗位的职责则涉及多个领域的管理，需要岗位人员具备较全面的管理知识和技能。

此外，管理岗位还可以根据行业特点、企业规模和企业文化等进行更细化的分类。例如，在制造业中，有生产管理、设备管理、物料管理等岗位；在金融业中，有风险管理、投资管理、信贷管理等岗位。

总的来说，管理岗位的分类方式多种多样，具体取决于组织的结构、规模和业务需求。不同的管理岗位在职责、权利和技能要求上也会有所不同。

1.3.2　优秀企业管理者的素质与能力要求

1. 优秀企业管理者的素质要求

优秀的企业管理者需要具备良好的身体素质、心理素质、知识素质，以及良好的法律意识等，下面分别进行介绍。

（1）身体素质要求

要想成为优秀企业的管理者，身体素质是基础。身体素质是一个人体质强弱的外在表现。大多数企业管理者的工作是艰辛而复杂的，压力大，如果身体素质不好，必然力不从心、难以承受重任。因此，企业管理者必须具备良好的身体素质，即身体健康、体力充沛、精力旺盛、思路敏捷，以保持最佳工作状态，从而更好地应对企业管理中的各种挑战。

（2）心理素质要求

心理素质是指个体在面对压力、挑战和变化时所表现出来的心理特质和应对能力，涉及个体的情绪稳定性、自我控制能力、抗压能力、适应能力和自我调节能力等多个方面。对于企业管理者来说，心理素质尤为重要。具备良好的心理素质，可以使企业管理者更好地应对各种复杂情况。在面对市场竞争、经营压力、团队管理等各方面的挑战时，企业管理者需要保持冷静、理智和果断，以便作出正确的决策和有效应对。同时，优秀的企业管理者需要具备良好的情绪管理能力，能够自我调节情绪，避免因情绪波动而影响工作。

（3）知识素质要求

企业管理者的知识素质主要是指其在管理过程中所需具备的知识结构和认知水平。一个人单凭热情、勇气、经验或单一专业知识，是很难成为优秀的企业管理者的。优秀的企业管理者需要具备足够的知识储备和一专多能的知识结构，如掌握丰富的管理知识和技能，能够熟练运用现代企业管理方法和工具等。这些知识和技能有助于企业管理者高效地运营企业，推动企业持续发展。

此外，企业管理者需要具备良好的法律意识，确保企业的所有经营活动都符合国家法律法规。同时，企业管理者还应关注国家政策走向，以便及时调整企业战略方向。具有社会责任感也是企业管理者必备的素质之一。企业管理者需要关注企业的社会影响，努力实现企业的社会价值和经济价值的双重提升。

2. 优秀企业管理者的能力要求

优秀的企业管理者需要具备战略眼光和规划能力、良好的沟通能力、出色的组织和协调能力、优秀的领导能力，以及拥有持续学习的意识和勇于创新的精神。这些能力和精神共同构成了优秀企业管理者的核心竞争力，使其在复杂多变的商业环境中实现企业管理目标。

（1）战略眼光和规划能力

优秀的企业管理者应该能够洞察行业趋势，为企业的长远发展制定合理的战略规划。这不仅需要企业管理者对当前市场环境有深入的了解，还需要具备前瞻性的思维，能够预测未来可能出现的变化并提前做好准备。

课堂讨论

华为公司的创始人任正非多次表示自己既不懂技术，也不懂财务。他在创业时候对自己的定位就是组织者。他曾经说过："我去创建华为时，不再是自己去做专家，而是做组织者，在时代前面，我越来越不懂技术，越来越不懂财务"。

问题：为什么自诩"既不懂技术，也不懂财务"的任正非能够领导华为取得巨大成功？

（2）良好的沟通能力

优秀的企业管理者必须具备良好的沟通能力。有效的沟通是团队协作的基石，也是解决工作中出现的问题的重要途径。这要求优秀的企业管理者能够听取并理解他人的意见和建议，同时能够明确表达自己的想法和要求。

（3）出色的组织和协调能力

优秀的企业管理者需要合理分配资源，确保团队成员能够高效协作，共同完成目标任务。同时，优秀的企业管理者还应具备解决冲突和问题的能力，当团队内部或外部出现矛盾和问题时，能够迅速介入并妥善处理。

（4）优秀的领导能力

优秀的领导能力（也称领导力）也是优秀企业管理者不可或缺的一项能力。领导力不仅体现在企业管理者对团队成员的指导和激励上，更体现在自身的品格和魅力上。一个优秀的企业管理者应该能够以身作则，成为团队的榜样，同时能够通过自己的言行影响和激励团队成员。

（5）拥有持续学习的意识和勇于创新的精神

在快速变化的时代，只有不断学习新知识、新技能，才能保持竞争力，这就要求企业管理者需要拥有持续学习的意识。同时，企业管理者也需要拥有勇于创新的意识，积极尝试新方法和新策略，解决管理问题，应对不断变化的市场环境。

1.3.3　企业管理者能力的提升

企业管理者能力的提升是一个持续不断的过程，涉及多个方面，包括自我提升、实践锻炼、专业培训、团队协作，以及保持积极的心态等。

第一，企业管理者需要保持对新知识和新技能的渴求态度，通过多种途径不断学习，提升自我。同时，企业管理者还应定期进行自我反思，以认清自身在管理工作中的优点和不足，并有针对性地改进。

第二，企业管理者应该勇于承担责任，积极面对挑战，通过解决实际问题来提升自己的能力，如参与重要项目的决策和实施，处理复杂的组织问题，或者带领团队应对突发事件等。这些都能为管理者提供宝贵的经验。

第三，通过专业培训提升管理能力。企业管理者可以组织内部或外部的培训课程，以掌握最新的管理理论和方法。

第四，企业管理者应该积极参与团队活动，与团队成员建立良好的沟通和合作关系。通过团队协作，管理者可以更好地了解团队成员的需求和期望，从而提升自己的领导力和团队协作能力。

第五，在面对不断变化的企业经营环境时，管理者需要保持积极、乐观的心态，不惧困难，勇于变革。

本章实训

1. 实训目的

通过实训，熟悉企业设立的条件和流程，增强对企业的进一步认识。

2. 实训内容及步骤

（1）将全班同学划分为若干任务团队，各团队推选一名同学为任务牵头人，具体负责此次的实训活动。各团队以所有成员为发起人，模拟成立一家有限责任公司。

（2）各团队为拟成立的公司确定企业名称，拟定公司章程，设计组织结构，并成立董事会、监事会。

（3）各团队根据《公司法》的相关要求，模拟有限责任公司的设立程序，然后到当地相关机构实地调研，了解当地政府部门对有限责任公司设立的具体要求。

（4）完成模拟注册，推选董事长，并经董事长提名产生公司总经理、副总经理，明确经理人员的岗位职责。由总经理、副总经理任命人力资源部、市场营销部、财务部和生产运营部等部门的部门经理，搭建完成组织架构。

（5）完成实训，撰写实训报告。

3. 实训成果

实训报告——《有限责任公司的设立条件和流程报告》。

本章习题

一、单选题

1. 个人独资企业的设立门槛（　　），工商部门对资金没有什么要求，对经营场地的要求较为（　　）。

    A. 较低 严格　　　　B. 较低 宽松　　　　C. 较高 严格　　　　D. 较高 宽松

2. （　　）的优点在于组建较为简单和容易，扩大了资金来源，提高了其信用能力、经营水平与决策能力。

    A. 个人独资企业　　B. 合伙企业　　　　C. 公司制企业　　　D. 个体工商户

3. （　　）是现代企业中最典型、最主要的组织形式。

    A. 合伙企业　　　　B. 个人独资企业　　C. 公司制企业　　　D. 个体工商户

4. 企业的管理者是指（　　）。

    A. 企业的所有者　　　　　　　　　　B. 企业的员工

    C. 对他人工作负责任的人　　　　　　D. 总经理

5. 对于基层管理者而言，最重要的管理技能是（　　）。

    A. 人际技能　　　　B. 概念技能　　　　C. 技术技能　　　　D. 沟通技能

二、多选题

1. 企业的形式多样，划分方法各异。按照资产所有制性质来划分，企业可以分为（　　）。

    A. 国有企业　　　　B. 集体企业　　　　C. 私营企业

    D. 股份制企业　　　E. 混合所有制企业

2. 以下属于个人独资企业的优点的有（　　）。

    A. 设立门槛较低　　　　　　　　　　B. 拥有完全的自主权

    C. 永续经营　　　　　　　　　　　　D. 有限责任制

    E. 提高了经营水平与决策能力

3. 以下属于合伙制企业优点的有（　　）。

    A. 组建较为简单和容易　　　　　　　B. 扩大了资金来源

    C. 税负较低　　　　　　　　　　　　D. 信用较高

    E. 永续经营

4. 罗伯特·卡茨研究发现，企业管理者需要具备三种基本的技能，即（　　）。

    A. 学习技能　　　　B. 概念技能　　　　C. 人际技能

    D. 技术技能　　　　E. 沟通技能

5. 根据加拿大著名管理学家亨利·明茨伯格的研究，管理者的角色可以组合成三个方面，即（　　）。

    A. 领导者　　　　　B. 人际关系　　　　C. 发言人

    D. 信息传递　　　　E. 决策制定

三、名词解释

1. 企业　2. 公司制企业　3. 企业的社会责任　4. 企业管理　5. 企业管理者

四、简答及论述题

1. 企业必须具备哪些基本要素？
2. 企业的四大特征分别是什么？
3. 企业管理者的能力应如何培养？
4. 试论述现代企业管理的发展。
5. 试论述优秀企业管理者的能力要求。

案例讨论

鸿星尔克亿元捐赠助引发社会广泛赞誉

据证券时报报道，2022 年 7 月 30 日晚，在一场公益晚会中，鸿星尔克宣布一项公益捐赠。此次捐赠包括了总价值为 1 亿元人民币的物资和捐款。鸿星尔克表示，该款物将被捐赠于福建省残疾人福利基金会，用于帮助困难残疾人和家庭改善生活质量。同时，被捐赠方福建省残疾人福利基金会官方微信发文称，鸿星尔克庄严承诺再捐出总价值 1 亿元人民币的物资和善款，设立"鸿星有爱助残同行"项目。此事一出，鸿星尔克登上热搜，再次成为舆论焦点。在社交媒体平台上，网友们对鸿星尔克的捐赠行为给予了高度评价，并纷纷留言表达支持。他们称赞鸿星尔克为"良心企业"，对其慷慨捐赠表示敬佩和感动。许多网友表示，鸿星尔克的善举激发了他们以实际行动支持企业的意愿，有的提出要通过"理性消费"来表达对企业的认可，有的则幽默地表示要继续"刷单"以支持鸿星尔克。这些留言共同体现了公众对积极承担社会责任的企业的正面反馈和强烈支持。

除了留言，大批网友涌入鸿星尔克直播间"激情下单"。直播间粉丝留言中不乏对鸿星尔克捐款的赞赏，"良心企业，必须支持""又来野性消费了"……

思考讨论题：

1. 为何鸿星尔克的捐赠行为能引发社会的广泛赞誉？
2. 结合案例，请谈谈企业积极履行社会责任的重要意义。

第2章

企业管理的职能

本章导学

　　管理的职能是指管理者在组织（企业）内担任职位时需要承担的一系列责任和任务。它是管理实践的核心要素，对企业的运行和发展起着至关重要的作用。1916 年，法国管理学家亨利·法约尔（Henri Fayol）提出所有的管理者都应履行计划、组织、指挥、协调和控制这五种管理职能的观点，引发了人们对人类的管理活动到底包含哪些职能的思考。有学者认为管理的职能有六种或七种，也有学者认为是四种、三种甚至两种，可谓众说纷纭。本书综合多家观点，从计划与决策、组织、领导与激励、控制这几个方面对企业管理的职能进行介绍。

知识结构图

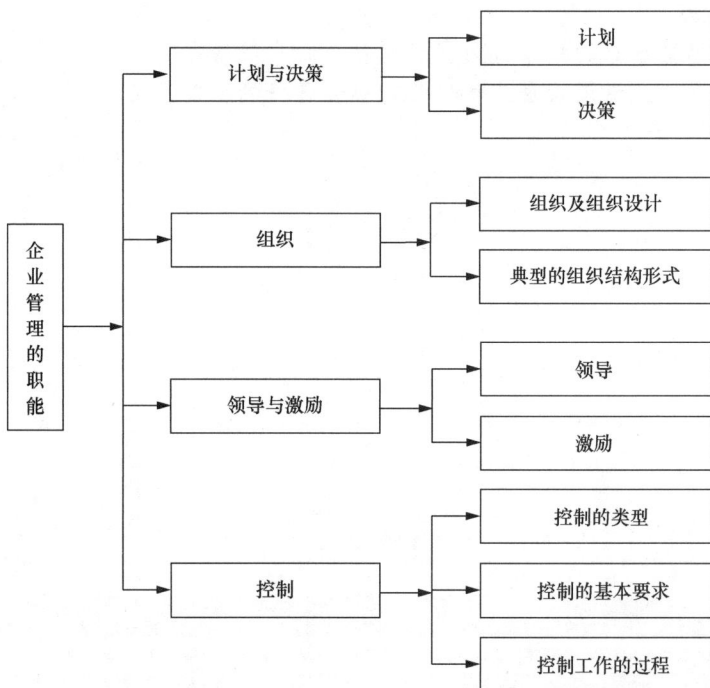

F 科技公司组织结构变化带来的新问题

为适应快速变化的市场环境，更好地满足客户的需求，F 科技公司决定对其组织结构进行调整，将原来的直线职能制组织结构转变为矩阵式组织结构。

在矩阵式组织结构下，F 公司的各个项目组能够独立运作，具有很强的灵活性。新的组织结构为 F 科技公司增添了活力，加速了公司新产品开发和上市的速度，更好地适应了市场的需求。然而，实施矩阵式组织结构也为 F 科技公司带来了新的问题。

首先，各个项目组对优秀资源的争夺导致了资源分配的紧张和冲突。同时，各个项目组之间的独立性增加了沟通难度，阻碍了信息和知识的共享。此外，由于缺乏统一规划，相似或重复的研究工作在不同项目组中同时进行，造成了资源浪费。管理多个独立的项目组也增加了管理的复杂性。最后，企业文化受到了冲击，员工需要适应更加灵活和多变的工作环境，而客户也需要与频繁更换的项目团队进行沟通，增加了客户关系管理的难度。

面对上述问题，F 科技公司的决策层决定建立一个跨项目协调机制，以加强项目组之间的沟通和资源共享，同时加强员工培训和企业文化建设，以更好地适应组织结构的变化。

问题：F 科技公司建立的跨项目协调机制能够解决组织结构变化带来的问题吗？是否还存在更好的解决方案？

2.1　计划与决策

2.1.1　计划

计划是指企业为了能够适应变化的环境，实现既定的经营方针和经营战略目标，而对未来行动所作出的科学决策和统筹安排。计划是管理者的首要职能，在企业经营管理过程中扮演着极为重要的角色。其作用主要体现在：计划为企业指明了行动的方向；计划是管理者指挥的依据；计划是应对不确定性，降低风险的手段；计划可以减少浪费，提高效益；计划是管理者进行控制的标准；计划是激励广大员工的重要手段；等等。

课堂讨论

有人说计划赶不上变化，再完美的计划也抵不过环境的变化。你同意这个观点吗？

1. 计划的内容

西方学者把计划的内容概括为"5W1H"，认为计划工作可分为六个方面：做什么（What）、为什么做（Why）、何时做（When）、何地做（Where）、谁去做（Who）、怎样做（How）。具体内容如下。

（1）做什么。明确计划的具体任务和要求，并确定重点。例如，企业生产计划的内容主要是确定生产哪些产品，生产多少，合理安排产品投入和产出的数量和进度，在保证按期、按质和按量完成订货合同的前提下，使生产能力尽可能得到充分的发挥。

（2）为什么做。明确计划的原因及目的。事实上，只有明确了计划的原因和目的，企业成员的工作积极性和主动性才能被充分调动起来。

（3）何时做。规定计划中各项工作的起始时间和完成时间。对时间的规定是计划的重要内容，促使企业追求工作效率。

（4）何地做。规定了计划的实施地点或场所。管理者应了解计划实施的环境条件和限制，以便合理安排计划实施的空间布局。

（5）谁去做。明确具体的任务由哪些部门和人员具体负责，以及如何做好部门与部门之间、个人与个人之间的任务衔接。

（6）怎样做。制定实施计划的政策、具体措施和规则。

2. 计划的类型

计划是对未来活动的预先筹划，根据不同的划分标准可分为如下类型。

（1）战略计划、战术计划和作业计划

根据计划对企业经营的影响范围和影响程度的不同，计划可分为战略计划、战术计划和作业计划。战略计划是企业高层管理者做出的、有关企业经营活动总体目标和战略方案的计划。战略计划的基本特点是计划时间跨度长，计划的内容覆盖范围广，抽象、概括，计划的执行结果往往具有高度的不确定性。战术计划是指在战略计划的指导下，如何实现总体目标的详细计划，是对战略计划的落实。战术计划的特点是由企业的中层管理者负责并实施，计划时间跨度较短，计划的内容覆盖范围较窄，较为具体，具有较强的可操作性。作业计划又称运营计划，是由基层管理者做出的，阐明实现作业目标的行动方案，并支持上一层次的计划。作业计划的特点是覆盖面最窄，时间跨度最短，一般在 1 年以内。

（2）长期计划、中期计划与短期计划

按计划的时间来划分，计划可分为长期计划、中期计划和短期计划。长期计划通常指 5 年以上的计划，短期计划一般是指 1 年以内的计划，而中期计划则介于两者之间。长期计划又称为远景计划，是关系组织发展的长远目标和发展方向的计划。中期计划是根据长期计划提出的战略目标和要求，并结合计划期内实际情况制订的计划。它是长期计划目标的具体化，同时又是短期计划目标的依据。短期计划是指在中、长期计划指导和规定下，做出的较短时间内的具体工作安排。

（3）具体计划与指导计划

根据计划内容的明确程度，计划可分为具体计划和指导计划。具体计划具有明确规定的和可衡量的目标，以及一套可操作的行动方案。而指导计划只规定一些重大方针和指导原则，给予行动者较大的自由处置权。它指出重点但不把行动者的行动限定在具体的目标上或特定的行动方案上。

（4）营销计划、财务计划和人力资源计划等

按照计划所涉及的职能领域，计划可分为营销计划、财务计划、人力资源计划、生产计划、研发计划等。尽管上述计划的内容各不相同，但都服务于企业经营管理的总目标，是由总体计划派生出来的各分支计划。

（5）程序性计划与非程序性计划

按照计划工作的重复性程度，计划可分为程序性计划和非程序性计划。程序性计划

是按既定的程序为那些经常重复出现的工作或问题制订的计划，如规则、政策等；非程序性计划主要为某一特定目标而制订的计划，不会以完全相同的形式被再次使用。

3．计划的程序

计划要按照一定的步骤进行，主要工作程序为：识别机会、确定目标、确定前提条件、确定备选方案、拟订派生计划及编制预算，如图 2-1 所示。

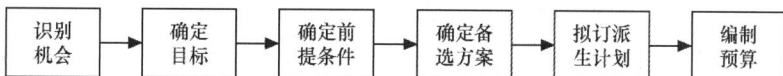

识别机会 → 确定目标 → 确定前提条件 → 确定备选方案 → 拟订派生计划 → 编制预算

图 2-1　计划的工作程序

（1）识别机会

管理者在编制计划之前，通过对内外部环境的综合分析来寻找企业发展的机会。在识别机会时，管理者应当评价企业的优势和劣势，分析外部环境可能提供的机遇和企业可能面临的威胁并发现问题。

（2）确定目标

确定目标是指管理者在识别机会的基础上为企业各级单位确定未来要实现的目标。目标为企业整体、各部门和各成员指明了方向，描绘了企业未来的状况，并且可作为标准衡量实际绩效。计划工作的主要任务是将企业决策所确立的目标进行分解，以便落实到各个部门、各个活动环节。管理者在确定目标时必须要设置恰当的时间期限，否则目标将变得毫无意义。

（3）确定前提条件

确定前提条件，是指企业明确预测未来在实施计划时所要面对的内外部环境变化。由于计划是面向未来的，因而企业的内外部环境具有高度的不确定性。为了确保制订的计划能切实可行，管理者必须做好对内外环境的预测工作。

（4）确定备选方案

确定备选方案是指管理者在各种可能实现目标的方案中选择最优或最满意的方案。这一过程又包括拟订方案、评价方案和选择方案三个方面的工作。管理者可以通过各种方法对方案进行综合评价，形成一个从高到低的优先次序。一般把评分最高的方案作为首选，同时也要选择一个备选方案。

（5）拟订派生计划

派生计划是总体计划的子计划。企业拟订派生计划主要是为了使之更具针对性和可操作性。例如，某企业决定在天津成立营销中心，开拓天津及其周边市场，这一计划需要很多派生计划来支持，包括人员计划、资金计划、广告计划等。

（6）编制预算

预算实质上是对资源的分配计划。企业编制预算主要是为了使计划的指标体系更加明确，从而有利于资源的合理分配。预算也可以作为衡量计划是否完成的标准。

4．计划的编制方法

随着计算机技术的不断发展，计划的编制方法越来越多，计划的质量也得以大大提高。计划的编制方法主要有以下几种。

（1）滚动计划法

滚动计划法是一种根据近期计划的执行情况和环境变化情况，将短期计划、中期计划和长期计划有机地结合起来，定期修正和调整，并逐期向前推移的动态编制计划的方法。管理者采用滚动计划法，可以有效地解决因在计划期内由于环境变化而带来的计划不适用问题，从而提高计划的有效性。

滚动计划法的具体做法是：在制订计划时遵循"远粗近细"的原则，同时制订未来若干期的计划，把近期的详细计划和远期的粗略计划结合在一起。在计划第一阶段完成后，企业根据该阶段的执行情况和内外部环境变化情况，对原计划进行修正和细化，并将整个计划向前移动一个阶段，以后根据同样的原则逐期向前移动。滚动计划的实施流程如图 2-2 所示。

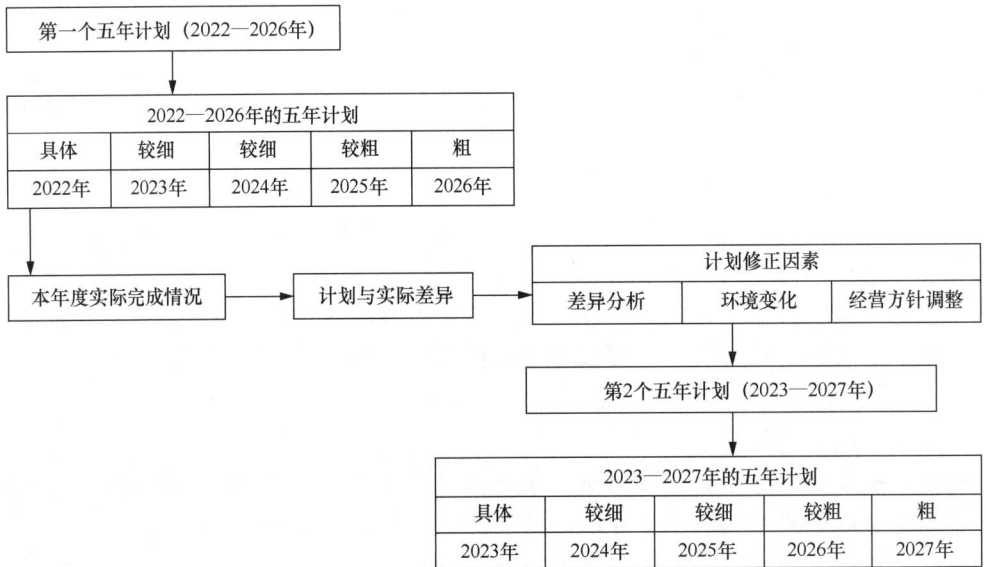

第一个五年计划（2022—2026年）				

2022—2026年的五年计划				
具体	较细	较细	较粗	粗
2022年	2023年	2024年	2025年	2026年

本年度实际完成情况	→	计划与实际差异	→	计划修正因素		
				差异分析	环境变化	经营方针调整

第2个五年计划（2023—2027年）				

2023—2027年的五年计划				
具体	较细	较细	较粗	粗
2023年	2024年	2025年	2026年	2027年

图 2-2　滚动计划的实施流程

滚动计划法的特点是把计划工作看作一种不间断的运动，使整个计划处于适时的变化和发展之中，避免了计划的僵化，提高了计划的适应性。滚动计划法相对缩短了计划时期，加大了对未来估计的准确性，可以使计划更加切合实际，从而提高了计划的质量。同时，滚动计划法使短期计划、中期计划和长期计划相互衔接，并根据环境的变化及时地进行调整，使各期计划基本保持一致。此外，滚动计划法还大大增强了计划的弹性，从而提高了企业的应变能力。

（2）网络分析法

网络分析法是指企业运用网络图的形式来进行计划管理的一种科学方法。它的基本原理是：运用网络图形式表达一个计划中各项工作之间的先后次序和相互关系；在此基础上进行网络分析，计算网络时间，确定关键工序和关键路线；利用时差不断地改善网络计划，求得工期、资源与成本的优化方案并付诸实施；在信息的执行过程中，通过信息反馈进行有效的控制和监督，以保证预期计划目标的实现。

（3）管理循环法

管理循环法又称 PDCA［其中 P（Plan）为计划，D（Do）为实施，C（Check）为检查，A（Action）为处理］。管理循环法是由美国管理专家威廉·爱德华兹·戴明（William Edwards Deming）率先提出来的，最初运用于全面质量管理。20 世纪 50 年代初，管理循环法传入日本，20 世纪 70 年代后期传入我国，目前已被广泛应用。

管理循环法的基本原理是做任何一项工作，首先要有设想，根据设想提出计划；其次按照计划规定去执行、检查和总结；最后通过工作循环，一步一步地提高水平，把工作越做越好。管理循环图如图 2-3 所示。

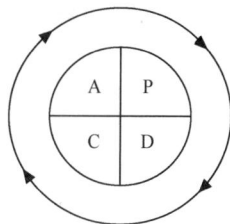

图 2-3　管理循环图

图中，P 是指计划阶段，主要解决为什么做、做什么、在哪儿做、什么时候做、由谁来做、如何做问题；D 是指实施阶段，即按已经制订的计划和措施，具体组织实施和执行；C 是指检查阶段，把实施结果和计划目标进行比较，检查计划的执行情况；A 是指处理阶段，即总结经验教训，把成功的经验制度化，对存在的问题实施消除措施，反馈于下一个循环。

管理循环法所揭示的计划管理工作基本规律具有广泛的适用性，在管理实践中发挥着重要的作用。

2.1.2　决策

决策在管理活动中居于核心地位，并贯穿管理活动的整个过程。无论是计划、组织、领导还是控制活动，都要预先明确所要解决的问题是什么，需要达到什么样的目的，采用何种方法，如何去做，怎样去做。这要求管理者作出相应的决策。

1. 决策的含义

关于决策的定义有很多，如美国著名管理学家、诺贝尔经济学奖获得者、决策学派的代表人物赫伯特·西蒙（Herbert Simon）指出："决策是管理的核心，管理是由一系列的决策组成的，管理就是决策。"赫伯特·西蒙提出了"有限理性"的原则，即决策追求的是满意而非最优原则。西蒙认为决策不可能避免一切风险，不可能利用一切可以利用的机会，不可能达到"最优化"，而只能达到"令人满意"或"较为适宜"。

美国学者亨利·艾伯斯（Henry Albers）认为："决策有狭义和广义之分。狭义的决策是指在几种决策方案中作出选择；广义的决策是指在作出选择之前所必须进行的一切活动。"美国管理学教授里奇·格里芬（Ricky Griffin）在其经典著作《管理学》中指出："决策是从两个以上的备选方案中选择一个的过程。"

2. 决策的类型

依据不同的划分标准，决策可以分为多种类型。

（1）按决策所要解决的问题的重复程度来划分，决策可分为程序化决策和非程序化决策

① 程序化决策，又称为常规决策或例行性决策，是指对重复出现的问题及日常管理问题所作的决策。这类决策有先例可循，可按之前规定的程序、处理方法和标准进行。它多属于日常的业务决策和可以规范化的技术决策。

② 非程序化决策，又称非常规决策或例外决策，是指对那些例外的或无法借助已有经验解决的新问题所作的决策。这类决策复杂程度高，涉及面广，对企业影响较大，如经营战略调整、新产品开发、危机处理等决策均属于这类决策。

（2）按决策的重要程度来划分，决策可分为战略决策、战术决策和业务决策

① 战略决策，与组织（企业）未来的命运密切相关，是关系企业全局和长远发展的

重大问题的决策，同时也是非程序化的、带有风险性的决策。战略决策涉及企业的发展方向、经营方针、经营目标、市场开发、企业转型、人力资源开发等事关企业生存的重大问题。战略决策的影响时间长，范围广，意义重大，因此制定战略决策是企业高层管理者的一项重要职责。

② 战术决策，又称管理决策，是指为保证企业总体战略目标的实现而作的解决局部问题的决策，是具体部门在未来较短时期内的行动方案。例如，企业生产计划和销售计划的制订、设备的更新、新产品的促销等方面的决策。战术决策的特点是：影响的时间较短，范围较小，决策的重点是对企业的内部资源进行有效的组织和利用，以提高管理绩效。这类决策主要是由中层管理者制定。

③ 业务决策，又称作业决策、执行决策，是由企业基层管理者为解决日常管理问题而制定的具体决策，如工作任务的日常分配和检查，材料的采购和库存控制等。业务决策大多是重复发生的，是程序化决策的一种。

（3）按决策的主体来划分，决策可分为个体决策和群体决策

个体决策是指主要由管理者个人依靠自身的知识、能力与经验所作出的决策。群体决策则是指由集体（如股东大会、董事会、任务小组等）成员共同作出的决策。个体决策和群体决策各有利弊，因此应根据具体的情况加以选择。

延伸学习

群体决策特有的心理现象

为适应复杂的经营环境，如今很多企业采用群体决策，个体决策的比重不断下降。虽然群体决策能够汇聚集体的智慧，制定的决策质量更高，但要达成群体共识则需要较长的时间，从而导致决策制定的效率较低。因此在某些特定的情境下（如在时间紧迫的关键时刻），个体决策反而是更优的选择。

此外，决策的划分方法还有多种。例如，按决策问题的性质来划分，决策可分为确定型决策、风险型决策和不确定型决策；按决策的层次来划分，决策可分为高层决策、中层决策和基层决策；按照决策的起始点不同来划分，决策可分为初始决策和追踪决策；按照决策是否可以被量化来划分，决策可分为定性决策和定量决策；按照决策所要达到的目标要求来划分，决策可分为最佳决策和满意决策；按照决策影响时间的长短来划分，决策可分为长期决策、中期决策和短期决策；按照决策目标的多少来划分，决策可分为单目标决策和多目标决策；按照决策所涉及的对象范围的大小来划分，决策又可分为总体决策和局部决策等。

3. 决策的过程和方法

（1）决策的过程

决策由一系列的活动组成，完整的决策过程包括确定决策目标，拟订备选方案，确定方案，实施方案，检查与评估。

① 确定决策目标。

决策目标是指决策活动所期望实现的预期成果。确定合理的决策目标是制定科学决策的前提。决策者在确定决策目标时一定要力求目标准确、具体，并尽可能量化，这样有助于决策方案制订的科学性。

② 拟订备选方案。

为了更好地实现决策目标，决策者需要设计出尽可能多的备选方案以供评价和选择。

只有通过对不同备选方案的比较分析，才有可能作出最优或满意的决策。当然，在拟订备选方案时也应该注意，由于受到时间、经济成本及决策者信息处理能力等的限制，备选方案的数量不是越多越好。

③　确定方案。

确定方案包括两个阶段的工作。第一阶段的工作是对各个备选方案进行评估，针对每个方案的优缺点进行比较分析；第二个阶段的工作是对各个备选方案进行排序，从中选择最优方案。在确定方案的过程中，决策者要尽可能采用科学的评估方法和决策技术。

④　实施方案。

在确定方案之后，即进入实施方案阶段。为避免实施方案失误，决策者需要做好以下几个方面的工作。

首先，决策者必须宣布决策并制订行动计划，编制预算。

其次，决策者必须与实施方案的管理者沟通，对实施方案过程中所包括的具体任务进行分配。同时，决策者必须为因出现新问题而要修改实施方案做好准备。

最后，决策者必须对与实施方案相关的人员进行恰当的激励和培训。因为即使是一项科学的决策，如果得不到员工的理解和支持，也将成为无效决策。

⑤　检查与评估。

由于受环境变化的影响，在决策执行过程中有可能会出现偏离既定目标的情况。因此，决策者必须做好检查和评估工作，以便采取及时、准确的纠偏行动，保证决策的顺利实施。

小案例

仓促决策的后果

某地繁华地段有一家食品厂，因经营不善长期亏损，当地领导决定将其改造成一个副食品批发市场，这样既可以解决企业破产后下岗职工的安置问题，又能方便附近居民的生活购物。不曾想，外地一个开发商已在离此地不远的地方率先投资兴建了一个综合市场，而综合市场中就有一个相当规模的副食品批发场区，足以满足附近居民和零售商的生活购物需求。

面对这种情况，当地领导陷入了两难境地：如果继续进行副食品批发市场建设，必然亏损；如果就此停建，则前期投入将全部泡汤。

案例分析：案例中某地领导作出改造决策的初衷是出于好心，即解决食品厂长期亏损及附近居民的生活购物问题。但由于决策较为仓促，未能在决策之前做好调研工作，最终陷入两难的境地。

（2）决策的方法

一般决策的方法分为定性决策法和定量决策法。

①　定性决策法又称软方法，是一种较早出现的决策方法。这种决策方法更多地是决策者依靠直觉、经验和主观判断，在系统调查分析的基础上进行决策。随着现代决策技术的发展，强调精确性的定量决策法越来越受到推崇，但定性决策法依然被广泛应用。这主要是因为现实中大量不确定的环境因素以及获取完全信息的困难性，使决策问题难

以模型化和定量化。常见的定性决策法主要有德尔菲法、头脑风暴法和名义小组法。

② 定量决策法，是指在应用数学模型的基础上，运用统计学、运筹学和电子计算机技术对决策对象进行计算和量化研究，以解决问题的决策方法。这种方法的优点是决策的质量较高，不足之处是某些因素很难量化，难以适用。常见的定量决策法有价值分析法、线性规划法和期望收益决策法等。

2.2 组织

2.2.1 组织及组织设计

1. 组织的含义

组织是一项重要的管理职能，是指企业管理者根据计划的要求，按照管理中的权利责任关系原则，将所要进行的管理活动进行分解与合成，并把工作人员组合成一个分工协作的管理工作体系或管理机构体系，以实现人员的优化组合，从而圆满实现管理目标的过程。在理解组织的概念时应该把握以下几点：第一，组织由一群人所组成，是一个集体，组织中必须要有成员；第二，组织都是有目标的，组织的目标即群体成员的共同目标；第三，组织是一个系统化的结构，成员按照分工合作体系有效组合。

组织的构成要素主要包括组织成员、组织目标、组织活动、组织资源和组织环境，如表 2-1 所示。

表 2-1　组织的构成要素

构成要素	描述
组织成员	组织的组成人员。离开组织成员，组织即不复存在
组织目标	组织成员共同追求的理想或预期成果，能够为组织确定努力方向，具有激励成员的作用
组织活动	为实现共同目标，组织成员所必须要从事的活动。组织活动的内容要根据组织目标来确定
组织资源	组织开展工作活动所需的资源，如人力、物力、财力等。资源是组织目标得以实现的保障
组织环境	组织在经营活动过程中受到的各种因素的影响与制约，包括政治、经济、人文社会等。组织需进行环境分析并制定相应战略

组织按照不同的分类标准可划分为多种类型，如按照是否以营利为目标，组织可以分为营利组织和非营利组织等。本书中的组织特指营利组织中的企业。

2. 组织设计的原则

以泰勒、法约尔、韦伯等为代表的古典管理理论学派对组织的设计提出了许多真知灼见。时至今日，这些观点仍然具有宝贵的价值，其中的一些原则如目标统一原则、分工与协作原则、统一指挥原则等已成为组织设计时必须遵循的原则。

（1）目标统一原则

共同的目标是组织建立和存在的客观基础。没有共同的目标，组织就很难建立，即使建立起来了也不可能生存下去。只有有了明确一致的目标，组织的各个部门和全体成员才有合作的基础，才有共同的行动方向。

（2）分工与协作原则

分工与协作原则是组织设计的重要原则。组织为了实现目标必须进行劳动分工。劳动分工不仅有利于提高工作效率，也有利于培养某一领域的专家型人才。但管理工作是一项复杂的社会活动，组织目标的实现需要组织成员彼此协作。因此，组织在强调劳动分工的时候，还要加强协作管理。组织的协作方式如图 2-4 所示。

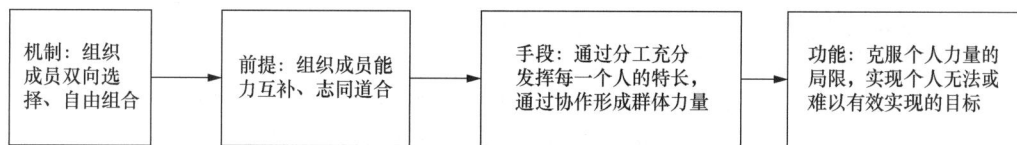

```
机制：组织        前提：组织成员能      手段：通过分工充分      功能：克服个人力量的
成员双向选    →   力互补、志同道合  →  发挥每一个人的特长，  →  局限，实现个人无法或
择、自由组合                       通过协作形成群体力量    难以有效实现的目标
```

图 2-4　组织的协作方式

（3）统一指挥原则

按照早期管理学者的观点，组织在组织设计时应该保证组织中的任何一位员工只服从一个上级并接受其指挥。虽然该原则在项目管理活动中可能被打破，但依然为绝大多数企业所遵循。

（4）职权对等原则

职权对等原则是指权力与责任应该保持一致，即有权必有责、有责必有权、权责必须对等。只有责任没有权力，必然会导致无权负责、无力负责、无法负责的局面。反之，只有权力而不承担任何责任，无疑会造成权力泛滥、腐败滋生，从而严重危害组织的机能。

（5）管理幅度原则

管理幅度是指一名上级管理者能够直接而有效地领导下属的人数。管理幅度容易受到工作性质、管理者自身能力、下属的成熟程度等诸多因素的影响，因此，一个管理者直属的下级人员数量是有一定限度的。

阅读资料

格拉丘纳斯的管理幅度理论

1933 年，法国早期的管理学家 V.A. 格拉丘纳斯（V.A. Graicunas）指出，管理幅度以算术级数增加时，管理者和下属间可能存在的相互交往的人际关系数将以几何级数增加。他把上下级之间的关系划分为三种类型：①直接的单一关系，即上级直接个别地与下级发生联系；②直接的组合关系，即上级与下属人员的各种可能组合之间发生联系；③交叉关系，即下属之间彼此发生联系。

那么，在一定的管理幅度下可能存在的人际关系数或联系总数可用如下公式来表示：

$$C=n(2^{n-1}+n-1)$$

式中：C 为可能存在的人际关系数；n 为管理幅度。

如，$n=2$ 时，$C=2\times(2^{2-1}+2-1)=6$

$n=3$ 时，$C=3\times(2^{3-1}+3-1)=18$

$n=4$ 时，$C=4\times(2^{4-1}+4-1)=44$

而当 $n=5$ 时，则 $C=5\times(2^{5-1}+5-1)=100$

由此可见，随着下属人员的增多，相互联系的总量急剧增加，组织内部的关系迅速变得错综复杂，使管理工作变得更加复杂。当 $n=10$ 时，C 几乎就是一个天文数字。因此，管理者必须妥善处理各种关系才能保持组织的协调。这就需要科学地确定管理幅度。

2.2.2　典型的组织结构形式

1. 直线制组织结构

（1）直线制组织结构的特点

直线制组织结构又称单线制组织结构或军队式组织结构，是最早被采用的，也是最为简单的、低部门化、宽管理幅度、集权式的组织结构形式。这里的直线关系即为上下级间直接指挥和命令的关系。该组织结构的特点如下。

① 组织中的每一位主管对其直接下属均有指挥和监督权。

② 组织中的下属成员只能向一位直接上级报告，即一人只听命于一位领导。

③ 组织中不设专门的职能机构，是高度的集权化形式。

④ 主管人员在其管辖范围内有绝对的职权或完全的职权。

直线制组织结构如图 2-5 所示。

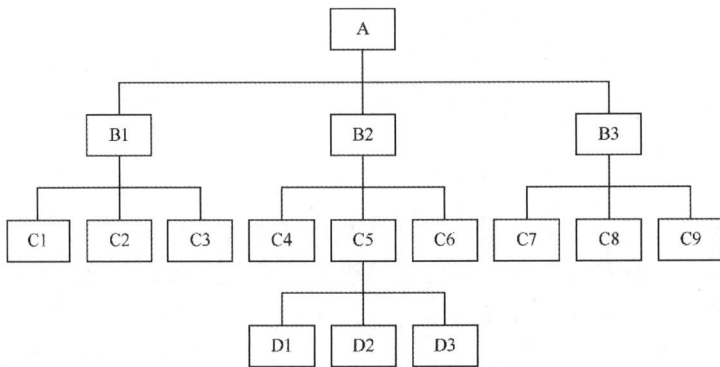

图 2-5　直线制组织结构

（2）直线制组织结构的主要优缺点

直线制组织结构的主要优点是：①组织结构简单、明了，所有成员都明白在工作中该对谁负责并听命于谁；②权力集中、命令统一、不易发生推诿现象；③责任与职权明确；④决策迅速、效率高。

直线制组织结构的主要缺点是：①组织结构比较呆板，缺乏弹性；②不同部门之间协调困难；③强调下级对上级要绝对服从，这一方面容易产生专制，另一方面容易妨碍下属发挥工作的主动性与创造性，使下属墨守成规；④当某些有能力的管理者突然离职后，组织很难找到合适的替代者；⑤组织的管理者须具备全面的管理能力，对管理者的要求较高，同时管理者容易陷入日常事务处理之中，因而不利于集中精力研究与思考组织的生存与发展问题；⑥未设职能机构，不利于管理水平的提高。因此，这种组织形式只适用于那些没有必要按照职能实行专业化管理的小型组织。

2. 职能制组织结构

（1）职能制组织结构的形式

职能制组织结构也称 U 型组织结构、多线性组织结构。该结构起源于 20 世纪初亨利·法约尔（Henri Fayol）在科基特里—富香博—德卡维尔矿业公司担任总经理时所建立的组织结构形式，故又称"法约尔模型"。职能制组织结构依据专业化的职能（专业职能）来划分部门，将性质类似的工作设置在同一个部门内，即形成按照职能划分的部门，如图 2-6 所示。

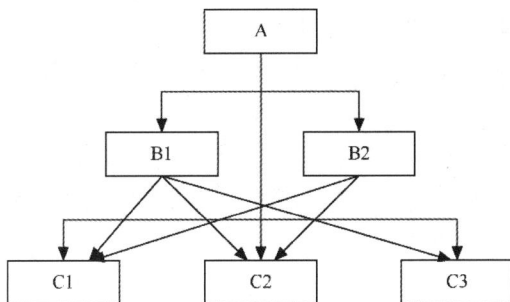

图 2-6　职能制组织结构

（2）职能制组织结构的优缺点

优点是：适应了大生产分工合作的要求，提高了组织的专业化管理水平，降低了设备和职能人员的工作重复性，减轻了高层管理者的责任压力，使其能专心致力于重要的决策工作。

缺点是：组织常常因为片面追求职能目标而看不到全局，没有一个职能部门对最终结果负全部责任；违背了统一指挥的原则，容易造成多头领导，从而导致管理上的混乱。

职能制组织结构主要适用于中小型的，产品品种比较单一，生产技术发展较慢，外部环境比较稳定的企业。

3. 直线职能制组织结构

（1）直线职能制组织结构的形式

直线职能制组织结构也叫直线参谋制组织结构，是一种常见的组织结构形式。它是在直线制组织结构和职能制组织结构的基础上，取长补短，吸取这两种组织结构的优点而建立起来的。其主要特点是：以直线制组织结构为基础，在组织中设置两套管理系统。一套是按照统一指挥原则建立的直线指挥系统，另一套是按照职能分工原则建立的职能管理系统。直线指挥机构和人员在自己的职责范围内有一定的决定权和对所属下级的指挥权，并对自己部门的工作负全部责任。而职能管理机构和人员则是直线指挥人员的参谋，不能对直线部门发号施令，只能进行业务指导。

典型的直线职能制组织结构如图 2-7 所示（其中 B1、B2、C1、C3、D1、D2 为职能部门）。

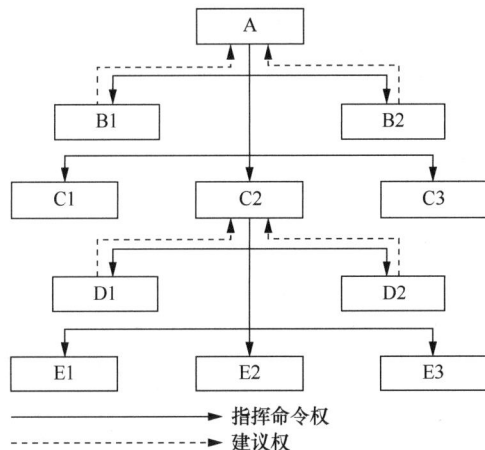

图 2-7　直线职能制组织结构

（2）直线职能制组织结构的主要优缺点

优点是：既保持了直线制组织结构统一指挥的优点，又吸取了职能制组织结构发挥专业职能作用的长处。具体的优点是：分工细致、任务明确，部门职责界限清晰，便于建立岗位责任制，强化专业管理；各级领导者都有相应的职能机构做参谋，因而可以克服领导者个人知识有限的弱点，使组织能够适应活动日趋复杂化的特点；管理权力高度集中，有利于高层管理人员对整个公司实施严格的控制。

缺点是：权力集中于最高层，下级缺乏必要的自主权，士气低落；当企业规模较大时，企业的组织层次会变得很多，内部沟通会困难，加上缺少有效的协作机制，容易使企业变得僵化而无法适应环境变化；直线部门与职能部门容易产生矛盾；各职能部门与直线指挥部门之间的目标不统一，容易产生矛盾；增加了管理岗位，管理费用较高。

直线职能制组织结构比较适用于规模不大、经营品类单一、外部环境比较稳定的组织。目前我国大多数企业采用的是这种组织结构形式。

4. 事业部制组织结构

（1）事业部制组织结构的形式

事业部制组织结构（Multidivisional Form，简称 M 型结构），又称分权制组织结构、部门化组织结构，是美国通用汽车公司总裁艾尔弗雷德·斯隆（Alfred Sloan）于 1924 年首先提出的，所以又被称为"斯隆模型"。事业部制组织结构是为满足企业规模扩大和多样化经营对组织机构的要求而产生的一种组织结构形式。具体的设计思路为：在总公司领导下设立多个事业部，把分权管理与独立核算结合在一起，按产品或按地区或按市场（客户）划分经营单位，即事业部。每个事业部有自己的产品和特定的市场，能够完成某种产品从生产到销售的全部职能。事业部不是独立的法人企业，但具有较大的经营权限，独立核算、自负盈亏，是一个利润中心。从经营的角度上来说，事业部与一般的公司没有什么太大的区别。

事业部制组织结构的管理原则可以概括为：集中决策，分散经营，协调控制。其突出特点是总部集中决策，而由事业部独立经营。事业部制组织结构的典型结构如图 2-8 所示。

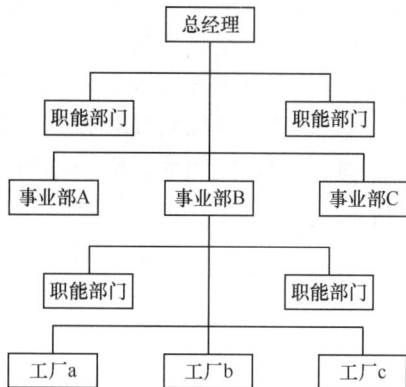

图 2-8 事业部制的典型结构

（2）事业部制组织结构的优缺点

① 事业部制组织结构的主要优点如下。

a. 事业部制组织结构以分权管理为基础，使高层管理者从日常事务中解脱出来，可以专心致力于制定企业的长远规划和战略决策。

b. 通过权力下放，使各事业部更加接近市场和客户，有利于增强企业对市场的适应能力。

c. 各事业部独立经营，可以充分发挥各事业部的灵活性，有利于企业适时调整产品结构和经营方向，进而增强企业的灵活性和适应能力。

d. 事业部是利润中心，事业部的经营好坏与每一个成员都有着密切的利益关系，可以充分调动员工的积极性。

e. 各事业部经营的产品（地域等）有所不同，相当于企业在实行多元化经营，这样有利于降低经营风险。

f. 各事业部独立核算，经营状况通过财务报表即能直观反映出来，从而便于企业考核和评价各事业部的经营绩效。

g. 事业部制组织结构实行分权化的管理模式，事业部的管理者有着较为充分的经营自主权，需要独立面对市场挑战，从而有利于培养管理人才。

② 事业部制组织结构的主要缺点如下。

a. 事业部制组织结构中的某些职能部门重复配置，管理岗位增加，易导致企业总成本的增加和效率的下降。

b. 各事业部之间存在着竞争关系，容易造成各事业部之间在人员、信息、技术等方面的交流困难。

c. 由于各事业部独立核算、自负盈亏，各事业部往往只考虑自身的利益而忽视整体利益。这将影响各事业部之间的协作，不利于企业的整体发展。

事业部制组织结构不适合规模较小的组织。只有当组织规模足够大，且其下属单位能够成为一个"完整的单位"时才较为适用。

5. 矩阵制组织结构

（1）矩阵制组织结构

矩阵制组织结构由纵、横两套管理系统（纵向系统和横向系统）组成。纵向系统是指原有的职能部门体系，横向系统是指为完成某一临时任务而组成的项目小组体系，如完成某一工程项目、产品研发项目等而组成的项目小组体系。纵向、横向两个系统交叉，形成"矩阵制组织结构"，如图2-9所示。

从图2-9中可以看出，在开展甲、乙、丙三个项目时，项目小组

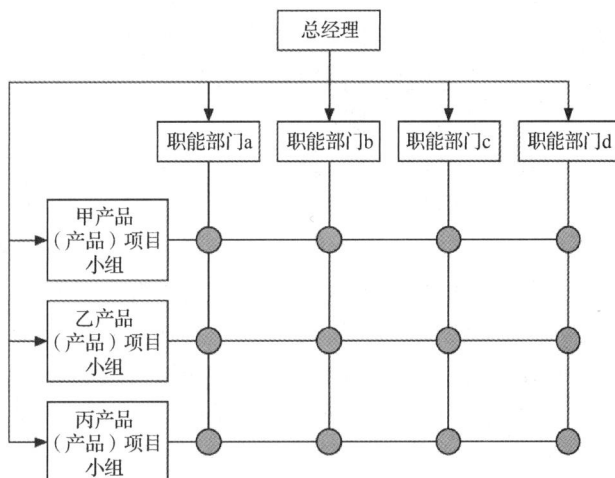

图 2-9　矩阵制组织结构

把原来隶属于各不同职能部门的专业人员集中在一起，组成三个项目的横向领导系统。这样，甲、乙、丙三个（产品）项目小组的每一位成员都要接受两个方面的领导：在执行日常工作任务方面接受原职能部门的垂直领导；在执行甲、乙、丙三个（产品）项目的任务时则接受项目负责人的横向指挥。显然，矩阵制组织结构打破了"一人一个老板"的命令统一原则，但大大提高了管理组织的灵活性。

（2）矩阵制组织结构的优缺点

矩阵制组织结构的优点：①将企业管理中的纵向联系与横向联系较好地结合了起来，有利于不同部门之间的协调与合作，提高了灵活性且有利于提高工作效率；②把不同职能部门的专业人员组织在一起，有助于激发他们的积极性和创造性，提高技术水平和管理业务水平；③项目小组所担负的产品（项目），可以根据情况的变化而变动，能较快地适应市场需求的变化；④对人力资源的运用富有灵活性，同一职能部门的知识和经验可以运用于不同的项目或产品之中，能充分发挥各种职能专家的作用；⑤有利于培养

具有较强组织协调能力的综合型高级管理人才。

矩阵制组织结构的缺点：①多头领导，极易引发项目经理与职能部门经理之间的权力竞争；②企业中的各种关系比较复杂，协调上困难；③双重指挥链，使得管理成本成倍增加；④项目小组为临时性的机构，易导致项目团队员工责任心不强。

矩阵式组织结构一般比较适用于协作性和复杂性较大的企业。

2.3 领导与激励

领导是管理的一项重要职能，直接影响其他管理职能的发挥。激励是每一个管理者必须掌握的技能，在管理实践中具有很强的应用价值，是激发员工做好工作的重要手段。

2.3.1 领导

1. 领导概述

（1）领导的概念

领导是指领导者率领、引导和影响被领导者在一定环境（领导环境）下实现某种目标的行为过程。根据上述定义，可知领导的概念包括领导者、被领导者和领导环境这三个要素，而领导的效果则取决于以上三个因素的组合。

（2）领导的权力来源

权力是一种影响力，从领导的角度来说，权力是领导者影响下属行为的一种力量，表现为下属的服从与追随；从被领导者的角度来看，权力还表现为一种依赖关系。史蒂芬·罗宾斯（Stephen P. Robbins）指出，权力是依赖的函数，即一个人对另一个人越依赖，受其影响的程度就越大。这就意味着后者对前者来说权力越大。

领导者能够影响下属的行为并实现对其领导的基础是权力，领导是由权力派生而来的。一般而言，领导者的权力可以分为两大类，共五种。

① 法定权即指挥下属并使之服从的权力，这是组织内部各领导职位所固有的合法的正式的权力，通常是由组织按照一定的程序和规则赋予领导者的。处于某一职位的领导者都拥有一定的法定权力，都可以在其职责范围内发号施令。

② 奖励权指提供奖金、提薪、升职、赞扬、理想的工作安排和其他任何会令人愉悦的东西的权力。它立足于下级追求要满足的欲望，即由于被领导者感到领导者有能力使其欲望（或需要）得到满足，而愿意追随和服从。

③ 强制权是领导者对下属在精神上或物质上施加威胁或惩罚性的措施，强迫其必须服从的权力。下属不服从领导者的命令或指示，将会受到惩罚。

④ 个人影响权也称模范权，这是基于领导者高尚的品格或超凡的个人魅力所形成的一种权力。例如，领导者富有博爱之心、知人善任、勇于创新等，就往往会受到下属的尊重、认可和高度信任，从而使下属愿意模仿和追随。

⑤ 专长权是指领导者个人因拥有某种专业知识和特殊的技能而获得的权力。下属因为信任他，能够向他学习或者能够从他的专长中获得利益而遵从。

上述五种权力中，法定权、奖励权和强制权是组织授予的，随职位的变化而变化；而个人影响权和专长权来自领导者自身，不会随着职位的消失而消失，所产生的影响力是长远的。

2．领导理论

领导者对组织的重要性不言自明，"千军易得，一将难求"说的就是这个道理。从 20 世纪 30 年代开始，美国就已经开展了有关领导问题的研究。根据领导理论出现的时间顺序，可以把现有的领导理论大体分为三类：领导者特质理论（Trait Theory）、领导行为理论（Behavioral Pattern Theory）和领导权变理论（Contingency Theory）。

（1）领导者特质理论

领导者特质理论主要通过研究领导者的个性特征来寻找区分领导者和非领导者的方法，以期预测具备什么样的人格特征或品质的人适合当领导者。以下介绍具有代表性的吉塞利的领导者特质理论。

美国管理学家 E.吉塞利（E.Ghiselli）调查了 90 个企业的 306 名经理人员（注：这些被试者均来自美国，分布于不同的行业中，包括交通业、制造业、通信业、保险业、公用事业等。在每个企业中选择 3~4 名领导者，年龄在 26~42 岁，90%的学历为大学学历。）之后，他在《管理才能探索》（*The Exploration of Magement Talent*）一书中研究了有效领导者的 8 个个性特征（见表 2-2）和 5 个激励特征。

表 2-2　有效领导者的 8 个个性特征

个性特征	具体表现
才智	语言与文辞方面的才能
首创精神	开拓新方向，创新的愿望
督查能力	指导别人的能力
自信心	对自己的评价
适应性	被下属接受的程度
决断能力	判断决策能力
性别	男性或女性
成熟度	处事的老练程度

资料来源：刘冬蕾，赵燕妮. 管理学原理[M]. 北京：中国林业出版社，2012.

5 个激励特征指对工作安全的需要，对金钱奖励的需要，对行使权力的需要，对自我实现的需要和对事业成就的需要。

吉塞利认为，自信、有远见、创新、敏锐，以及勇于冒风险，敢于承担责任等成为领导者必须具备的特质。但是，有这些并不能保证领导者就一定会成功，仅是领导者成功的必要条件。领导者还应根据实际情况选择恰当的领导方法，从而保证组织目标的实现。

（2）领导行为理论

领导行为理论诞生于 20 世纪 40—60 年代。代表性的理论主要有以下几个。

① 领导行为连续统一体理论。

1958 年，美国加利福尼亚大学的罗伯特·坦南鲍姆（Robert Tannenboum）和瓦伦·H.施密特（Warren H.Schmidt）在《哈佛商业评论》上发表了《怎样选择一种领导模式》（*How to Choose a Leadership Pattern*）一文，提出了领导行为连续统一体理论。坦南鲍姆和施密特指出，对命令型和民主型的领导方式要采取随机制宜的态度，领导者到底采取哪种领导方式应取决于多种因素。在上述两种极端的领导方式中间存在着多种过渡型的领导行为模式，这些领导行为模式构成了一个"领导行为连续统一体"，如图 2-10 所示。

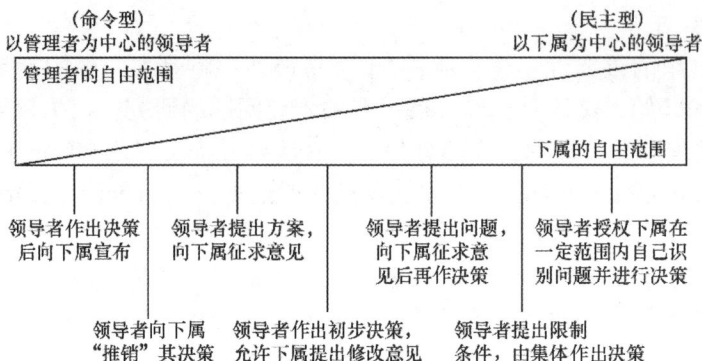

图 2-10 领导行为连续统一体示意图

坦南鲍姆与施密特认为，对于图 2-10 中的 7 种模式，不能简单地认为某一种模式是最好或是最差的，成功的领导者是各式各样的，他们需要根据具体情况采取不同的领导模式。

② 参与管理理论。

美国密执安大学社会研究中心在伦西·利克特（Rensis Likert）的主持下，对领导行为方式进行了长期研究。研究人员以一家拥有上千名员工的保险公司作为研究对象，通过不断调换各部门的领导者来观察工作效率的变化。研究结果表明，领导方式（也称领导行为方式）不同，所导致的领导效率也不同。领导效率进而直接影响了组织效率的高低。

利克特在《管理的新模式》（*New Patterns of Management*）一书中，将领导行为方式归结为四种类型：专制命令型、温和命令型、协商型和集体参与型。利克特根据调查和研究的结果认为，集体参与型领导行为方式最能从内部调动人的积极性，充分发挥人的潜能。他建议领导者要充分相信被领导者能够胜任工作，并且愿意发挥能力。

③ 领导行为四分图理论。

1948 年，美国俄亥俄州立大学工商企业研究所的拉菲·M.斯托格迪（Ralph M.Stogdill）和卡罗尔·L.沙特尔（Carrol L.Shartle）对企业领导行为进行了一系列研究。他们发放了含有 15 个问题的"领导行为描述问卷"调查表，收集到大量对于领导行为的描述，列出了 1 000 多个因素，最后分析确认了领导行为的两个独立维度，即"重视组织维度"（领导者运用组织构架所形成的强制力和约束力进行领导的倾向，在领导中强调规章制度、强制命令和规范约束）和"关怀维度"（领导者在领导行为中对于组织成员的信任、尊重和关怀的倾向，所强调的是领导者对下属的需求、健康、地位、成长的关心，强调领导者和被领导者之间关系的融洽与满意）。

斯托格迪和沙特尔通过对重视组织维度和关怀维度的研究发现，在每一个领导者的领导行为中，这两种行为倾向都实际交织存在，但是所占比例不同。现实中的领导行为都是两种因素的具体组合。为了直观地表示这种组合，他们采用在二维坐标系中的四分图来表示，如图 2-11 所示。

从图 2-11 中可以看出，有四种不同的领导方式，即高组织与低关心人的领导方式、低组织与低关心人的领导方式、低组织与高关心人的领导方式、高组织与高关心人的领导方式。一般来说，低组织与低关心人的领导方式效果较差，而高组织与高关心人的领导方式效果最佳。

④ 管理方格理论。

管理方格理论由得克萨斯大学的罗伯特・R.布莱克（Robert R .Blake）和简・S.穆顿（Jans S .Mouton）在 1964 年提出。该理论将领导行为分解为"对工作的关心"和"对人的关心"两个方面，再将这两个方面分为九个级别，表示在图形上，形成了有 81 个方格的坐标图，如图 2-12 所示。

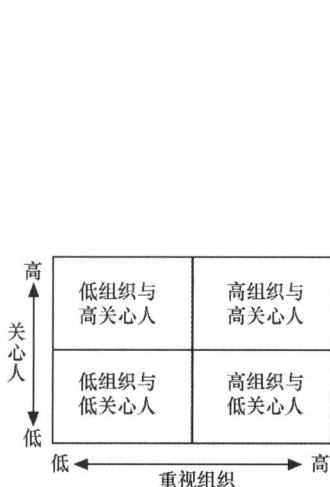

图 2-11　领导行为四分图　　　　图 2-12　布莱克和穆顿的管理方格

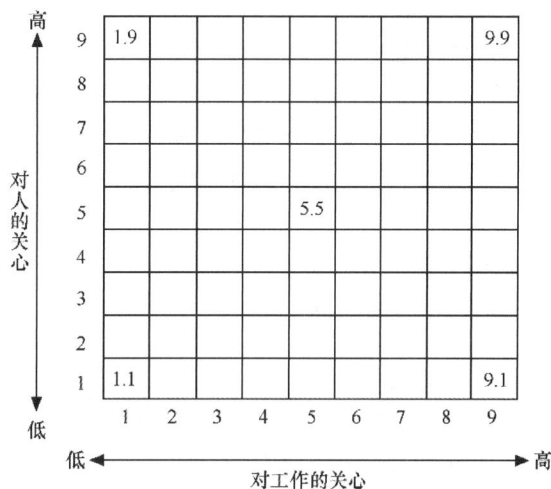

横坐标代表"对工作的关心"，纵坐标代表"对人的关心"；以 1 代表程度最低，以 9 代表程度最高；每个方格代表"关心工作"和"关心人"这两个基本要素以不同程度相结合的状态。

在图 2-12 中的 81 个方格中，四角位置及中心位置的方格表示典型状态的领导方式。

（3）领导权变理论

权变理论产生于 20 世纪 60 年代末 70 年代初，是在经验主义理论的基础上进一步发展起来的。其核心是组织管理要根据组织所处的环境和内部条件的变化而权宜变化。权变理论认为，没有一成不变、普遍适用、"最好"的管理理论和方法。权变管理就是"依托环境因素和管理思想及管理技术因素之间的变数关系来确定的一种有效的管理方式"。

对领导的研究使人们越来越清楚地认识到有效的领导是由复杂的因素综合决定的。它既不仅仅取决于领导者的个性品质，也不单纯取决于某些固定不变的领导方式，并不存在普遍适用和绝对有效的领导方式。现实有效的领导过程受到领导者、被领导者和环境等多种因素的影响，是这些因素综合作用的结果。基于这样的思考，诞生了有关权变的领导权变理论。

领导权变理论的代表性人物是美国著名的心理学家和管理学家弗雷德・E.菲德勒（Fred E.Fiedler）。他早年就读于芝加哥大学，获得博士学位。菲德勒从 1951 年起进行了长达 15 年的调查，并在调查研究的基础上提出了"有效领导的权变模式"。他认为，没有固定的最优的领导模式，领导的关键在于领导者必须与环境相适应。

菲德勒假设了两种主要的领导方式类型：一种是工作任务导向型，即领导者倾向于追求工作任务的完成，并从工作成就中获得满足；另一种是人际关系型，即领导者追求良好的人际关系，并从中获得尊重和地位上的满足。领导方式的选择不仅取决于领导者的个性，更取决于其所面临的组织环境。

3. 领导的艺术

作为领导者，靠上级或组织授予的权力可以发号施令，但无法保证对下属产生足够大的影响力。要想实现有效领导，领导者还需掌握一定的艺术。

（1）善于授权

领导者肩负重任，日理万机，面对千头万绪的问题而能够有条不紊、游刃有余是一种艺术行为。其核心是授权的艺术。彼得·F.德鲁克（Peter F.Drucker）曾说过，授权的真正涵义是不去做别人能做的事，而去做那些必须由自己做的事。授权对于一个组织的发展来讲十分重要。授权可以使高层管理者从日常事务中解脱出来，专心处理组织的重大问题，控制全局；可以调动下属的工作情绪，增强其责任心，并提高效率；可以增强下属的才干，使下属有机会独立处理问题，从而提高管理水平；可以充分发挥下属的专长，以补救授权者自身的不足。

作为领导者，并不是事情做得越多越有效，应当向下属授权交办的事情却自己去忙碌的结果，很可能是不仅浪费了自己大量的时间和精力，还会挫伤下属的积极性和责任感。领导者要善于把属于自己职权范围而又可委任下属去完成的工作派给下属去做，这有利于领导者集中精力去解决更为重要的问题，提高领导效率。

（2）知人善任

领导者应该有知人善任的用人艺术。善于用人是领导者最富于艺术性的能力。人才是组织实现目标的主导因素，也是最为活跃的因素。一个组织的成功，组织目标的实现最终要落实到人的创造性运作上。领导者识人用人，将最适当的人才放置在符合组织目标的最恰当的位置，是领导最重要的职能之一。唯才是举、知人善任是领导者最重要的职责之一，也最能体现领导者的领导艺术。

（3）做好时间管理

领导者首先要树立时间就是生命的意识。领导者对于自己已做、所做和将要做的事情，以及时间的消耗，都要做到心中有数。领导者对于时间使用要精心规划，学会科学合理地分配时间。领导者每天要做的事情千头万绪，要分清轻重缓急，区别主次，将有限的时间分配给最关键的工作。

2.3.2 激励

激励是管理的一项重要职能，是组织激发员工做好工作的关键，所有管理者都必须对其高度重视。

1. 激励概述

（1）激励的含义

管理学中所谓的激励是指组织激发员工的动机，诱导员工的行为，使其产生一种内在的动力，朝着组织所期望的目标而不断努力的过程。我们可以把激励看作是满足人的某种需求的过程，需求引起动机，动机产生行为，行为又指向一定的目标。因此，研究激励，就有必要弄清楚需求、动机和行为这三者之间的关系。

（2）需求、动机、行为之间的关系

心理学家发现，人之所以会产生某种特定的行为是因为有动机。人从事某项工作积极性的高低，完全取决于去做这项工作的动机以及动机的强弱程度。

动机（Motivation）是指推动个体采取行动的内部驱动力。这种驱动力是由需求没有得到满足而产生的紧张状态引起的，是一种内在的力量。从心理学的角度来讲，动机是由需求引发的。人之所以愿意做事，是因为做这件事本身可以满足其个人的某种需求。需求是指人对某种目标的渴求和欲望，包括基本的需求，如生理需求和物质需求，以及高层次的需求，如社会需求和精神需求等。因此，需求、动机和行为之间的关系可描述为：行为是建立在需求和动机的基础上的，需求使人产生某种动机，动机诱发人采取某种行为。

2. 主要的激励理论

激励作为管理学中一个非常重要的内容，很早就引起了心理学家、行为学家和管理学家的研究兴趣。众多学者从不同的角度对激励的因素和产生激励的行为进行研究，取得了丰硕的研究成果，提出了不同研究视角下的激励理论。以下简要介绍 5 个有代表性的激励理论。

微课堂

主要的激励理论

（1）需要层次理论

美国心理学家亚伯拉罕·马斯洛（Abraham Maslow）于 1943 年提出了著名的需要层次理论。马斯洛认为，人的需要可分为五个层次，即生理需要、安全需要、社会需要、尊重需要和自我实现需要（见图 2-13）。这五种需要的具体含义如下。

① 生理需要是人最原始、最基本的需要，包括衣、食、住、行等方面的生理需要。

② 安全需要是有关免除危险和威胁从而获

图 2-13　马斯洛的需要层次理论

得安全感的各种需要。它包括人对人身安全、工作和生活环境安全、就业保障、医疗保障、养老保障、工伤保障等的需要。

③ 社会需要主要包括社交的需要、归属的需要，以及对爱与被爱、友谊和被接纳的需要。

④ 尊重需要分为内部尊重需要和外部尊重需要。内部尊重需要指的是人对自尊、自主和成就等的需要；外部尊重需要指的是人对来自外部的认可、关注和地位等的需要。如果人的这种需要得不到满足，就会产生自卑感，从而失去自信心。

⑤ 自我实现需要是最高层次的需要，是人为实现理想和抱负，最大限度地发挥个人潜力的需要。

上述五种需要是按从低级到高级的层次组织起来的。一个人只有当较低层次的需要得到了满足，较高层次的需要才会出现并要求得到满足。一个人生理上的迫切需要得到满足后，才会去寻求保障其安全的安全需要；也只有在基本的安全需要获得满足之后，社会需要才会出现，并要求得到满足，以此类推。马斯洛认为，假如大部分时间我们都饥肠辘辘，假如我们不断地被干渴所困扰，假如我们连续地受到一个始终迫在眉睫的灾难的威胁，或者，假如所有的人都恨我们，我们就不会要去作曲，不要去发明数学方法，

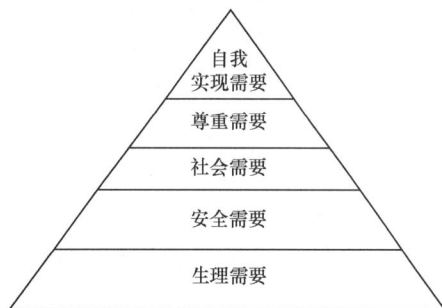

不要去装饰房间或者打扮自己。

马斯洛并没有说人在较低层次的需要完全得到满足之后才会产生高一层次的需要，而只是说人的各种需要存在高低顺序，或者说各种同时出现的需要中存在优势需要。就一般情况而言，只有在比某一层次需要的更低层次的需要得到满足或部分得到满足后，该层次的需要才会成为优势需要。人作为有欲望的动物，行为受需要所驱使，但需要什么取决于已经有了什么，只有未被满足的需要才影响人的行为。换句话说，已经满足的需要不再是优势需要，也不再是行为的决定性力量。

马斯洛的需要层次理论由于其直观和易于理解而得到了广泛的认可，尤其是在从事实际工作的管理者群体中得到了广泛的应用。该理论为思考需要和动机提供了一种有用的结构，但是有其局限性。首先，它具有简单化的倾向，忽略了需要强度的因素。此外，马斯洛提到的需要层次在跨国文化中或许是不一致的。有研究支持在东方文化中有不同的需要层次，更多地强调注重社会需要以及所属群体的需要，较少地注重自我需要。不同的文化对自我有着不同的定义，而对自我的定义有可能影响人对自我实现的注重程度。同时，马斯洛的这一理论缺乏实证基础，没有支持其假设的验证性材料。

马斯洛的需要层次理论虽然存在一定的局限性，但是在实际的管理工作中具有很高的应用价值。管理者必须清楚下属的主导需要是什么，如对一个家境富裕的员工来说，奖金的激励作用往往不如职位晋升的激励作用有效；而对于另一个员工来说，情况可能恰好相反。所以，管理者在管理工作中可以应用马斯洛的需要层次理论明确员工的主导需要，并制订有针对性的激励措施。

（2）双因素理论（激励—保健理论）

双因素理论是由美国心理学家弗雷德里克·赫茨伯格（Frederick Herzberg）于 1959年提出来的。20 世纪 50 年代末期，赫茨伯格和他的同事对匹兹堡附近一些工商业机构中的约 200 位专业人士做了一次调查，主要是想了解影响人对工作满意和不满意的因素。结果发现，导致人对工作满意的因素主要有五个：成就、认可、工作本身的吸引力、责任和发展；导致人对工作不满意的因素主要有企业政策与行政管理、监督、工资、人际关系及工作条件等。

赫茨伯格将导致人对工作不满意的因素称为保健因素，将导致人对工作满意的因素称为激励因素。保健因素，诸如规章制度、工资水平、福利待遇、工作条件等，对人的行为不起激励作用。但这些因素如果得不到保证，就会引起人的不满，从而降低其工作效率。激励因素，诸如职位晋升、工作上的成就感、个人潜力发挥等，能唤起人的进取心，对人的行为起激励作用。双因素理论认为，激励因素和保健因素彼此独立，并以不同的方式影响人的行为。保健因素缺乏会使人产生很大的不满足感，但不会产生多大的激励作用。激励因素使人产生满足感，而如果缺乏也不会使人产生太大的不满足感。

双因素理论给我们的启示是：物质需要的满足是必要的，没有它会导致人的不满，但是即使获得满足，它的作用也往往是很有限的，并不能对人产生有效的激励作用。因此，企业要想真正激发员工的工作积极性和主动性，不仅要注意物质利益和工作条件等保健因素，更需要注意激励因素。企业要为员工创造有利于其做出贡献与取得成就的工作条件和机会；要丰富工作内容，让员工感受到工作的趣味性，并赋予必要的责任；要让员工从工作中获得成就感，获得企业及他人的承认。

（3）强化理论

强化理论是由美国心理学家、行为科学家 B.F.斯金纳（B.F.Skinner）等人提出的，又称"行为修正理论"。斯金纳研究了动物和人的行为后发现，人或动物为了达到某种目的会采取一定的行为。当这种行为的结果对自身有利时，该行为就会重复出现；当这种行为对自身不利时，该行为就会减弱或消失。斯金纳认为这是环境对行为强化的结果。

强化理论中的"强化"是指不断通过改变环境的刺激因素来达到增强、减少或消除某种行为的过程。强化的具体方式包括正强化和负强化。

所谓正强化，是指奖励那些符合组织目标的行为，以便使这些行为得到进一步的加强，从而有利于组织目标的实现。正强化的刺激物不仅包含奖金等物质奖励，还包含表扬、改善工作关系等精神奖励。

所谓负强化，是指惩罚那些不符合组织目标的行为，以使这些行为削弱直至消失，从而保证组织目标的实现不受干扰。负强化一方面包含给予行为当事人某些他不喜欢的东西或是取消他所喜欢的东西，如减少奖酬、罚款、批评、降级、解聘等。实施负强化的方式与实施正强化的方式应有所差异，应以连续负强化为主，即对每一个不符合组织的行为都应及时予以负强化，消除行为当事人的侥幸心理，减少直至完全消除这种行为重复出现的可能性。

延伸学习

鲶鱼效应与负激励

正强化给人以愉快的刺激，使人产生一种强大的进取效应。负强化给人以不愉快的刺激，人对不愉快的刺激会产生一定的抵制情绪。如果给予同一个人过多的负强化，则他往往会不从自身找原因，反而认为是管理者故意跟他过不去，或形成"逆反心理"，对着干。所以，管理者在不得不对员工进行负强化时，要特别注意技巧。

（4）公平理论

公平理论是由美国心理学家 J.S.亚当斯（J.S.Adams）于 20 世纪 60 年代提出来的，也称"社会比较理论"。这种理论主要讨论报酬的公平性对人工作积极性的影响。该理论认为，一个人的工作动机和动力不仅受其所得到报酬的绝对值的影响，更受到报酬的相对值的影响。一般情况下，人会以同事、亲友、邻居或自己以前的情况作为参考，来评价是否得到公正、公平的待遇。

将"自己"与"别人"相比被称为横向比较，以下列公式来说明：

$$Q_P/I_P = Q_X/I_X$$

式中：Q_P 代表人对自己所获报酬的感觉；I_P 代表人对自己所做投入的感觉；Q_X 代表自己对比较对象所获报酬的感觉；I_X 代表自己对比较对象（或自己以前）所做投入的感觉。

公平理论中的报酬既包括物质上的薪金、奖金和福利等，也包括精神上的被赏识、被尊重和晋升等。

公平理论中的投入包括工作努力、投入的精力、受教育程度、工作时间等。

如果 $Q_P/I_P=Q_X/I_X$，则为公平状态。如果 $Q_P/I_P>Q_X/I_X$，说明自己得到了过高的报酬或是投入比他人的要少。如果 $Q_P/I_P<Q_X/I_X$，则说明他人得到了过高的报酬或是投入比自己的要少。后两种都会让人产生不公平感。因此，管理者在运用该理论时应该更多地注

意实际工作绩效与报酬之间的合理性。当然，对有些具有特殊才能的人，或对完成某些复杂工作的人，应更多地考虑其心理上的平衡。

值得注意的是，人总是倾向于过高估计自己的投入，而过低估计自己所得到的报酬；而对比较对象所获得的报酬和所做投入的估计则恰恰相反。此时他可能会要求增加报酬，或者自动地减少投入（消极怠工），以达到心理上的平衡。因为公平与否主要取决于员工的主观判断，所以公平理论还是存在着缺陷的。

（5）期望理论

期望理论是美国行为学家维克多·弗鲁姆（Victor Vroom）提出的。该理论认为：一种行为倾向的强度取决于个体对这种行为带来的结果的期望强度，以及这种结果对行动者的吸引力。人只有在预期其行为会带来既定的成果且成果具有吸引力时，才会被激励起来去做某些事情。

一个人从事某项工作的动力（激励力）的大小，取决于"该项活动所产生的成果的吸引力"和"获得预期成果的可能性（即概率）"，用公式表达为：

$$激励力 = 效价 \times 期望值$$

效价就是"该项活动所产生的成果的吸引力"。吸引力不在于预期成果本身，而在于成果能否满足行动者的需要，是行动者个人的主观评价。同样的工作成果或结果对不同的人而言，吸引力的大小是不同的。例如，领导告诉职工，完成某项工作任务将给予 1 000 元的奖金，这 1 000 元就是预期成果。对于急需钱或金钱欲望很强的人来说，这一成果的吸引力是很大的，效价很高；而对于腰缠万贯或没有金钱欲望的人来说，这一成果的吸引力就很小甚至为零，效价很低。

期望值就是"获得预期成果的可能性（即概率）"。这往往与行动者自身的能力和环境条件有关系。如果成果很诱人，效价很高，但人力所不能及，或周围的条件不允许，只能是可望而不可即，期望值就很低甚至为零，随之激励力也很低甚至为零。因此，只有当效价高且期望值大时，才会产生强烈的激励效果。

在实际的管理中，管理者要激励员工去做某件事，首先要了解其主导需要，设置效价较高的"成果"，这样才可以用较低的成本获得较大的动力。同时管理者要帮助员工提高能力，为员工创造必要的条件，提高他们的期望值，从而可以提高激励力。

2.4 控制

控制是指以计划为前提，通过制定工作标准，衡量偏差以及纠正偏差等活动来实现组织既定管理目标的过程。控制是管理的重要职能之一，是实现企业目标的重要保障。没有控制，再周密的计划、再明确的经营目标都必将难以实现。因此，为了保证企业经营活动的有序运行，控制必不可少。

2.4.1 控制的类型

按照不同的标准依据，如实施的时间、手段、控制源等，可将控制分为多种类型。

1. 按照控制实施的时间分类

按照控制实施的时间进行分类，控制可分为预先控制、现场控制和事后控制三种，如图 2-14 所示。

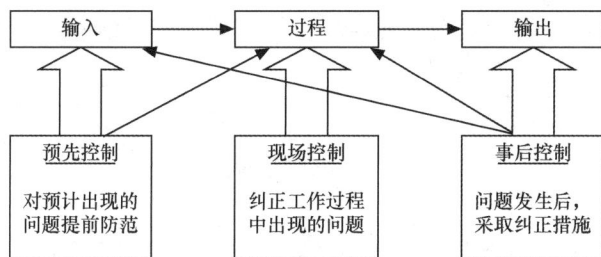

图 2-14　按照控制实施时间划分的类型

（1）预先控制

预先控制也称事先控制或前馈控制，是指管理者根据过去的经验或通过科学分析，对各种可能出现的偏差进行预测，并采取防范措施。预先控制的重点是防止组织目标偏离预期，因此是一种面向未来的控制。

预先控制的优点是能够防患于未然，而且是对事不对人。这样既可以预防偏差的出现，也不至于引发被管理者的对立情绪。因此，预先控制是一种比较理想的控制方法。但事实上至今仍有许多企业忽视了这一点，而往往将控制的重点放在对事后的处理上。

虽然预先控制具有上述优点，但它同时具有一些难以克服的缺陷。预先控制是面向未来的，但未来毕竟是一个未知的领域。在实际的管理过程中，各种出乎人们预料的意外事件随时可能发生，这将大大降低预先控制的有效性。因此，在控制活动中，现场控制和事后控制也是不可或缺的。

（2）现场控制

现场控制是一种发生在计划实施过程中的控制。为了顺利实现计划目标，管理者直接对计划的执行情况进行现场检查，并及时纠正偏差。由于现场控制是在工作过程中发生的，又被称为实时控制、随机控制、即时控制、过程控制等。现场控制是一种比较及时的控制手段，往往表现为管理者深入到具体的活动中，进行直接指导和监督，对出现的偏差立即加以纠正。一般而言，现场控制往往是由管理层次较低的管理者来承担的，这是因为基层管理者的主要工作任务是指导业务工作，而业务工作往往需要被现场监督与指导。

现场控制的有效性很大程度上取决于管理者的个人素质、工作作风和领导方式等。管理者经常使用的现场控制手段主要有经济手段和非经济手段。一名优秀的管理者应该将这两种手段配合使用，以便达到比较理想的管理效果。

（3）事后控制

事后控制是一种针对结果的控制，又被称为反馈控制。管理者通过分析工作的执行结果，并将其与标准相比较，发现偏差，分析造成这种偏差的原因，及时采取纠正措施并予以实施，以防止偏差继续发展并杜绝此类偏差再度发生。事后控制是在偏差已经发生的情况下采取的措施，传统的控制方法几乎属于此类。事后控制最大的缺点是具有滞后性，从衡量结果、发现偏差到纠正偏差，存在着时间延迟，这样不仅会延误时机，而且会增加控制的难度。正因如此，事后控制可以被认为是一种"亡羊补牢"式的控制。

尽管事后控制存在滞后性的缺点，但是在许多情况下仍是管理者可以选择的控制方法。因为对于很多事件来说，人们只有在其发生之后才能看清它的结果。从这一点来说，事后控制不仅是必要的，而且是必需的。

2. 按照控制手段的不同分类

按照控制手段的不同，控制可分为间接控制和直接控制两种。

（1）间接控制

间接控制是指控制计划执行的结果，即管理者根据计划和预先制定的控制标准对比和考核实际结果，由此发现工作中出现的偏差，分析其产生的原因，并追究有关人员的责任使之改进。

（2）直接控制

直接控制是相对于间接控制而言的，是指通过提高组织成员的素质来更好地开展管理控制工作。直接控制的原则是，管理者及其下属的素质越高，就越不需要进行间接控制，因为他们能够觉察到正在形成的问题，并能及时采取纠正措施。

3. 根据控制源的不同分类

根据控制源的不同，控制可以分为正式组织控制、群体控制和自我控制三种类型。

（1）正式组织控制

正式组织控制是指根据组织制定的相关规章制度，由正式的组织机构实施的控制。例如，质检、预算、审计等就是正式组织控制的典型代表。正式组织控制是组织各项工作正常进行的基本保障。

（2）群体控制

群体控制是指由组织中的非正式组织自发进行的控制。它基于非正式组织成员的价值观和行为准则。非正式组织的行为规范，虽然没有明文规定，但对于组织成员有着非常大的约束。

（3）自我控制

自我控制是指个人有意识地按某一行为规范进行的活动。自我控制是实施控制的最好方法。具有良好修养、品德高尚且顾全大局的人具有更高的自我控制能力。这也是组织在重用员工时都非常重视其道德修养的重要原因。

以上三种控制有时相互一致，有时会相互抵触，这取决于组织的文化。有效的管理控制系统应该使这三种控制类型和谐共存并对其综合运用。

课堂讨论

为什么说"自我控制是实施控制的最好方法"？请谈谈你的观点。

2.4.2 控制的基本要求

延伸学习

在现实中，不少企业制订了周密的工作计划，但由于控制不力，导致最后还是不能达到预期的目标。因此，为了保证对企业活动进行有效的控制，控制工作必须满足一定的基本要求。

1. 控制应该具有目的性

控制的目的性是指控制工作为了实现一定的目标，对所有偏离既定

控制的原则

目标的活动都必须予以纠正。目的性是控制工作的基本要求。因为，控制作为一种重要的管理职能，是为组织目标服务的。管理者的任务之一就是要在众多的目标中选择关键目标，并围绕着关键目标的实现而展开控制工作。控制工作首先必须具有目的性。

2. 控制应该具有客观性

控制的客观性是指控制工作应该切合组织的实际情况，即控制标准合理，检测技术和手段符合实际，纠偏措施切实可行。控制的客观性要求可以避免管理者的主观臆断。

控制的客观性要求控制标准不能太高，也不应太低。控制标准太高或太低都不利于既定目标的实现。客观的控制标准应该是一个富有挑战性，能激励员工努力工作的标准，并且是合理的、可以达到的标准。除此以外，为了避免过多的主观因素对管理控制工作的影响，控制标准还应该是明确的，应尽可能地量化，以便于衡量。

3. 控制应该具有适应性

控制的适应性是指所有的控制活动都应反映组织所制订的、有待实施的计划；控制应反映组织结构，也应该与职位相适应。

4. 控制应该具有适时性

控制的适时性是指在偏差刚刚发生或将要发生时管理者能够立即判定出来，并迅速查明原因和采取纠正措施。适时控制可以将偏差造成的损失降到较小的限度。它需要建立有效的信息反馈系统作为保障。

2.4.3　控制工作的过程

控制工作是一个系统的过程，主要包括制定控制标准、衡量实际工作绩效、纠正运行偏差三个环节（见图 2-15）。也就是说，控制是依据一定的标准去衡量实际工作绩效，并采取适当的措施纠偏的过程。因此，控制的首要前提是制定控制标准。

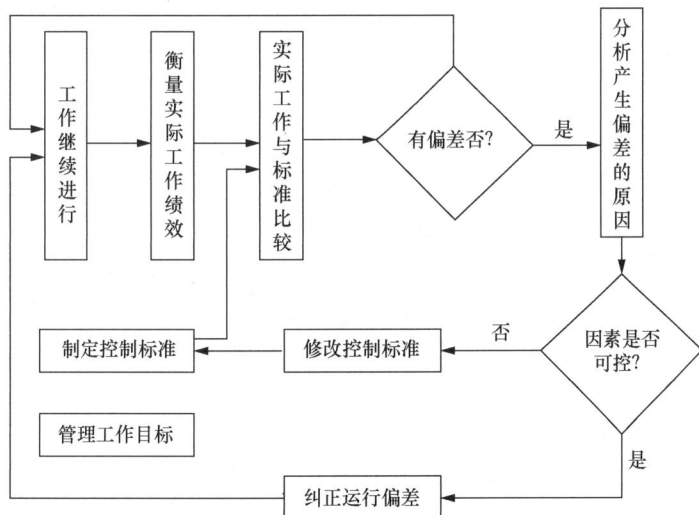

图 2-15　控制工作过程图

1. 制定控制标准

控制标准的制定是进行有效控制的基础，没有事先制定的控制标准，衡量实际工作绩效和纠正运行偏差也就失去了客观的依据。

2. 衡量实际工作绩效

衡量实际工作绩效是控制工作的第二个环节，主要内容是将实际工作业绩与控制标准相比较，从中发现两者的偏差，并做出判断，为进一步采取控制措施提供全面、准确的信息。衡量工作绩效需要注意三个问题：第一是衡量的要求，第二是衡量的项目，第三是衡量的方式。

3. 纠正运行偏差

纠正运行偏差是控制工作的最后一个环节。在这一环节中，企业依据衡量的标准，利用各种方法对实际工作绩效进行衡量，将衡量的结果与既定的标准进行比较，通过比较发现偏差，并采取适当的措施，纠正运行偏差。

本章实训

1. 实训目的

通过实地采访企业管理人员，直观了解企业管理的实际运作情况，从而加深对企业管理职能的理解与认识。

2. 实训内容及步骤

（1）成立任务实训团队

以小组为单位成立任务实训团队。每组推选一名负责人，负责协调团队成员、分配任务以及与教师的沟通。团队成员须明确各自职责，确保实训活动的顺利进行。

（2）确定采访对象与拟定采访提纲

各团队须自行联系并确定采访对象，优先选择具有丰富管理经验的企业管理人员。在确定采访对象后，各团队根据实训目的拟定详细的采访提纲，内容确保尽可能地覆盖企业管理职能的各个方面。

（3）实施采访并记录

团队成员须提前准备好采访工具（如录音笔、摄像机等），并按照采访提纲进行采访。在采访过程中，团队成员须详细记录被采访者的回答和观点，以便后续整理和分析。

（4）整理与分析采访记录，撰写报告

采访结束后，团队成员须共同整理采访记录，提炼关键信息。各团队须对采访内容进行深入分析，探讨企业管理职能在实际操作中的应用与效果。

根据分析和讨论结果，撰写一份详细的采访报告，包括企业背景、采访过程、关键观点提炼以及管理职能分析等。

（5）制作汇报材料并分享

各团队根据采访报告制作汇报材料，形式可以是PPT、视频或图文并茂的报告等。各团队选出代表在课堂展示实训成果，并接受教师和同学们的提问与点评。

3. 实训成果

实训报告——《有关企业管理职能的采访报告》。

本章习题

一、单选题

1. 管理的首要职能是（　　）。

A. 计划　　　　　　B. 组织　　　　　　C. 领导　　　　　　D. 控制

2. 战略性计划一般由（　　）负责制订。

A. 高层管理者　　　B. 作业人员　　　　C. 基层管理者　　　D. 中层管理者

3. （　　）是企业最为重要的决策，是指具有全局性的、长期性的和影响深远的决策。

A. 战略决策　　　　B. 战术决策　　　　C. 管理决策　　　　D. 业务决策

4. 对重复出现的日常管理问题进行的决策为（　　）。

A. 程序化决策　　　B. 非程序化决策　　C. 高层决策　　　　D. 战略决策

5. （　　）组织结构是最早被采用也是最为简单的一种结构，是一种低部门化、宽管理幅度、集权式的组织结构形式。

A. 矩阵制　　　　　B. 直线制　　　　　C. 职能制　　　　　D. 直线职能制

6. 下列（　　）组织结构又被称为"斯隆模型"。

A. 职能制　　　　　B. 矩阵制　　　　　C. 多维立体结构　　D. 事业部制

7. 按照双因素理论，那些能够导致员工不满意的因素属于（　　）。

A. 保健因素　　　　B. 激励因素　　　　C. 工作因素　　　　D. 制度因素

8. （　　）是指领导者个人因拥有某种专业知识和特殊的技能而获得的权力。

A. 法定权　　　　　B. 奖励权　　　　　C. 强制权　　　　　D. 专长权

9. 车间主任老王在生产现场看到新招的大学生小刘违规操作设备，他立即前去纠正，这种控制方式属于（　　）。

A. 现场控制　　　　B. 反馈控制　　　　C. 事先控制　　　　D. 间接控制

10. 预先控制是指某项活动（　　）。

A. 在开始前实施的控制　　　　　　　B. 在进行中实施的控制

C. 在发生变化后实施的控制　　　　　D. 产生后果后实施的控制

二、多选题

1. 管理的四个基本职能是（　　）。

A. 计划　　　　　　B. 组织　　　　　　C. 领导

D. 激励　　　　　　E. 控制

2. 领导的权力包括（　　）。

A. 法定权　　　　　B. 奖励权　　　　　C. 专长权

D. 强制权　　　　　E. 个人影响权

3. 对于一个自我实现的需要占据主导地位的员工来说，比较有效的激励措施是（　　）。

A. 提高工资　　　　B. 颁发奖金　　　　C. 委以重任

D. 改善工作条件　　E. 晋升

4. 赫茨伯格的双因素理论中的双因素指的是（　　　）。

   A. 信息因素　　　B. 激励因素　　　　C. 人员因素

   D. 保健因素　　　E. 公平因素

5. 马斯洛的需要层次理论中所指的较低层次的需要是（　　　）。

   A. 安全需要　　　B. 尊重需要　　　　C. 自我实现需要

   D. 社会需要　　　E. 生理需要

6. 根据控制手段的不同，可将控制分为（　　　）。

   A. 直接控制　　　B. 预先控制　　　　C. 间接控制

   D. 事后控制　　　E. 现场控制

三、名词解释

1. 计划　　2. 组织　　3. 领导　　4. 激励　　5. 控制

四、简答及论述题

1. 何谓滚动计划？其特点是什么？

2. 为什么决策追求的是满意而非最优原则？

3. 组织设计的原则主要有哪些？

4. 直线职能制组织结构的主要优缺点有哪些？

5. 马斯洛的需要层次理论的主要内容是什么？

6. 试论述斯金纳的强化理论。

7. 试论述赫茨伯格的双因素理论。

8. 试论述纠正运行偏差的关键活动。

案例讨论

H科技公司的股权激励计划

H科技公司是全球领先的通信技术公司。为有效激励员工，增强公司的创新力和竞争力，H科技公司实施了股权激励计划。这是一种基于员工绩效和贡献的长期奖励机制，也被称为"时间单位计划"（Time Unit Plan，TUP）。

H科技公司的股权激励计划主要针对核心员工和中高层管理人员。这些人员对公司的长期发展具有重要影响，他们的努力和贡献是公司成功的关键。该计划通过授予特定员工一定数量的虚拟股权，使员工成为公司的"合伙人"。这些虚拟股权可在一定期限内（通常为5年）逐步兑现，旨在激发员工的长期归属感。但员工需要满足一定的绩效要求，包括完成个人和团队的业绩目标以及遵守公司规章制度等，才能行权并享受到股权激励带来的收益。在员工行权后将获得与虚拟股权相对应的现金收益或公司股票，其收益多少与公司业绩、员工绩效以及虚拟股权的数量密切相关。

H科技公司的股权激励计划通过让特定员工成为公司的"合伙人"，成功激发了员工的积极性和创造力，使他们更加关注公司的长期发展，并积极投身于工作，努力提升个人和团队的业绩，以为公司创造价值。同时，这一计划也提高了公司的凝聚力和向心力，员工与公司之间形成了坚实的利益纽带，不仅使员工更加忠诚并愿意为公司的发展贡献力量，还成功吸引了更多优秀人才的加入。最重要的是，股权激励计划促进了公司的长期稳定发展，实现了业绩的持续增长。员工在关注短期业绩的同时，也更加注重公司的长期发展，这种平衡使 H 科技公司能够在激烈的市场竞争中稳固领先地位。

思考讨论题：

1．H 科技公司的股权激励计划为何能取得成功？

2．结合案例，请谈谈企业该如何有效激励员工。

第3章

企业战略规划

本章导学

　　战略是企业高层对未来所作的系统性决策，是对企业的整体发展进行谋划，着重解决企业在经营过程中所涉及的重大问题。本章主要介绍企业战略及战略管理的概念、企业战略管理的过程、企业战略的选择与评价、企业战略的制定方法等内容。通过对本章的学习，读者可以进一步了解和掌握战略管理的基本思路及方法。

知识结构图

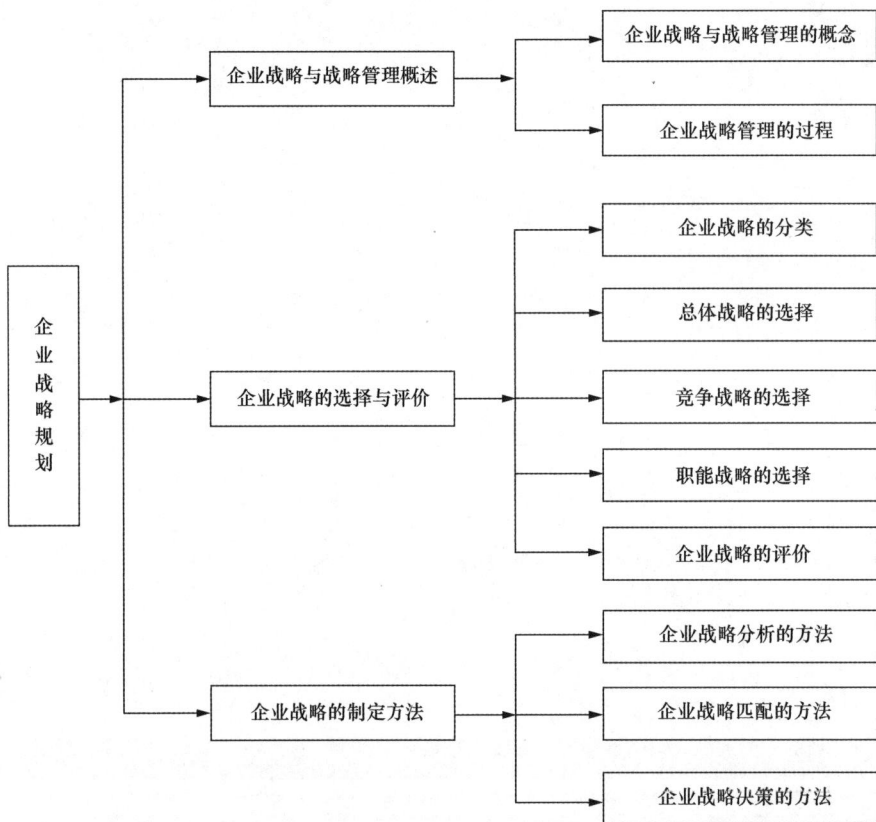

开篇引例　华为发布"超融合+"战略及系列新品

2023 年 2 月 8 日，在华为"超融合+"战略暨新品发布会上，华为提出"超融合+"战略并发布系列新品，助推千行百业数字化转型。

当前，超融合已成为数据中心主流建设模式之一。但随着企业数字化转型加速，传统超融合亟须解决企业海量应用与 IT 基础设施高效融合，分支边缘宽环境适配及产业合作模式三大问题，以实现从设备融合到应用融合，从中心到边缘，从单一算力到多样算力，以及从单厂商全栈集成到软硬件生态开放的跨越。

华为数据存储产品线总裁周跃峰表示，为应对上述挑战，华为秉承"把复杂留给自己，把简单留给伙伴和客户"的理念，提出"超融合+"战略，围绕生态、体验和商业三个维度对传统超融合进行全面升级。

生态方面，华为携手伙伴共同打造一站式 IT 应用解决方案集成平台——华为蓝鲸应用商城，致力于让伙伴和客户使用企业应用像用手机 App 一样简单，实现业务系统的快速上线和稳定运行。此外，华为"超融合+"将全面拥抱多种算力生态，满足复杂业务场景对多样化算力的需求。

体验方面，华为推出面向分支边缘的专用硬件，在市电接入、噪声控制、宽温适配等方面进行强化，以适应边缘场景的复杂环境。同时，华为"超融合+"提供全业务流程自动化工具，支持"一键式"完成设备初始化、业务上线及运维管理，提升用户体验。

商业方面，华为"超融合+"全面开放软件能力，为伙伴提供质量认证机制、硬件加速模块和交付运维工具三大类技术支持，降低伙伴开发超融合产品的难度。华为也将开放硬件平台，由华为构建存储底座，将计算部件选择权交给伙伴，帮助伙伴"积木式"构建计算型存储产品整机，实现技术共享和能力互通。

问题：华为提出的"超融合+"战略是如何围绕生态、体验和商业三个维度对传统超融合进行全面升级的？具体举措有哪些？

3.1　企业战略与战略管理概述

3.1.1　企业战略与战略管理的概念

1. 企业战略的概念

企业战略是指企业管理者根据环境的变化、自身的资源和竞争实力，确定适合企业发展的经营领域和长远目标，以及为实现长远目标所采取的相应措施和行动方案，具有全局性、指导性、长远性、竞争性、风险性及相对稳定的特征。

延伸学习

企业战略的特征

在理解企业战略的概念时，需要注意以下几点：第一，企业战略是企业对未来发展的整体规划；第二，企业战略具有明确的目标；第三，企业战略的根本作用是帮助企业维持并增大市场竞争的优势。

课堂讨论

企业战略与企业的经营策略有何不同？你是如何理解企业战略概念的？

2. 企业战略管理的概念

企业战略管理是企业对企业战略的设计、选择、控制和实施，直至达到企业战略总目标的全过程。企业战略管理涉及企业发展的全局性、长远性的重大问题，如确定企业的经营方向、市场开拓、产品开发、技术创新、组织机构变革、筹资融资等。

企业战略管理是从全局和长远的角度，研究企业在竞争环境下生存与发展的重大问题。制定企业战略是企业高层管理者的重要职责。

小案例

海尔的国际化战略

2001年12月11日，我国正式加入世界贸易组织（WTO）。很多企业响应国家号召积极实施"走出去"战略，海尔也是其中的一员。但海尔认为走出去不只是为了创造更多的外汇，更重要的是要创造中国自己的品牌。因此海尔提出"走出去、走进去、走上去"的"三步走"战略，以"先难后易"的思路，首先进入发达国家创名牌，再以高屋建瓴之势进入发展中国家，逐渐在海外建立起设计、制造、营销的"三位一体"本土化经营模式。

3.1.2 企业战略管理的过程

企业战略管理对企业的未来发展方向及整体决策规划具有决定性作用，因此战略的制定及战略管理过程都必须科学而合理，经济且可操作。通常来说，一个全面的企业战略管理过程大体可分为战略分析阶段，战略制定、评价及选择阶段，战略实施及控制阶段这三个阶段。企业战略管理的程序如图3-1所示。

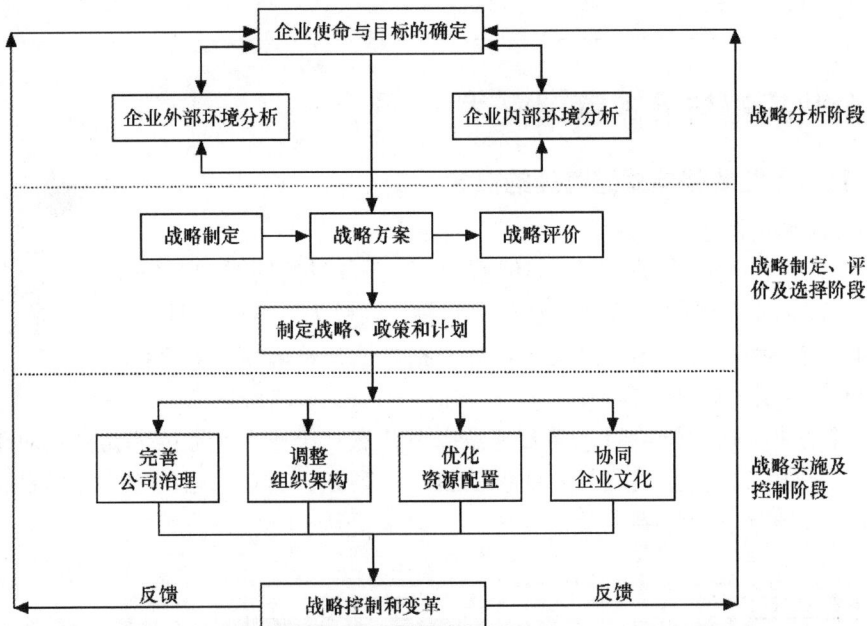

图 3-1　企业战略管理的过程

1. 战略分析阶段

战略分析是指企业对企业的战略环境进行分析、评价，以预测未来环境发展与变化的趋势，并研究这些趋势对企业所造成的影响。战略分析包括企业使命与目标的确定，企业内部环境分析和企业外部环境分析这三个方面。其中，企业使命和目标的确定是战略分析的起点，企业内外部环境分析是为了"知己知彼"，以便制定科学合理的企业战略。

2. 战略制定、评价及选择阶段

战略制定、评价及选择的过程实质上就是在了解企业战略与业务战略的基础上，企业根据所处的内外部环境对战略进行制定、评价及选择。

一个企业可能会制订出实现战略目标的多种方案。这就需要企业对每种方案进行鉴别和评价，以选择出适合企业自身的方案。目前对战略的评价及选择已有多种战略管理工具可使用，如 SWOT 矩阵、大战略矩阵、波士顿矩阵、通用矩阵及定量战略计划矩阵等。

企业在战略制定、评价及选择阶段的主要工作如下。

（1）战略方案的制订。企业根据企业的内外部环境，结合企业的使命与目标，拟定几种可行的战略方案。

（2）战略方案的评价及选择。在评价战略方案时，企业需考虑以下两点：第一，该战略方案能否被利益相关者所接受；第二，该战略方案是否利用了外部机会、降低了威胁，是否发挥了企业的优势、克服了劣势。

3. 战略实施及控制阶段

战略实施及控制是指企业把战略付诸经营活动实践之中，使得企业能朝着既定的战略目标与方向不断前进。一般来说，企业可在以下几个方面推进战略的实施：完善公司治理，调整组织结构，优化资源配置，协同企业文化（实现企业文化与战略的匹配）等。

战略控制是战略管理过程中一个不可或缺的重要环节。为了使实施中的战略达到预期目标，企业必须开展控制工作，具体做法是将战略实施的实际成效与预定的战略目标进行比较，如存在偏差，及时采取相应的纠偏措施。但如果是因为之前确立的战略目标不当，或是环境变化导致原有的战略不再适用，企业就应重新制订战略管理方案，开启一个新的战略管理周期。

3.2 企业战略的选择与评价

3.2.1 企业战略的分类

按影响层次划分，企业的战略可划分为三种类型，即总体战略、竞争战略和职能战略。其中总体战略主要包括成长型战略、稳定型战略、紧缩型战略和混合型战略；竞争战略主要是指迈克尔·E.波特（Michael E.Porter）教授提出的一般战略，包括总成本领先战略、差异化战略和集中化战略；职能战略是根据企业经营管理的具体职能进行划分的，分类较为明确，主要包括生产战略、市场战略、研究开发战略、财务战略和人力资源开发战略等。

3.2.2 总体战略的选择

总体战略又称公司层战略，是企业最高管理层制定的企业战略总纲，属于最高层次的战略。总体战略决定了企业的发展方向和总体目标，确定了企业的重大方针、经营计划、经营业务类型及企业的社会责任等。可供选择的总体战略包括成长型战略、稳定型战略、紧缩型战略和混合型战略。

1. 成长型战略

成长型战略以发展为核心，呈现出企业在现有战略的基础上向更高层级战略目标发展的一种战略态势。例如，通过开发新产品，开拓新市场来扩大市场规模；通过采用新的管理方式、生产方式等来提高效率，进而提高市场地位等。可供选择的成长型战略主要有密集型成长战略、一体化成长战略和多元化成长战略。

（1）密集型成长战略

密集型成长战略也称专业化成长战略，是指企业将所拥有的全部资源集中于最具优势或最为看好的某种产品或服务上，力求将其做大做强。具体策略是企业在保持原有产品或服务不变的基础上，通过扩大生产经营规模，开拓新市场，渗透老市场，开发新产品等来提高竞争优势。密集型成长战略又可分为市场渗透战略、市场开发战略和产品开发战略这三种类型。

① 市场渗透战略是指企业通过加大营销投入，提高其产品或服务在目标市场上的销量和市场份额，从而通过产生规模效应来获得更强的竞争实力的战略。市场渗透战略的具体做法包括增加销售人员，增加广告投入，采取各种促销方法，加大公关宣传力度等。

② 市场开发战略是指企业将现有的产品或服务打入新的地区市场或开发新的用户群体，通过扩大市场覆盖面来获得更多的客户，从而扩大企业的经营规模，提高产品销量、收入水平和盈利水平的战略。该战略的具体做法包括：开拓新的地区市场，进入新的细分市场，开发产品的新用途。例如，企业将在本国市场已经饱和的产品推向国外市场时，采用的就是这种战略。

③ 产品开发战略是指企业在现有的市场上，通过改良现有产品或开发新产品来扩大产品销售量的战略。例如，近年来华为公司通过强大的研发实力率先推出了 5G 智能手机，赢得了市场先机。

（2）一体化成长战略

一体化成长战略是指企业利用社会化生产链中的直接关系来扩大经营范围和经营规模，在供、产、销方面实行纵向或横向联合的战略。一体化成长战略可分为横向一体化战略和纵向一体化战略两大类，其中纵向一体化战略又分为前向一体化战略和后向一体化战略两种类型。

前向一体化战略是指企业将生产经营业务向产业链的下游延伸，使企业的业务活动更加接近于最终端的客户的战略。例如，"双汇"集团原是一家肉联厂，主要从事生猪屠宰、冷藏业务，后来开始发展猪肉的深加工业务——生产火腿肠和各类熟肉制品，接下来又涉足肉制品零售业务，在全国陆续设立多家"双汇"专卖店，向食品零售业发展。

后向一体化战略是指企业的生产经营业务向产业链的上游延伸的战略。例如，肉类加工业、零售业企业进入生猪养殖领域就属于此类战略行为。

横向一体化战略也称水平一体化战略，是指企业为了扩大生产规模、降低成本、巩固现有的市场地位、提高竞争优势、增强企业实力等而与同行业企业进行联合的一种战略。例如，视频网站优酷网与土豆网的合并，就属于此类战略行为。

（3）多元化成长战略

多元化成长战略是指企业为了更多地占领市场和开拓新市场，或为了避免经营领域过于单一的风险而选择性地进入新的业务领域的战略。多元化成长战略可分为相关多元化战略和非相关多元化战略这两种类型。

相关多元化战略，又叫同心多元化战略，是指企业扩展的产品（业务）与现有产品（业务）之间，在生产、技术、市场营销等方面具有高度的相关性和同质性，从而使这些产品（业务）在价值链上形成有价值的战略匹配关系。例如，美的原来生产电风扇、空调等，后来逐步将产品范围扩展至电饭煲、微波炉等多种家用电器。这是因为上述产品在物资采购、生产技术、管理、市场营销方面具有高度的相似性或同质性，并可共用许多资源。

非相关多元化战略，又叫复合多样化战略，在该战略下，企业所扩展或增加的产品（业务）与其原有产品（业务）之间，在生产、技术、管理、市场营销等方面极少或根本不存在关联性，更无同质性，不存在有价值的战略匹配关系，跨行业发展经营特征明显。只要存在有吸引力的市场前景、财务收益，以及能给企业带来商业风险的分散，企业就适合采用非相关多元化战略进入适当的产业。例如，小米集团的业务从原来的智能手机领域不断拓展到物联网与生活消费产品、互联网服务、新零售平台，以及电动汽车等多个领域。

课堂讨论

为降低经营风险，某家电龙头企业开始实施多元化战略，先后进入智能手机、芯片、新能源等领域，但均不太成功。

你觉得该企业多元化战略未获成功的主要原因是什么？对我们有哪些启示？

2. 稳定型战略

稳定型战略是企业一种基本维持现状的战略。在该战略下，企业受限于内部资源或外部环境等因素，不准备或者不能够进入新的领域。实施该战略风险小，适合前期战略制定正确，经营状况稳定，所处行业呈现出上升趋势，整体环境变化不大的企业。此外，一些自身资源条件不足以支撑新的发展的企业也宜采用稳定型战略，以规避风险。可选择的稳定型战略类型有无变化战略、维持利润战略、暂停战略、谨慎实施战略等。

3. 紧缩型战略

在该战略下，企业不是提高现有战略目标水平，而是实施战略收缩和撤退。相比于前两种战略，紧缩型战略属于消极战略，但并不意味着该战略不利于企业的发展，因为此时企业只有采取以退为进的紧缩型战略才能抵御对手的进攻，从而留给自己更多的时间优化资源配置。该战略适合计划开拓新业务，需要放弃原有业务或者所处行业已经饱和的企业。可选择的紧缩型战略类型有抽资转向战略、放弃战略、清算战略等。

4. 混合型战略

混合型战略即混合了上述三种战略的战略，一般为业务范围广的大型企业所采用。可选择混合型战略类型按子战略构成不同，可分为同一类型战略组合、不同类型战略组合；按战略组合顺序不同，可分为同时型战略组合、顺序型战略组合等。

3.2.3 竞争战略的选择

微课堂

竞争战略

根据美国哈佛大学教授迈克尔·波特的观点，竞争战略是指企业采取进攻或防守性行动，在产业内建立进退有据的地位，从而为企业赢得超常的投资收益的战略。可供选择的竞争战略主要有三种，即总成本领先战略、差异化战略和集中化战略。

1. 总成本领先战略

总成本领先战略的理论基础是规模效益（单位产品成本随生产规模增大而下降）和经验效益（单位产品成本随累计产品增加而下降）。其指导思想是企业通过有效的途径降低经营过程中的成本，使企业以较低的总成本赢得竞争的优势。此战略成功的关键在于，企业在确保提供客户所认为最重要的产品特性和服务的基础上，获得相对于竞争者的可持续性成本优势。需要注意的是，实施总成本领先战略的企业必须维持长久的低价优势，形成防止竞争者模仿的竞争壁垒。总成本领先战略与一般的低价竞争战略并不相同，后者往往以牺牲企业利润为代价，有时甚至亏本运营。

案例分析

格兰仕集团的总成本领先战略

格兰仕集团前身是梁庆德在1979年成立的广东顺德桂洲羽绒厂。1991年，该厂的羽绒服装及其他制品的出口前景不佳，于是企业决定将业务转移到一个成长性更好的行业。经过市场调查，企业确定微波炉为进入小家电行业的主导产品（当时国内微波炉市场刚发育，生产企业只有4家，市场几乎被外国产品垄断）。1996—2000年，格兰仕先后5次大幅度降价，每次降价幅度均在20%以上，每次都使市场占有率总体提高10%以上。

格兰仕集团在微波炉及其他小家电产品市场上采取的是总成本领先战略。格兰仕集团的规模经济首先表现在生产规模上。据分析，100万台是车间工厂微波炉生产的经济规模，格兰仕在1996年就达到了这个规模。之后，其每年以两倍于上一年的速度迅速扩大生产规模，到2000年底，格兰仕微波炉生产规模达到1 200万台，产量位居全球首位，是排名第2企业的两倍多。生产规模的迅速扩大带来了生产成本的大幅度降低，成为格兰仕集团实施总成本领先战略的重要支撑。格兰仕集团规模每上一个台阶，价格就大幅下调。当规模达到125万台时，它就把出厂价定在规模为80万台的企业的成本价以下，此时格兰仕集团还有利润，而规模低于80万台的企业多生产一台就亏一台的钱，除非能形成显著的品质技术差异，在某一较细小的利基市场获得微薄赢利，但对手无法搞出差异。当规模达到300万台时，格兰仕集团又把出厂价调到规模为200万台的企业的成本线以下，使对手缺乏追赶上其规模的机会。格兰仕集团这样做的目的是要构建行业壁垒，摧毁竞争对手的信心，将散兵游勇的小企业淘汰出局。

案例分析：格兰仕集团通过实施总成本领先战略，在微波炉市场上取得了较大的成功。企业利用规模效应降低成本，通过低价策略提高市场占有率，并构建了行业壁垒。虽然实施该战略降低了产品的毛利率，但从长远来看，为格兰仕集团的持续发展奠定了坚实的基础。

2. 差异化战略

差异化战略是指企业向客户提供独具特色的产品或服务，以满足客户的特殊需求，从而形成竞争优势的一种战略。差异化战略是企业广泛采用的一种战略。事实上，一个企业实施差异化战略的机会总是存在的，因为每个企业的产品或服务都不可能完全相同。但企业实施差异化战略不应盲目，应充分考虑产品或服务的性质。例如，汽车相比于一些高度标准化制造的产品如水泥等，有更大的差异化。

虽然企业可以通过各种方法实现产品或服务的差异化，但并不意味着所有的差异化都能为客户创造价值。企业实施差异化战略的目的在于创造产品或服务的独特性，以此来提高企业的市场竞争力和盈利水平，因此，企业必须分析客户需要哪种差异化，以及这种差异化所创造的价值能否超过由此而增加的成本。为了保证差异化的有效性，企业必须注意两点：第一，必须了解自己拥有的资源和能力能否创造独特的产品或服务；第二，必须深入了解客户差异化的需求和选择偏好。

延伸学习

企业实施差异化
战略的风险

3. 集中化战略

集中化战略又称专门化战略或目标集聚战略，是指企业将经营战略的重点放在一个特定的目标市场上，为特定的地区或特定的客户提供特定的产品或服务的战略。

与总成本领先战略和差异化战略不同的是，集中化战略是指企业围绕一个特定的目标开展经营和提供产品或服务的战略。采用集中化战略的基本依据是：企业能够比竞争者更有效地服务于特定的客户群体。

虽然实施集中化战略能够帮助企业集中资源在某一细分领域取得竞争优势，但其所含的风险不能被忽视。一旦细分该领域出现不利变化（如市场需求下降、技术革新、政策调整等），就会给企业带来巨大的经营风险。例如，某国产知名饮料企业在一段时间内过度集中于运动饮料市场，当竞争对手不断涌入时，该企业的市场份额便被不断蚕食，企业的经营状况也因此每况愈下。

3.2.4　职能战略的选择

职能战略又称职能部门战略，是指企业为了贯彻实施和支持企业总体战略与竞争战略而在企业特定的职能管理领域所制定的战略。职能战略通常包括生产战略、市场战略、研究开发战略、财务战略、人力资源开发战略等。

如果说公司战略和竞争战略是在宏观层面上为企业指明方向，"做正确的事情"，那么职能战略则是在微观层面上确保每一个细节都能得到有效执行，"将事情做好"。它涉及到的是企业日常运营中的具体问题，比如如何通过精细化管理提高生产系统及市场营销系统的效率，如何通过优化服务流程提高对客户服务的质量，以及如何通过精准的市场定位和产品创新提高产品或服务的市场占有率等。

以一家时尚服装企业为例，其市场战略可能是进一步细分市场，以实施目标市场营销；生产战略可能是采用敏捷制造方式进行生产，以快速响应市场需求；研究开发战略可能是研发更舒适的服饰面料，以赢得产品优势；财务战略可能是通过资本市场进行融资，以支持对市场的快速扩张；人力资源开发战略则可能是围绕招聘和培养具有时尚敏感度和市场洞察力的设计师和销售团队而制定的。需要强调的是，无论何种职能战略，都要服务于企业的总体战略。

3.2.5　企业战略的评价

企业战略的评价目的是检验与评估企业战略的有效性与正确性。评价标准主要包括以下几个方面。

1. 适应性

企业战略是在综合分析企业面临的内外部环境的基础上制定的，因此必须能够很好地适应环境的变化，否则就不能是企业战略。评价企业战略的适应性，要考虑其是否与企业的使命和宗旨相一致，如果盲目追求利益而损害企业形象，那么这样的战略也不能作为企业战略。

2. 竞争性

企业战略管理的根本目的是为企业创造并维持竞争优势，因此，在评价企业战略时，应关注该战略是否有助于提升企业的竞争力。

3. 效益性

企业存在的根本目的是赚取利润，因此经济效益是评价企业战略的重要指标，主要包括市场占有率及市场份额、投入产出比，以及盈利能力等。

4. 可行性

企业战略的制定必须建立在可执行的基础上。战略的目标必须与企业现有的或短时间内即将拥有的人力、物力、财力资源相匹配，既不能盲目夸大，也不能降低标准，浪费企业资源。

3.3　企业战略的制定方法

企业战略制定包括企业战略分析（宏观环境分析、行业竞争环境分析、企业内部资源能力分析）、企业战略匹配和企业战略决策三个环节。在企业战略制定的每个环节都有若干可供选择的方法提供。

3.3.1　企业战略分析的方法

企业战略分析能够帮助企业客观评估当前的竞争战略。常用的分析方法有外部因素评价矩阵法、竞争态势评价矩阵法、内部因素评价矩阵法。

1. 外部因素评价矩阵法

外部因素评价矩阵（External Factor Evaluation Matrix，EFE 矩阵），是一种对外部环境进行分析的工具。其操作方法是从机会和威胁两个方面 找出影响企业未来发展的关键因素，然后根据各个关键因素影响程度的大小确定权重，再按现行企业战略对各个关键因素的有效反应程度对各个关键因素进行评分并计算每个关键因素的加权分数，最后算出企业的总加权分数。

（1）外部因素评价矩阵构建的程序

第一步，列出关键因素。从机会和威胁两个方面找出影响企业未来发展的关键因素。这些因素可能包括政府法规、市场需求、竞争对手、融资环境、技术进步等。因素总数通常控制在 10～20 个。

第二步，赋予每个关键因素一定的权重。根据每个关键因素对企业经营战略的重要性，赋予其相应的权重。权重值从 0（极不重要）到 1（非常重要），且所有关键因素的权重总和必须等于 1。赋权需要以行业为基准，并结合各个关键因素对企业的具体影响来确定。

第三步，评分。按照现行企业战略对关键因素的有效反应程度，为各个关键因素进行评分。评分范围为 1~4，4 代表反应很好，1 代表反应很差。

第四步，计算加权分数。将每个关键因素的权重与其评分相乘，得到每个关键因素的加权分数。

第五步，计算总加权分数。将所有关键因素的加权分数相加，得到企业的总加权分数。这个分数的范围从最低的 1.0 到最高的 4.0，平均分为 2.5。如果总加权分数高于 2.5，说明企业对外部影响因素能做出较好的反应，反之则说明企业需要改进经营战略，以适应外部环境的变化。

（2）外部因素评价矩阵的应用举例

通过构建外部因素评价矩阵，企业可以对外部关键因素进行量化分析，从而为制定今后的战略提供可靠的依据。下面以某生鲜电商的外部因素评价矩阵为例进行说明（见表 3-1）。

表 3-1 某生鲜电商的外部因素评价矩阵

关键外部因素（KEF）		权重	评分	加权分数
机会	消费者追求便捷的购物方式	0.15	3	0.45
	消费者越来越重视食品安全	0.15	3	0.45
	速冻食品供应链不断健全	0.10	4	0.40
	冷链物流技术不断进步	0.15	3	0.45
	政府大力支持电商发展	0.05	3	0.15
威胁	潜在的竞争者众多	0.05	3	0.15
	现有竞争激烈	0.10	3	0.30
	便利店开始代售生鲜食品	0.10	2	0.20
	法律法规变化	0.10	2	0.20
	新零售兴起	0.05	2	0.10
总计		1.00		2.85

从表 3-1 中可以看出，该生鲜电商外部因素评价矩阵加权分数为 2.85，高于平均水平 2.5，说明企业能够对外部影响因素做出较好反应，其经营战略是积极有效的。

2. 竞争态势评价矩阵法

竞争态势评价矩阵，也被称为竞争态势矩阵（Competitive Profile Matrix，CPM），是一种较为常见的竞争战略分析工具。该矩阵用于评估企业自身和竞争者的相对竞争优势，帮助企业明确自身的竞争地位，并制定相应的战略。

（1）竞争态势评价矩阵的构建程序

第一步，确定关键战略因素。关键战略因素是指影响企业竞争力的至关重要的要素或变量，如市场份额、产品价值、客户服务、组织结构、产品研发、供应链管理等。不同的企业因自身情况、所处行业及面临的环境不同，所选取的战略关键因素也不一样。

第二步，确定主要的竞争对手。企业选取行业内的主要竞争对手作为比较对象。

第三步，评估各因素的重要性。为每个关键战略因素分配权重，其数值取决于该因素的重要程度。权重数值范围从0.0（极不重要）到1.0（非常重要），所有权重之和等于1.0。

第四步，评分与加权。对每个关键战略因素进行评分，通常使用数字1～5或1～4，表示企业在该因素上的表现强弱程度。然后，将评分与权重相乘，得到每个关键战略因素的加权分数。

第五步，计算总加权分数。将所有关键战略因素的加权分数加总，得到企业的总加权分数。通过比较不同企业的总加权分数，可以评估它们在行业中的竞争地位。

（2）应用范围

竞争态势评价矩阵适用于多种行业，尤其适用于那些竞争激烈、市场变化快的行业。它可以帮助企业全面了解自身和竞争对手的优势和弱点，从而制定更加有效的竞争策略。下面举例来进一步说明。

A企业是一家知名的新能源汽车企业，在市场上的主要竞争对手是B和C，为了评估对B和C企业的相对竞争优势，A企业构建了CPM（见表3-2）。

表3-2　A企业的CPM

关键因素	权重	A企业		B企业		C企业	
		评分	加权分数	评分	加权分数	评分	加权分数
广告宣传	0.07	3	0.21	4	0.28	3	0.21
产品质量	0.10	4	0.4	2	0.2	3	0.3
价格竞争力	0.10	4	0.4	3	0.3	2	0.2
市场份额	0.10	3	0.3	2	0.2	4	0.4
财务状况	0.10	2	0.2	4	0.4	3	0.3
顾客忠诚度	0.10	3	0.3	4	0.4	4	0.4
全球市场	0.05	2	0.1	1	0.05	4	0.2
产品线	0.04	3	0.12	2	0.08	3	0.12
研发能力	0.10	3	0.3	1	0.1	3	0.3
产能	0.08	3	0.24	2	0.16	3	0.24
管理水平	0.16	2	0.32	4	0.64	3	0.48
总计	1.00		2.89		2.81		3.15

注：评分标准 1=弱，2=次弱，3=次强，4=强。

通过表3-2可以直观地看出，A企业CPM总加权分数为2.89，B企业CPM总加权分数为2.81，C企业CPM总加权分数为3.15。因此，总体竞争力最强的是C企业，A企业居中，B企业最弱。但A企业的产品质量是强项，需进一步保持；而管理水平是弱项，亟待提高。

（3）注意事项

在使用竞争态势评价矩阵时，需要注意以下几点：①数据的准确性和时效性对于评估结果的可靠性至关重要。②权重和评分的设定可能受到主观因素的影响，因此需要谨慎操作，并尽可能结合实际情况进行调整。③竞争态势评价矩阵只是一个分析工具，制定战略时还需要考虑其他因素。

总体来说，竞争态势评价矩阵是一种有效的战略分析工具，可以帮助企业更好地了解市场竞争格局，为制定竞争策略提供重要依据。

3. 内部因素评价矩阵法

内部因素评价矩阵（Internal Factor Evaluation Matrix，IFE 矩阵）是一种对内部因素进行分析的工具。内部因素评价矩阵法与外部因素评价矩阵法相对应，分别从内部和外部对企业的战略关键因素进行分析。

（1）内部因素评价矩阵构建的程序

第一步，确定关键因素。从企业自身的优势和劣势两个方面找出影响企业未来发展的关键因素。

第二步，为每个关键因素赋予一定的权重。权重的数值范围为 0~1。数值的大小代表该关键因素对企业成功的重要程度，且所有关键因素的权重总和必须等于 1。这一步同样要以行业为基准，并结合各个关键因素对企业的具体影响来确定。

第三步，对各个关键因素进行评分。评分通常基于企业对这些关键因素的控制和利用程度，分值范围一般设定为 1~4。对于优势和劣势的评分有所不同，如优势的评分为 4 分，表示是重要优势，3 分表示是次要优势；而劣势的评分为 1 分，表示是重要劣势，2 分是次要劣势。

第四步，计算每个关键因素的加权分数。将每个关键因素的权重与其评分相乘，得到每个关键因素的加权分数。

第五步，计算总加权分数。将所有关键因素的加权分数相加，得到企业的总加权分数。分值的范围在 1.0~4.0，平均分为 2.5。

（2）内部因素评价矩阵加权分数解读

当总加权分数为 2.5 时，意味着企业的内部优势和劣势的影响大致相互抵消，企业的整体内部状况处于行业的平均水平。换句话说，企业没有明显的内部优势或劣势，或者其优势和劣势的影响程度相当。总加权分数远低于 2.5，表示企业内部存在较大的劣势；总加权分数远高于 2.5，表示企业具有明显的内部优势。

3.3.2　企业战略匹配的方法

企业战略匹配是指企业根据内部资源和外部环境来制定战略，以实现企业利益的最大化。这个过程涉及将企业的内部资源与外部环境进行对比分析，确保企业所选的战略与实际情况和市场需求相吻合。SWOT 矩阵法、波士顿矩阵（BCG 矩阵）法、通用矩阵（GE 矩阵）法等是常用的战略匹配分析工具。它们可以帮助企业系统地评估内外部环境并作出战略决策。

1. SWOT 矩阵法

（1）SWOT 矩阵的含义

企业的内外部环境不能割裂开来，单单进行内部分析或外部分析是片面的。因此，企业必须将外部环境带来的机会及威胁与组织内部的机会和优势结合起来综合分析，才能更充分发挥优势，把握外部机会，规避内部的劣势和外部的威胁。SWOT 矩阵，就是将企业的内部优势（Strengths）和劣势（Weaknesses）与企业外部机会（Opportunities）和威胁（Threats）依据一定的次序，按矩阵形式排列起来，形成对企业内、外部因素的综合分析。SWOT 矩阵示例如表 3-3 所示。

表 3-3　某鲜肉经营企业的 SWOT 分析矩阵

优势（Strengths）	机会（Opportunities）
1. 鲜肉加工能力最强； 2. 品牌知名度高； 3. 上市公司筹资能力强	1. 安全鲜肉需求显著； 2. 速冻食品迅速增长； 3. 尚无前向一体化先例
劣势（Weaknesses）	威胁（Threats）
1. 缺乏连锁零售经验； 2. 有竞争力产品线少； 3. 鲜肉生产运输成本高	1. 地方政府的保护； 2. 超市建店门槛提高； 3. 主要竞争对手的进攻

（2）SWOT 矩阵法的实施流程

SWOT 矩阵法的实施流程如下。

第一步，明确分析目标。企业在开始构建 SWOT 矩阵之前，需要明确具体分析目标。这有助于确保分析过程与企业的实际需求紧密结合，提高分析的针对性和实用性。

第二步，收集内外部信息。企业收集财务状况、人力资源、技术实力、产品质量等方面的企业内部信息，评估企业自身的优势和劣势；收集市场环境、竞争对手、政策法规、客户需求等方面的外部信息，以识别外部环境为企业带来的机会和威胁。

第三步，整理和分析信息。企业对收集到的企业内外部信息进行整理后，分别从优势、劣势、机会和威胁四个方面进行分析，具体分析如表 3-4 所示。

表 3-4　SWOT 矩阵的信息分析

分析项目	具体内容
优势分析	识别企业内部的强项和有利条件，如独特的技术、强大的品牌、高效的运营等
劣势分析	找出企业内部的弱点和不足，如资源短缺、管理问题、技术落后等
机会分析	发掘外部环境中可能带来的增长和发展机遇，如市场需求增长、技术进步、政策支持等
威胁分析	识别外部环境可能对企业造成的不利影响，如竞争对手的威胁、法规变化、经济增速放缓等

第四步，构建 SWOT 矩阵。将上述分析的结果按照优势（Strengths）、劣势（Weaknesses）、机会（Opportunities）和威胁（Threats）四个类别进行分类，填入 SWOT 矩阵中。这样就可以直观地展示企业的内外部状况。

企业在构建 SWOT 矩阵时，可将分析出的各种信息根据轻重缓急或影响程度等进行排列。在此过程中，将对公司发展有直接的、重要的、迫切的、影响久远的优先排列出来，而将那些间接的、次要的、不急迫的、影响短暂的排列在后面。

第五步，制订战略计划。在构造 SWOT 矩阵后，企业便可以制订出相应的战略计划。制订战略计划时企业需运用综合分析的方法，即将各种因素相互匹配起来并加以组合。可得出如下四种战略。

① 优势/机会战略（S/O）。这是指企业针对内部优势和外部机会所制定的一种战略。该战略的核心是利用企业内部的优势去抓住外部的市场机会。例如，随着电动汽车市场的兴起，拥有先进电池技术的企业可以利用这一机会，迅速扩大生产规模，抢占市场份额。

② 优势/威胁战略（S/T）。这种战略旨在利用企业自身优势，回避或减轻外部威胁所造成的影响。例如，在智能手机行业，一些企业凭借强大的研发能力，不断推出创新产品，成功应对了技术更新换代的挑战。

③ 劣势/机会战略（W/O）。这是一种通过识别并利用外部机会来克服或最小化企业内部劣势的战略。这种战略的核心在于企业积极寻求市场的增长点和有利条件，以弥补

自身在资源、技术、品牌等方面的不足。

④ 劣势/威胁战略（W/T）。这是一种企业克服企业内部劣势，回避或减轻外部威胁的防御性战略。例如，一个新进入市场的小微企业，面对行业中已经稳固的大型竞争对手，可能会选择通过精简产品线、降低成本、专注细分市场等方式来应对自身的劣势和外部的威胁。

第六步，实施与监测。企业将制定的战略付诸实施，并定期监测和评估实施效果，根据实际情况进行必要的调整和优化，以确保战略的有效性。

2. 波士顿矩阵（BCG 矩阵）法

波士顿矩阵法由美国著名的管理学家、波士顿咨询公司创始人布鲁斯·亨德森（Bruce Henderson）于 1970 年首创，又称增长—份额矩阵法、波士顿咨询集团法、四象限分析法、产品系列结构管理法等。

（1）BCG 矩阵法的内容与划分方法

① 划分经营领域。所谓划分经营领域，企业即将全部经营范围划分为若干个细分经营领域。这些经营领域的划分并无定式，主要由企业根据自身的实际情况来确定。例如，有些家电生产企业依据地域来划分经营领域，而有些家电生产企业则是根据产品来划分经营领域。

② 评价经营领域。波士顿咨询公司提出使用市场增长率和相对市场份额来评价企业的经营领域。其中，市场增长率是指某个领域的市场在若干年中的复合增长率或平均增长率，相对市场份额是指在给定市场中，企业在某个经营领域的销售额与最大竞争者的销售额之比。

BCG 矩阵是以市场增长率为纵轴并以 10%作为市场增长率高低的分界线，以相对市场占有率为横轴并以 1.0 作为相对市场份额大小的分界线而绘制的，如图 3-2 所示。

③ 优化资源配置。BCG 矩阵生动地反映出企业经营结构的现实形态，也为优化资源配置提供了线索。波士顿咨询公司为矩阵中的每个方格取了名称。这些名称也反映出对经营领域评价的结果。这四个方格所代表的经营领域分别是明星类（Stars）、金牛类（Cash Cows）、问题类（Question Marks）和瘦狗类（Dogs）经营领域。

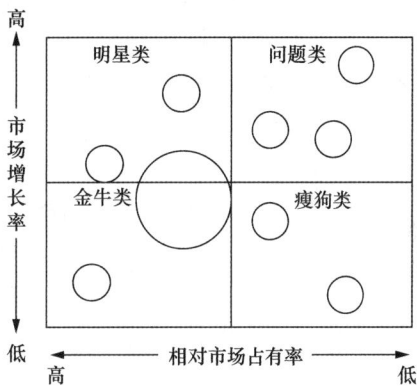

图 3-2　BCG 矩阵

其中明星类经营领域代表高增长率、高市场占有率的经营领域；金牛类经营领域代表低增长率、高市场占有率的经营领域；问题类经营领域代表高增长率、低市场占有率的经营领域；瘦狗类经营领域代表低增长率、低市场占有率的经营领域。

波士顿咨询公司建议，企业应放弃瘦狗类经营领域，利用金牛类经营领域获取收益，有选择地转向一些问题类经营领域，使其发展为明星类经营领域，而明星类经营领域的市场增长率迟早会降低，届时明星类经营领域又变成了金牛类经营领域，从而使资源配置实现良性循环，确保企业的长期收益水平。

（2）业务单位的投资战略选择

在对各战略业务单位进行分析之后，企业应着手制订业务投资组合计划，确定对各个业务区（单位）的投资战略。可供选择的战略如表 3-5 所示。

表 3-5　应用波士顿矩阵的战略选择

区域类型	经营单位所需投资	经营单位营利性	经营单位战略选择
明星类业务区	多	高	优先保证和发展
金牛类业务区	少	高	维护/收获战略
问题类业务区	非常多	低/没有/负值	扩大市场占有率/放弃/收获
瘦狗类业务区	一般不投资	低/负值	放弃/清算战略

　　波士顿矩阵虽然是分析企业业务投资组合的一种简便有效的办法，但也有不足之处，主要体现在：第一，对于相对市场份额和市场增长率的理解和数据获得难有统一的看法和获得精确的数据；第二，仅用相对市场份额和市场增长率来衡量企业复杂的业务环境有偏颇，如过分地强调了市场份额对盈利能力的作用，实际上，盈利能力还与其他因素有关；第三，对业务的分类过于简单，对四大类产品或业务所采取的战略描述也过于简单化，未考虑存在的中间状态和业务发展的复杂性。为此，许多企业在实际运用中对 BCG 矩阵都做过一定程度的改进。

3. 通用矩阵（GE 矩阵）法

　　通用矩阵法又称行业吸引力矩阵法、九象限评价法、通用—麦肯锡矩阵法，是美国通用电气公司设计的一种投资组合分析方法。相对于 BCG 矩阵法，GE 矩阵法有较大的改进，在两个维度上增加了中间等级，增加了分析考虑因素。它运用加权平均法分别对企业各种产品的行业吸引力（包括市场增长率、市场容量、市场价格、利润率、竞争强度等因素）和企业实力（包括生产能力、技术能力、管理能力、竞争能力等因素）进行评价，按加权平均法计算的总分划分为大（强）、中、小（弱）等级，从而形成 9 种组合方格以及 3 个区域，如图 3-3 所示。其中矩阵中的圆圈面积代表行业规模，扇形部分（黑色）表示某项业务所占有的市场份额。

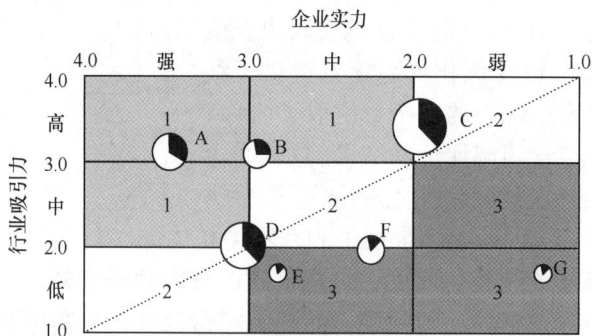

图 3-3　通用矩阵示意图

　　通用矩阵左上方三个象限内（浅灰色区域内）的业务代表行业吸引力较大且企业具有较强的竞争实力，因此有着较好的发展前景。对于这类业务，企业应采取优先发展的战略。通用矩阵中的白色区域部分的业务，具体又可分为三类。一是行业吸引力不大，已处于成熟或饱和期甚至衰退期，但企业的实力在同行中很强；二是行业有一定的发展前景或吸引力，但企业的实力不强或很弱；三是行业吸引力及企业的竞争力皆处于中间状态。企业对这三类业务应有分析、有选择地进行投资，作为次优投资对象，对于那些经分析确能为企业带来收益的业务应给予资金扶持，其余的则应抽资转向或退出。通用矩阵右下角三个象限内（深灰色区域内）的业务处于行业吸引力不高、企业实力不强甚至很差的处境，企业一般应采取不投资战略，对于一些还有利润的业务，应采取逐步回收资金的抽资转向战略，而对于不盈利又占有资金的业务，应采取放弃或清算战略。

4. 大战略矩阵

大战略矩阵（Grand Strategy Matrix），又称 GS 矩阵，由小阿瑟·A·汤普森（Arthur A. Thompson，Jr.）与肖恩·斯特里克兰（Sean Strickland）根据波士顿矩阵修改而成，主要用于指导企业在不同市场增长率和竞争地位组合下进行战略选择。

大战略矩阵的横坐标为企业竞争地位，纵坐标为市场增长速度。大战略矩阵将企业或业务单元划分为四个象限，每个象限对应不同的市场增长率和竞争地位组合，以及相应的战略选择，如图 3-4 所示。

企业竞争地位

市场增长速度	强	弱
快	1. 市场开发或产品开发战略； 2. 纵向一体化战略； 3. 同心多元化战略	1. 重新制定市场开发或产品开发战略； 2. 横向一体化战略； 3. 剥离战略； 4. 清算战略
慢	1. 同心多元化战略； 2. 复合多元化战略； 3. 合资战略	1. 抽资转向或收缩战略； 2. 同心多元化战略； 3. 复合多元化战略； 4. 剥离战略； 5. 清算战略

图 3-4　大战略矩阵

大战略矩阵中不同象限的特点及其战略选择如表 3-6 所示。

表 3-6　大战略矩阵的战略选择

象限	特点	战略选择
第一象限	企业竞争地位强，市场增长速度慢	在有发展前景的领域进行多元化经营，利用现有竞争优势和现金流。同时，考虑与竞争对手合作，采用合资战略
第二象限	企业竞争地位弱，市场增长速度慢	实施收割战略，减少成本和投入，或将资源转向其他业务领域。若情况恶化，最终可能选择剥离或清算战略
第三象限	企业竞争地位弱，市场增长速度快	重新制定市场开发或产品开发战略，提高竞争力。若缺乏竞争优势，横向一体化战略可能是理想选择。同时，考虑剥离次要业务以集中资源
第四象限	企业竞争地位强，市场增长速度快	聚焦于当前市场，采用市场开发或产品开发战略，巩固并扩大竞争优势。若资源过剩，可考虑后向一体化、前向一体化或横向一体化战略

大战略矩阵的优点在于能够将企业的战略地位置于四个象限中进行直观分析，有助于企业明确自身在市场中的位置和应采取的战略。它广泛应用于企业的战略制定和调整过程中，特别是企业在面临业务重大变革时，如市场衰退、竞争加剧等情境下。

3.3.3　企业战略决策的方法

定量战略计划矩阵（Quantitative Strategic Planning Matrix，QSPM）法是战略决策阶

段采用的方法。该方法能够揭示各种备选战略的相对吸引力，从而为企业战略选择提供客观依据。

1. 定量战略计划矩阵法的原理

定量战略计划矩阵法的原理是对企业在战略匹配阶段所制定的各种战略分别评分。评分依据主要有：可否使企业更充分地利用外部机会和内部优势；可否使企业避免外部威胁和规避内部劣势。定量战略计划评价矩阵评分以专家小组讨论的形式得出。得分的高低反映战略的优先程度。

2. 定量战略计划矩阵法的实施

（1）列出关键因素。在 QSPM 的左栏列出公司的关键外部机会与威胁、内部优势与劣势。这些信息直接从 EFE 矩阵和 IFE 矩阵中获得，通常应至少包括 10 个外部和 10 个内部关键因素。

（2）赋予权重。给每个外部及内部关键因素赋予权重，这些权重应与 EFE 矩阵和 IFE 矩阵中的相同。权重标在紧靠外部和内部因素的纵栏中。

（3）确定备选战略。考察匹配阶段各矩阵并确认企业可考虑实施的备选战略，将这些战略标在 QSPM 的顶部横行中。战略决策者应该事先通过判断来选择进入 QSPM 的备选战略。

（4）确定吸引力分数。依次考察各外部或内部关键因素，提出"这个因素是否影响战略的选择？"的问题。如果回答"是"，则对这一因素对各个战略进行比较，并给出吸引力分数（AS）。吸引力评分范围为 1～4 分，分别表示"没有吸引力""有一些吸引力""有相当吸引力"和"很有吸引力"。如果回答"否"，则不给该组战略以吸引力分数。

（5）计算吸引力总分。吸引力总分（TAS）等于各行的权重乘以吸引力分数。这表示对相邻外部或内部关键因素而言，各个备选战略的相对吸引力。

（6）计算吸引力总分和。将 QSPM 中战略纵栏中的吸引力总分相加，得出吸引力总分和（STAS）。这表示在各组备选战略中，哪种战略最具有吸引力。

3. 定量战略计划矩阵法的应用案例

某影视公司面临着市场竞争加剧和观众需求多样化的挑战。为了制定更加科学、客观的战略，该公司决定采用定量战略计划矩阵法来确定未来的企业战略。该公司的定量战略计划矩阵如表 3-7 所示。

表 3-7　某影视公司的 QSPM

关键因素		权重	备选战略					
			品牌战略		人力资源战略		产品开发战略	
			AS	TAS	AS	TAS	AS	TAS
机会	企业上市提供更多的资金支持	0.10	3	0.30	4	0.40	4	0.40
	企业进一步延伸产业链	0.08	5	0.40	4	0.32	4	0.32
	人们对文娱产品的消费欲望和能力快速提高	0.12	3	0.36	4	0.48	3	0.36
	文化产品丰富性增强	0.10	3	0.30	3	0.30	4	0.40
	名导演、名制片人、名演员等优秀人才	0.10	4	0.40	3	0.30	3	0.30

续表

关键因素		权重	备选战略					
			品牌战略		人力资源战略		产品开发战略	
			AS	TAS	AS	TAS	AS	TAS
威胁	新的技术层出不穷	0.09	4	0.36	3	0.27	4	0.36
	外来文化传媒产品对人们有着极大吸引力	0.11	3	0.33	3	0.33	3	0.33
	行业的巨额利润诱使大量的人员进入该行业	0.10	4	0.40	4	0.40	4	0.40
	产品资金等投入巨大，市场的不稳定性	0.10	3	0.30	3	0.30	3	0.30
	全球化外来企业的进入	0.10	3	0.30	3	0.30	4	0.40
优势	成功的人才战略及品牌战略	0.20	5	1.00	4	0.80	4	0.80
	引进其他影业公司合拍影片	0.15	3	0.45	4	0.60	5	0.75
	形成一套从策划、投资、制作到发行的完整运营体系	0.11	4	0.44	3	0.33	3	0.33
	电影、电视剧及艺人经济三大主营业务处于行业领军地位	0.10	5	0.50	3	0.30	3	0.30
	引入风险投资（VC）或私募股权投资	0.09	4	0.36	4	0.36	3	0.27
劣势	公司对部分员工有极大的依赖性	0.11	3	0.33	3	0.33	3	0.33
	商业大片的拍摄量和电影业务收入存在一定的波动风险	0.09	3	0.27	4	0.36	4	0.36
	无创新性盈利模式	0.15	2	0.30	5	0.75	4	0.60
	总计（STAS）			7.10		7.23		7.31

注：AS—吸引力分数；TAS—吸引力总分数；STAS—吸引力总分数。

吸引力分数：1=不可接受；2=有可能接受；3=很可能被接受；4=极可能被接受；5=完全可被接受。

从表 3-7 中可以看出，某影视公司的产品开发战略得分最高，因此是优先选择的战略。

<hr>

本章实训

1．实训目的

通过实例分析，加深对企业多元化成长战略的认识。

2．实训内容及步骤

（1）将全班同学划分为若干任务团队，各团队选出负责人，领导团队成员完成此次实训活动。在实训开始，团队成员阅读案例（详见二维码）。

案例材料

格力电器的多元化战略

（2）各团队根据案例材料回答如下问题：格力电器实施多元化战略的动因是什么？格力电器的多元化战略遇到了哪些问题？该如何解决？

（3）各团队将问题答案上传至班级课程学习群，供全体同学讨论。

（4）班级课代表根据各团队上传的案例分析答案及同学们的讨论结果撰写本次实训报告。

（5）完成本次案例分析，交由授课老师批阅。

3. 实训成果

实训报告——《格力电器的多元化战略案例分析》。

本章习题

一、单选题

1. 企业战略管理的首要阶段是（　　）。
    A. 战略制定、评价及选择阶段　　　　B. 战略控制阶段
    C. 战略实施阶段　　　　　　　　　　D. 战略分析阶段

2. （　　）是指企业将所拥有的全部资源集中于最具优势或最为看好的某种产品或服务上，力求将其做大做强。
    A. 职能战略　　　　　　　　　　　　B. 密集型成长战略
    C. 一体化成长战略　　　　　　　　　D. 公司层战略

3. （　　）是指企业通过加大营销投入，提高其产品或服务在目标市场上的销量和市场份额，从而通过产生规模效应获得更强的竞争实力。
    A. 市场渗透战略　　B. 市场开发战略　　C. 产品开发战略　　D. 以上均不正确

4. （　　）是指企业将现有产品或服务打入新的地区市场或开发新的用户群体，通过扩大市场覆盖面以获得更多的客户，从而扩大企业的经营规模，提高产品销量、收入水平和盈利水平。
    A. 差异化战略　　B. 产品开发战略　　C. 市场开发战略　　D. 以上均不正确

5. （　　）指的是企业不是提高现有战略目标水平，而是实施战略收缩和撤退。
    A. 多元化战略　　B. 混合型战略　　C. 紧缩型战略　　D. 稳定型战略

二、多选题

1. 以下属于企业战略特征的是（　　）。
    A. 系统性　　　　B. 长远性　　　　C. 指导性
    D. 竞争性　　　　E. 风险性

2. 一个企业的战略可以分为三个层次，这三个层次是（　　）。
    A. 总体战略　　　B. 一体化战略　　C. 集中化战略
    D. 竞争战略　　　E. 职能战略

3. 以下属于总体战略的是（　　）。
    A. 多元化成长战略　B. 稳定型战略　　C. 成长型战略
    D. 紧缩型战略　　　E. 混合型战略

4. 一体化成长战略又可具体划分为（　　）三种战略模式。
    A. 前向一体化战略　　　　　　　　　B. 后向一体化战略
    C. 横向一体化战略　　　　　　　　　D. 纵向一体化战略
    E. 水平一体化战略

5. 在战略匹配阶段，所用的工具包括（　　　　）。
A. SWOT 矩阵 　　　　　　　　　　B. 定量战略计划矩阵
C. 外部因素评价矩阵 　　　　　　　D. 波士顿矩阵
E. 通用矩阵

三、名词解释
1. 企业战略 　2. 总体战略 　3. 一体化战略 　4. 竞争战略 　5. 竞争态势评价矩阵

四、简答及论述题
1. 企业战略评价的标准有哪些？
2. 采用集中化战略的基本依据是什么？
3. SWOT 矩阵分析法的实施流程是什么？
4. 试论述波士顿矩阵法存在的不足。
5. 试论定量战略计划矩阵法的实施。

案例讨论

美的集团的战略选择与调整

美的集团前身是"北滘街办塑料生产组"，主要生产塑料及汽车零配件。1980 年，该企业研发出第一台电风扇与分体式空调，正式进军现代化家电领域并创立美的品牌，成为国内最早生产空调的企业之一。

1992 年美的集团与日本东芝、三洋、意大利梅洛尼等知名企业开展合资合作，拓宽产品线，实现产品多元化；2001—2010 年积极推动收购兼并与合资合作，优化白电领域战略布局，加速全球化发展。

1980—2010 年，美的集团专注传统家电主业，不断推动产品多元化与市场多元化，逐渐扩大市场规模与主业优势。但总体来说，美的集团始终处于价值链末端，以低附加值的传统制造业为主。

从 2011 年起，美的集团开始寻求突破，开启全面转型升级，从战略转型出发，实现现有产业、全新产业和国际化齐发展。尤其 2013 年美的集团整体上市之后进行了一系列大刀阔斧的改革，实施大量并购与自主创新，推动价值链不断攀升，迈向高附加值产业，实现跨产业转型升级。

近年来，美的集团在战略选择与调整上展现了极高的灵活性和前瞻性，成功实施了数字化转型战略、海外市场调整战略、绿色发展战略等。

面对工业 4.0 时代的到来和消费升级的趋势，美的集团从 2012 年开始积极布局数字化转型。至今，该集团在数字化转型方面的投入已超过 170 亿元，成功构建了以客户需求为核心的数字化运营新模式。这一战略选择不仅提升了效率，还实现了净利润的显著增长。2023 年上半年，美的集团的净利润达到 182.32 亿元，同比增长39.22%，这一亮眼业绩正是其数字化转型战略成功的有力证明。

随着全球化的深入，美的集团也在海外市场进行了积极的战略调整。2024 年，美的集团的经营重点是"全价值链运营，提效结构性增长升级"，旨在构建海外市场的第二个主场，并坚定自主品牌优先战略。为了提升 OBM（自营品牌）的营收占比，美的集团在海外家电业务中加大了自营品牌的推广力度。以北美市场为例，美的集团从给全球化的大品牌做代工逐渐过渡到在特定产品领域推出自营品牌，如窗机、移动空调、除湿机等。此外，美的集团还通过数字化改造来连接更多的安装工，以提高品牌知名度和口碑。这些战略调整有助于美的集团在全球范围内实现快速增长，并在一些发达国家和地区取得重要市场地位。

在绿色环保成为全球趋势的背景下，美的集团也积极响应并实施绿色发展战略。集团提出了"构建绿色全球供应链，提供绿色产品和服务，共建绿色美好家园"的愿景，并通过科技创新推进全产业链的节能减排。美的集团计划到2030年实现碳达峰，到2060年实现碳中和，展现了集团在可持续发展方面的决心和担当。

为了推动绿色消费和循环经济，美的集团还开展了"以旧换新"活动，并布局绿色回收产业板块。通过搭建全产业链绿色回收换新体系，美的集团不仅促进了废旧家电的回收利用，还为消费者提供了更加多样化的换新选择。这一战略举措不仅有助于提升消费者的换新积极性，还进一步推动了家电行业的绿色发展。

通过成功的战略选择与调整，美的集团突破传统制造业的发展瓶颈，培育出新的竞争优势，获得新的收益增长点。

思考讨论题：

1. 美的集团不断进行战略选择与调整的动因是什么？
2. 结合案例，请谈谈企业应如何进行战略选择与调整。

第4章

人力资源管理

本章导学

管理学大师彼得·F.德鲁克（Peter F.Drucker）曾经说过，企业只有一项真正的资源——人，管理就是充分开发人力资源以做好工作。与其他资源相比，人力资源是一种特殊的资源，必须通过有效的激励机制才能被开发和利用。本章全面介绍人力资源管理的含义、任务与职责、人力资源计划、工作分析、人员招聘与培训、绩效考核与薪酬管理、员工职业生涯管理等内容。通过对本章的学习，读者可以了解和掌握现代企业人力资源管理的流程与方法。

知识结构图

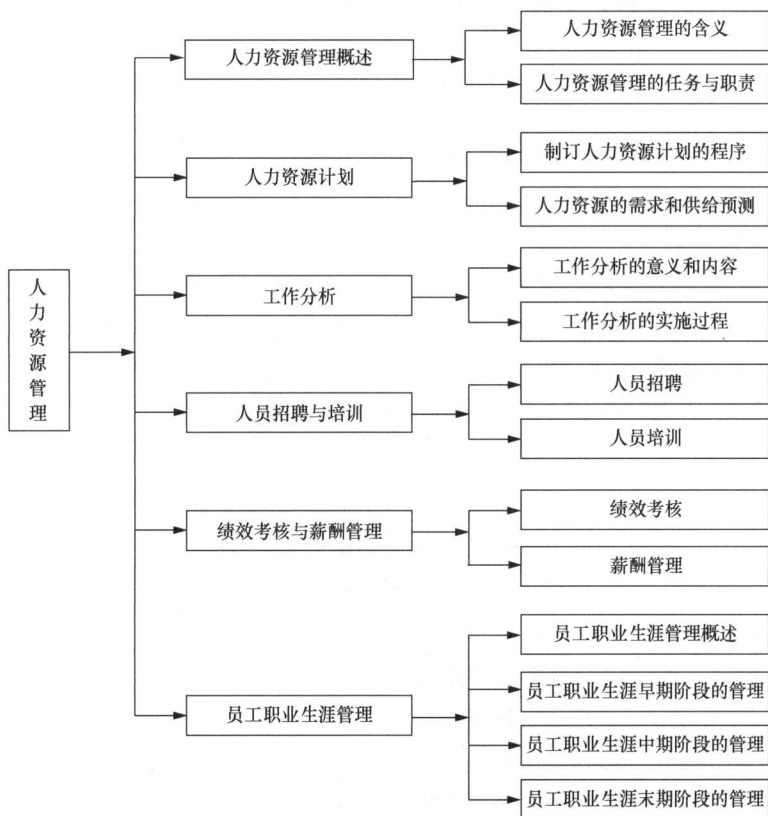

开篇引例　**到底谁该对工作负责？**

　　某企业的生产车间里，一个机床操作工把大量的液体洒在机床周围的地板上。车间主任要求机床操作工把洒在地板上的液体打扫干净，机床操作工拒绝执行，理由是他的职位说明书里并没有包括清扫的条文。车间主任顾不上去查职位说明书，就找来一名服务工做清扫工作。但服务工同样拒绝，理由是他的职位说明书里同样也没有包括这一类工作，这个工作应该由清杂工来完成，因为清杂工的职责之一是做好清扫工作。服务工是分配到车间做杂务的临时工，车间主任威胁说要解雇他，服务工才被迫同意清扫，但是服务工干完以后立即向企业投诉。

　　有关人员看了投诉以后，审阅了这三类人员的职位说明书。机床操作工的职位说明书上规定：机床操作工有责任保持机床的清洁，使之处于可操作的状态，但并未提及清扫地板。服务工的职位说明书上规定：服务工有责任以各种方式协助机床操作工，如领取原料和工具，随叫随到，即时服务，但也没有包括清扫工作。清杂工的职位说明书中确实包括了各种形式的清扫工作，但他的工作是在正常工人下班以后才开始的。

　　问题：案例中这家企业出现管理混乱的原因是什么？结合本案例，请谈谈企业人力资源管理的重要性。

4.1　人力资源管理概述

　　人是企业最为宝贵的资源，在很大程度上决定了企业的兴衰成败。"得人者昌，失人者亡"就是对人力资源重要性的真实说明。但是作为一种资源，人力资源具有不同于一般物力资源、财力资源的独立性、自主性、情感性、流动性等特征，这使得人力资源管理成为一项极为重要又极具挑战性的工作。

4.1.1　人力资源管理的含义

　　人力资源管理是指企业在人力资源的获取、开发、保持和使用等方面所进行的计划、组织、激励和控制等活动。

　　在理解人力资源管理的含义时，要注意其与传统人事管理含义的不同。人力资源管理把人视为组织（企业）的第一资源，将人看作"资本"。这种资本通过有效的管理和开发可以创造更高的价值，能够为组织带来长期的利益。除了对人的认识不同，人力资源管理在工作内容和工作性质方面也与传统人事管理有很大的区别。人力资源管理与传统人事管理的区别如表 4-1 所示。

延伸学习

人力资源管理的特征

表 4-1　人力资源管理与传统人事管理的区别

差异维度	人力资源管理	传统人事管理
对人的认识	将人视为组织的第一资源，看作"资本"	将人视为成本，等同于物质资源
工作内容	关注对人的管理和开发，重视培训与继续教育	侧重于对人的管理，包括雇佣关系全过程
工作性质	具有战略性、整体性和未来性，涉及工作设计、规划等	行政事务性工作，短期导向

4.1.2　人力资源管理的任务与职责

1．进行工作分析

工作分析是构建人力资源管理各大模块的基础。工作分析的任务是通过对组织（企业）各类岗位的性质、任务、职责、劳动条件和环境，以及员工承担本岗位任务应具备的资格条件进行系统分析与研究，制作岗位规范、工作说明书等人力资源管理文件。

2．确定人力资源计划方案

其主要工作内容为分析组织人力资源现状，预测未来人力资源供给和需求状况，制订人员招聘、调配、培训、开发及发展计划，以及确定维持组织人力资源供需均衡的相关措施等。

3．招聘与录用员工

招聘与录用组织所需要的员工是人力资源管理部门的重要任务和职责。招聘与录用员工时，人力资源管理部门要根据人力资源规划和岗位分析要求，事先制订招聘方案，再进行招募、甄选及留用等一系列活动。

4．培训员工

人力资源管理部门通过对员工进行入职培训、在职培训等，帮助员工改善知识结构、提高员工的工作技能，同时增强员工对组织的归属感和责任感，从而提高员工的工作效率和工作积极性。

5．绩效考评

绩效考评是指考核员工在一定时间内对组织的贡献和在工作上所取得的成果。绩效考评用于了解员工的实际工作情况，是制定员工培训、晋升、薪酬等决策的重要依据。

6．薪酬管理

薪酬管理包括对基本工资、绩效工资、津贴、激励工资（奖金、分红、股权激励）等的分配和管理，是人力资源管理的核心内容之一。薪酬管理是组织吸引和留住优秀员工，激励员工努力工作，最大限度地激发员工潜能的有力手段之一。

7．处理劳动关系和提供劳动保障

根据相关法律法规正确处理劳动争议是人力资源管理的重要内容。劳动关系是否健康，直接关系到组织人力资源能否正常发挥作用，组织一定要高度重视。此外，人力资源管理部门还要依法实施各种劳动保护制度，确保劳动过程中员工的安全和身心健康，避免工作场所的各种有害因素对员工的伤害，维护员工的劳动力水平。

8．帮助员工实现职业发展

人力资源管理部门有责任鼓励和关心员工，帮助其制订职业发展计划，并及时进行监督和考察，从而提高员工的归属感，激发其工作积极性和创造性。如此，员工在实现职业发展的同时也能为组织带来更大的效益。

人力资源管理的上述职责是相互联系、相互作用的整体，而不是简单的集合，任何一个环节出现问题，都会给组织的人力资源管理带来危害。

4.2　人力资源计划

人力资源计划（Human Resource Planning，HRP）也称人力资源规划，是指企业在环境分析的基础上，科学地预测人力资源需求和供给情况，并制定必要的人力资源政策和措施，以确保在需要的时间和岗位上获得所需要的人力资源的过程。

4.2.1 制订人力资源计划的程序

人力资源计划的制订是一项系统的工程，需要按照一定的程序来进行。人力资源计划的程序如图4-1所示。

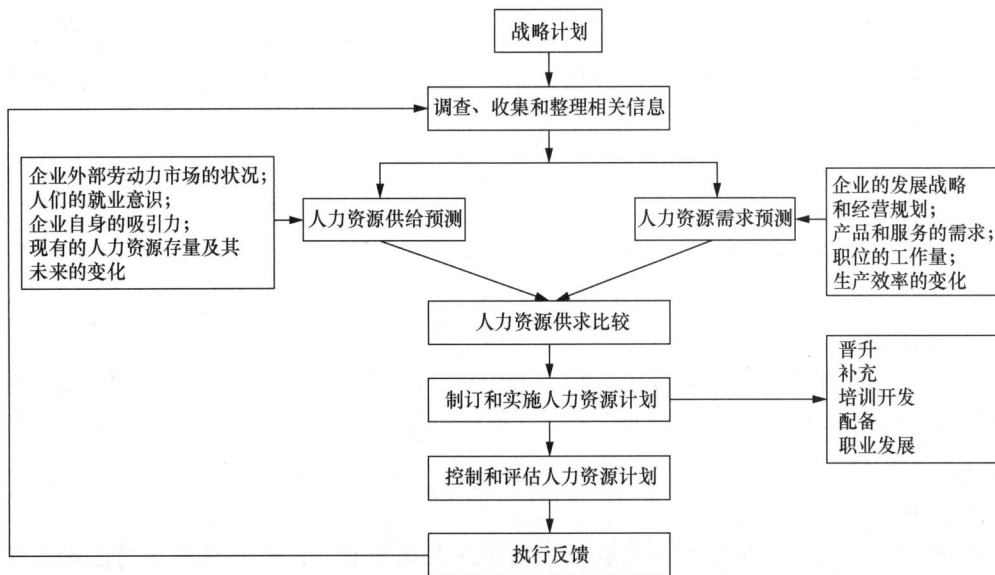

图4-1　人力资源计划的程序

第一步，调查、收集和整理相关信息。这一阶段的主要工作是收集人力资源计划所涉及的企业外部信息和企业内部信息。外部信息包括市场环境、劳动力市场供求状况、政策法规等，内部信息包括员工数量、质量、结构、流动率等，以及企业现有的人力资源政策、薪酬福利体系。通过对上述信息的收集、整理等工作，可为下一步的人力资源需求和供给预测提供相关依据。

第二步，对人力资源的需求和供给进行预测。人力资源需求预测是指企业对未来某一特定时期内所需的人力资源的数量、质量及结构进行预测。人力资源供给预测是指企业对在未来某一特定时期内能够提供给企业的人力资源数量、质量及结构等进行估计。

第三步，人力资源供求比较。这一阶段的主要工作是对企业的人力资源供求状况进行比较，判断当前的人力资源状况是处于供大于求、供小于求状态还是处于供求平衡状态。

第四步，制订和实施人力资源计划。这一阶段要做的工作是根据企业人力资源供求比较结果，制定出有针对性的人员招聘策略，以确保企业对人员的需求能够得到满足。

第五步，控制和评估人力资源计划。人力资源计划一经制订就应遵照执行，如果有偏差，应及时采取纠偏措施。但需要注意的是，当企业经营环境发生变化时，原有的人力资源计划可能不再适用，此时应该对计划进行适度的修订。

第六步，执行反馈。根据第五步的工作成果，在对过程及结果进行监督、评估的基础上，采取相应措施使人力资源计划更加切合实际。

4.2.2　人力资源的需求和供给预测

1. 人力资源的需求预测

要进行人力资源的需求预测，首先要对各种需求的影响因素进行分析，并采取科学的预测方法，这样才能确定组织真正需要的人才。人力资源需求预测的方法主要有以下几种。

（1）经验推断法。这是比较简单的人力资源需求预测方法，带有很强的主观性，主要适用于短期的预测。在企业规模小、生产经营稳定、发展较均衡的情况下，也可用于中、长期人力资源需求预测。其具体做法为：企业的各级管理者根据工作中的经验和对企业未来业务量增减情况的直接考虑，自下而上地确定未来所需的人员数量。

（2）比率分析法（Ratio analysis method）。比率分析法也是一种较为简单的方法，具体做法为：预测人员根据过去的业务情况，计算每一业务单位增量所需的人员相应增量；在预测企业业务增量的基础上计算人员的需求数量。这种预测方法简单、直观，但缺点很突出。其预测前提是生产率保持不变，如果生产率提高或下降，人员需求预测就不太准确了。比率分析法主要适用于短期预测和中期预测，在长期预测中很少使用。

（3）德尔菲法（Delphi Method）。德尔菲法是由美国著名的兰德公司（The Rand Corporation）于 20 世纪 40 年代首创的用于预测和决策的方法，又叫专家群体决策法。具体做法为：工作人员以匿名方式通过几轮函询征求专家的意见，然后对每一轮的意见进行汇总整理，作为参考再发给各位专家，供他们分析判断以提出新的论证。几轮工作后，专家意见渐趋一致，最后供决策者进行决策。采用德尔菲法预测人力资源需求的具体操作流程如图 4-2 所示。

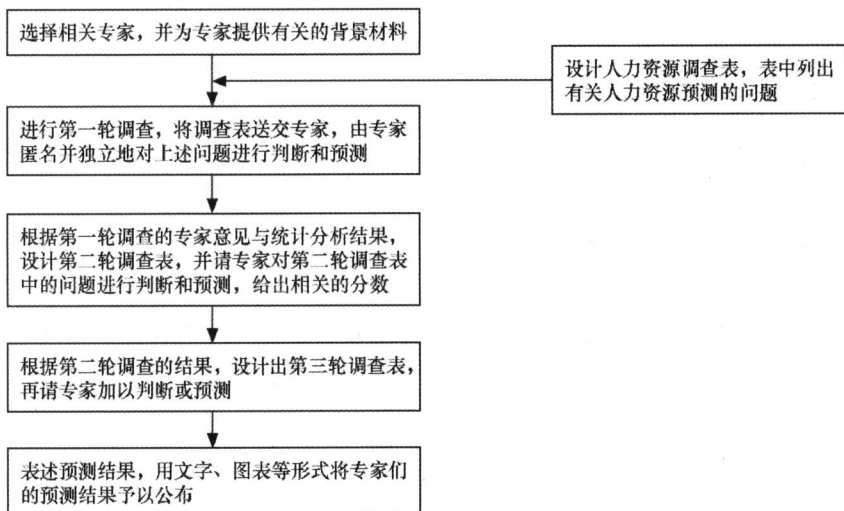

图 4-2　采用德尔菲法预测人力资源需求的具体操作流程

（4）回归分析法。回归分析法就是寻找变量之间的因果关系，并将这种关系用数学模型表示出来，通过历史资料计算两种变量的相关程度，从而预测未来情况的一种方法。

这种数学模型被称为线性回归模型，即：

$$Y=f(X_1, X_2, X_3,\cdots, X_n)$$

式中，Y 是因变量，也是预测对象；X_i 代表 $X_1\sim X_n$ 中的任一变量，也是影响预测对象变化的因素。

按照自变量的个数，线性回归可分为一元回归和多元回归。

一元回归的预测模型为：

$$Y=a+bX$$

式中：a,b 是回归系数；X 是自变量；Y 是因变量。

计算公式如下：

$$b=(\sum X_iY_i-n\sum X_i\sum Y_i)/[\sum X_i^2-n\times(\sum X_i)^2]$$
$$a=(\sum Y_i-b\sum X_i)/n$$

式中：n 是实际数据数量值。

多元回归预测法以预测目标为因变量（Y），影响预测目标的因素为自变量（X），同时探讨两个或两个以上自变量与因变量（$X_1, X_2, \cdots, X_n$）的相关关系，据此建立回归预测模型。

其回归预测模型为：

$$Y=a+b_1X_1+b_2X_2+\cdots+b_nX_n$$

多元回归预测法的预测步骤与一元回归预测法的预测步骤基本相似，只是增加了回归方程式的自变量数量，增加了解联立方程的过程和统计检验的复杂程度。

定量预测与定性预测各有优缺点，可以相互补充。在实际工作中相关人员可以将这两种方法结合使用，以便从定性和定量两个方面了解事件的发展趋势。

2. 人力资源的供给预测

人力资源的供给预测分为外部人力资源供给预测和内部人力资源供给预测两个部分。当企业内部的人力资源供给无法满足需要，或管理者希望改变企业文化，或企业需要引进某些专业人才时，就需要通过外部的劳动力市场解决人员的补充问题。

（1）外部人力资源供给预测

外部人力资源供给预测主要包括：①经济形势和失业预测。一般来说，经济形势越好，失业率越低，劳动力供给越紧张，招聘就越困难。②当地劳动力的供给预测，包括对企业所在地的劳动力供给的数量、质量、结构、层次等的预测。③行业劳动力市场的供给状况预测，据此可以了解招聘某种专业人员的潜在可能性。

（2）内部人力资源供给预测

内部人力资源供给预测的目的是在了解和分析企业内部人力资源的现状和优劣势的基础上预测未来的状况。内部人力资源供给预测的方法主要有人员技能核查法、管理人员替代法和马尔可夫分析法等。

① 人员技能核查法是一种静态的人力资源供给预测方法。它通过对企业组织内部拥有的人力资源质量、数量、结构和在各职位上的分布状况进行核查，掌握企业现有的人力资源状况。通过核查，人力资源规划人员能够了解员工在工作经验、技能、绩效、发展潜力等方面的情况，从而估计现有员工调换工作岗位（如晋升、辞退、平调等）的可能性，决定哪些人可以填充企业当前的职位空缺。由于是静态调查，这种方法比较适用于预测企业中、短期的人力资源供给情况。

② 管理人员替代法是一种专门对企业的中、高层管理人员的供给状况进行有效预测的方法。它通过一张管理人员替代图来预测组织内的人力资源供给情况。在管理人员替

代图中要给出管理人员所在部门、职务全称、员工姓名、职位层次、员工绩效与潜力等各种信息，如图 4-3 所示。

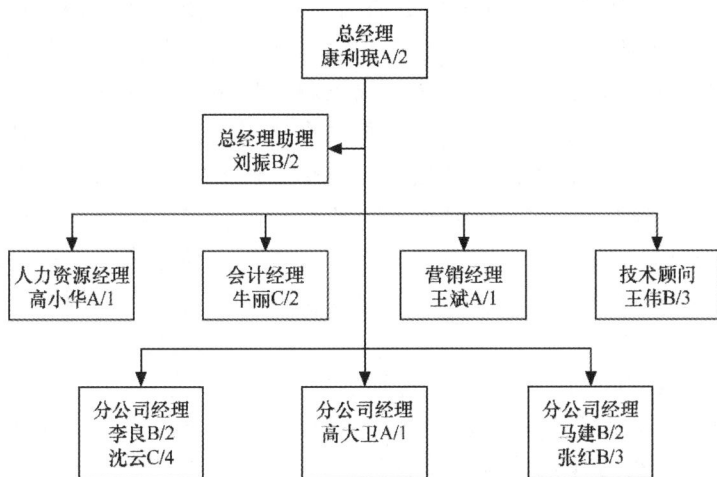

注：框内名字代表可能接替职位的人员，字母和数字的含义分别为：A——可以晋升；B——需要培训；C——不适合该职位；1——优越；2——良好；3——普通；4——欠佳。

图 4-3　管理人员替代图

此方法通过对企业中管理人员的绩效考核及晋升可能性的分析，确定企业中各关键职位的可能接替人选，然后评价接替人选目前的工作情况及潜质，并考察其个人职业目标与企业目标的契合度。管理人员替代图可以清楚揭示企业内人力资源的供给情况，为人力资源规划提供了依据。其最终目的是确保企业未来有足够的、合格的管理人员。

③ 马尔可夫分析法是分析内部人力资源供给的一种预测方法。这种方法在理论上很复杂，但很容易理解。其基本思路为：找出过去人事变动的规律，以此来推测未来的人事变动趋势。它比较适合人员流动比例相对稳定的企业。

马尔可夫分析法在实践中的运用如下：假设给定时期内从低一级职位向上一级职位或从某一职位转移到另一职位的人数占起始时刻总人数的一个固定比例（转移率一定），在给定各类人员起始人数、转移率和未来补充人数的前提下，就可以确定各类人员的未来分布状况，从而做出内部人员供给的预测。这种方法通常通过流动可能性比例矩阵来预测某一岗位上的工作人员流向企业内部另一岗位或离开原有岗位的可能性。

3. 人力资源供求的综合平衡

企业人力资源供给与需求预测的结果，一般会有以下三种：第一，人力资源供大于求；第二，人力资源供不应求；第三，人力资源供求总量平衡但结构不平衡。针对这三种不同的情况，企业应采取以下措施应对。

（1）人力资源供大于求时

当人力资源供大于求时，企业应采取的措施有：①扩大经营规模，开拓新的业务领域，从而增加对人员的需求。②撤销、合并臃肿的机构，减少冗员。③辞退劳动态度差、技术水平低、劳动纪律观念不强的员工。④鼓励提前退休或内退。针对接近退休年龄的员工实施一些优惠措施，鼓励其提前退休。⑤加强培训工作，增强员工的择业能力，鼓励员工自谋职业。同时，通过培训也可为企业的发展储备人力资本。⑥减少员工的工作时间，降低员工的工资水平。

（2）人力资源供不应求时

当人力资源供不应求时，企业应采取的措施有：①内部调剂。内部调剂即进行企业内部人事调动。可将某些符合条件，而又相对富余的人员调往空缺职位，也可通过培训与晋升的方法补充空缺职位人员。②外部招聘。如果企业内部现有人员无法满足某些职位的要求，就要有计划地经由外部招聘来满足需求。③如果短缺现象不严重，且企业员工又愿意延长工作时间，则可根据《中华人民共和国劳动法》的有关规定，制订延长工时并增加报酬的计划。④制订聘用非全日制临时工计划，如返聘已退休者或聘用小时工等。⑤工作再设计。通过实施工作扩大化措施让员工做更多的工作。⑥进行技术创新，增添新设备，以提高员工的劳动生产率。⑦减少工作量或将一部分工作外包给其他公司。

（3）人力资源总量平衡但结构不平衡时

当企业中的人力资源在总量上是平衡的，但因人员结构不合理，造成某些职位空缺或人员不足时，应根据具体情况制订针对性的业务计划，如晋升计划、培训计划等，改变结构不平衡的状况。具体措施有：①从企业内部晋升和调整人员，以补充空缺职位人员。②对供过于求的普通人员进行针对性培训，提高人员技能后再补充到需要的岗位上去。③通过外部招聘，补充急需人力资源，同时辞退一部分冗员。

4.3 工作分析

工作分析（Job Analysis）又称职务分析，是指对企业中某个特定职务的工作内容和任职资格进行描述和研究的过程。工作分析的过程实质上就是工作流程的分析与岗位设置分析的过程。

4.3.1 工作分析的意义和内容

1. 工作分析的意义

工作分析是人力资源管理的基础，具体来说就是制定职务说明和职务规范的系统过程。工作分析信息既包括需要完成的工作的任务信息，也包括完成此项任务的任职人员的资格要求信息。通过工作分析，企业可以确定一项工作的任务和性质并明确适合此项工作的人员，从而做到人尽其职、人尽其才和物尽其用。

2. 工作分析的主要内容

工作分析的主要内容可用"6W"来描述，即做什么（What）、由谁来做（Who）、何时做（When）、在哪里做（Where）、如何做（How）及为什么要做（Why）。以上六个问题涉及一项工作的职责、任务、工作方式、工作环境以及工作要求等多个方面，具体如下。

（1）工作职责范围和工作责任内容。这包括工作中的具体任务和完成每项任务的流程，工作流程和其他工作的关系，工作各个阶段的成果表现形式。

（2）任职者的活动。这包括与工作相关的基本动作和行为，工作方式与沟通方式等。

（3）工作特征。这包括工作时间、工作地点、工作环境、工作中的人际技能要求以及工作的技能要求等。

（4）所采用的工具、设备和辅助设施。

（5）任职者的要求，如年龄、个性特征、所学知识与工作经历、身体素质等。

（6）工作业绩考核。这包括业绩目标、考核标准、考核记录等的考核。

4.3.2　工作分析的实施过程

1. 成立工作分析小组

工作分析小组一般由数名人力资源专家和相关工作人员组成。工作分析小组首先要对相关工作人员进行工作分析技术的培训，制订工作计划，明确工作分析的范围和主要任务；然后，配合企业做好员工的思想工作，说明工作分析的目的和意义，以建立友好的合作关系，使员工对工作分析有足够的心理准备；最后，还要确定工作分析的目标和设计职务调查的方案。

2. 收集信息

需要收集的与工作相关的信息一般包括：企业现状、企业的组织结构设计、各部门的工作流程图、各个岗位的办事细则及岗位经济责任制度等。

3. 进行职位调查

工作分析小组进行职位调查的目的是通过对企业的各个职位进行全面的调查，掌握工作活动、职责、工作特征、环境和任职要求等方面的信息，从而为编写职位说明书提供依据。

4. 整理和分析所得到的信息

（1）整理所获信息，并按照编写职位说明书的要求对各个职位的工作信息进行分类。

（2）把初步整理的信息交给在职人员以及其直接主管进行核对。这可减少可能出现的偏差，同时也有助于获得员工对工作分析结果的理解和接受。

（3）修改并最终确定所收集的信息，将其作为编写职位说明书的基础。

5. 编写职位说明书

职位说明书内容由工作说明和工作规范两部分组成。工作说明是对有关工作职责、工作内容、工作条件以及工作环境等方面进行的书面描述；工作规范则描述工作对人的知识、能力、品格、教育背景和工作经历等方面的要求。

职位说明书一般包括以下几项内容。

①职位基本信息；②工作目标与职责；③工作内容；④工作的时间特征；⑤工作完成结果及建议考核标准；⑥教育背景和工作经历；⑦专业技能、证书和其他能力。

需要注意的是，在实际工作中，企业经常出现某项工作职责和内容发生变化，以及企业中的职位增加、撤销的情况。在这种情况下，人力资源部门应该迅速调整或是编制新的职位说明书并记录入档。

4.4　人员招聘与培训

4.4.1　人员招聘

人员招聘是现代企业管理过程中一项重要的、具体的、经常性的工作，也是人力资源管理活动的基础和关键环节之一。它直接关系到企业中各级人员的职业素质和各项工作的顺利进行，是保持企业生存与发展

微课堂

人员招聘

的重要手段。其具体含义是指企业为了发展，根据人力资源规划和工作分析的要求，采取科学的方法，寻找、吸引有资格的个人向本企业应聘，并从中选出适宜人员，予以聘用的过程。

1. 人员招聘的程序

人员招聘是一项复杂、系统而又连续的工作，需要企业内部多个部门的参与和协作，因而容易受到各种因素的影响。因此，企业将复杂的招聘活动规范化、程序化，不仅会大大提高招聘活动的效率，还会给应聘者以严谨、公平的印象，使其对企业产生好感。

为了更好地了解人员招聘的过程，以下从企业和应聘者个人两个不同的角度进行分析（见图 4-4）。

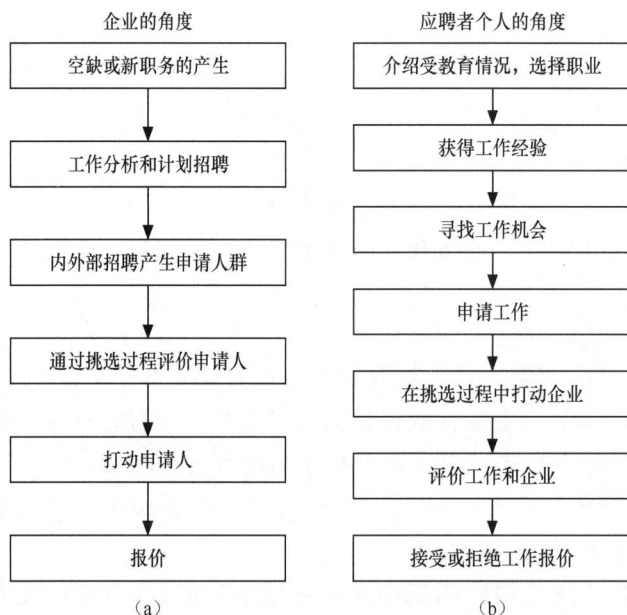

图 4-4　不同角度下的招聘过程

2. 人员招聘的途径

（1）内部招聘

内部招聘是指对企业现有人员传递有关职位空缺的信息，吸引其中具有任职资格、任职能力和任职意愿的员工前来应聘。内部招聘应遵循公开、公正的原则，使每一个员工都感觉获得了平等的机会。常见的内部招聘形式有晋升、平级调动、工作轮换和召回原职工等。

内部招聘的优点：①能够产生一定的激励作用，同时完善企业的内部竞争机制。②应聘者熟悉企业情况，对一些问题有着较为深刻的认识，在竞聘成功后，能够很快地进入工作角色。③能够节省招聘费用。④便于保持企业政策的连贯性。

内部招聘的缺点：①难以招聘到高水平的人才。由于企业内部人才有限，现有员工的能力可能无法达到新岗位的要求。②未能竞聘成功的员工可能会失望，一般会将失败归因于不公平的招聘待遇，从而产生挫折感，影响士气。③容易产生近亲繁殖现象，在企业内部形成小团体。④无法获取外部新的经营思想和新的经营理念。

（2）外部招聘

外部招聘是指从企业的外部筛选和录用企业所需的员工。外部招聘的人员来源广泛，包括应届毕业生、其他企业员工等。外部招聘的途径有劳务中介机构代为招聘，猎头公司运作，内部人员介绍推荐，应聘者毛遂自荐，校园招聘等。

外部招聘的优点：①能够为企业带来新的思想和新的经营理念，有利于调整企业的知识结构，增强创新精神。②能够节省培训费用。这是因为外部招聘倾向于招聘有经验的人员，这些人员仅需要接受简单上岗培训就能上任。③能够为企业内部带来竞争压力，使企业原有员工产生危机感，促使其努力工作。

外部招聘的缺点：①招聘成本高，招聘活动时间长，尤其是通过猎头公司招聘高级管理人员时，招聘费用就更高。②由于对外聘人员的能力缺乏真正了解，有可能招到名不副实的员工。③外聘人员有可能不适应新的工作环境，造成水土不服，或是进入角色的时间较长。

3. 人员甄选

（1）人员甄选的程序

人员甄选是人员招聘的关键步骤，是企业获得所需员工的必要手段。甄选方法是否科学，甄选手段是否有效，直接决定了企业能否获得最适合的员工。

人员甄选的程序如下：首先，审核应聘者的职务申请表，如果符合条件则让其进入笔试、面试阶段，不合格则放弃。其次，进行心理测试，如果心理测试合格即让其进入身体测试阶段，不合格则放弃。最后，进行身体测试，只有身体测试合格的应聘者才能最终被录用。

（2）人员甄选的方法

人员甄选的方法有多种，如申请表格审查、面试、笔试、身体检查、背景调查与推荐审核等。企业应根据实际情况采用其中的一种或多种。

① 申请表格审查。企业为了更好地了解应聘者和比较应聘者的情况，需要设计标准化的应聘申请表格。企业对应聘者填写的表格进行筛选，剔除不合格的应聘者，然后组织合格者进入下一个甄选环节。

② 面试。面试是人员甄选过程中一个非常重要的环节。它是指由一个或多个面试者主持的，以收集求职者信息和评价应聘者是否具备雇佣资格为目的的面对面的对话过程。企业在挑选应聘者的过程中一般采用面试的方法。面试中所提的问题内容一般包括个人的特性、家庭背景、受教育程度、工作经验、与人相处的特性以及个人的抱负等。

面试的形式有多种。按照所问问题的开放程度，面试分为结构化面试、非结构化面试和半结构化面试。所谓结构化面试，是指面试时有一套标准的程序，问题多为封闭式问题，由面试者按顺序提问的面试。结构化面试一般在初次筛选应聘者时使用。非结构化面试是指面试时不拘泥于固定的问题和顺序，面试者可以根据面试时的情境和需要与应聘者自由交谈的面试。这种面试对面试者的要求较高，需要其具有很强的沟通能力，否则面试气氛容易为应聘者所左右。半结构化面试则介于两者之间，面试问题既包括标准化的问题又包括比较宽泛的可以自由回答的开放式问题。这种面试兼具了结构化面试和非结构化面试的优点，因此被广泛采用。

如果你决定去一家企业应聘，事先会做哪些准备工作？

阅读资料

面试时回答问题的技巧

1. 说话把握重点

应聘者在面试时难免有紧张情绪，思维容易发散，回答问题时有时会忘了要表达的重点是什么。避免的方法是应聘者在回答考官问题时先说结论，再进行分析，这样做既能掌控好有限的面试时间，也能使面试者感到应聘者的思路非常清晰。

2. 适当举例，使答案具生动性

面试者经常会被问一些宽泛的问题。当问题很抽象时，应聘者在回答问题时应尽量做到化大为小，化抽象为具体。例如，面试者问应聘者之前在工作中遇到的困难有哪些，应聘者要讲清原委，避免抽象。

3. 确认提问内容，切忌答非所问

在面试过程中，应聘者如果对面试者提出的问题不知从何答起或难以理解时，可将问题复述一遍，并先谈自己对这一问题的理解，再请教面试者以确认问题的内容。对不太明确的问题内容，应聘者一定要搞清楚，这样才会有的放矢，不致答非所问。

4. 有个人见解，有个人特色

面试者有时因为接待应聘者若干名，相同的问题问若干遍，类似的回答也要听若干遍，所以会产生乏味、枯燥之感。应聘者只有具有独到的个人见解和进行具有个人特色的回答才会引起面试者的兴趣和关注。

5. 知之为知之，不知为不知

应聘者在面试中遇到自己不知、不懂、不会的问题时，回避闪烁、默不作声、牵强附会、不懂装懂的做法均不足取，诚恳坦率地承认自己的不足，反倒会赢得面试者的好感。

③ 管理评价中心面试。这是一种甄选高级管理人才的面试。在甄选过程中，面试者让应聘者在规定时间内完成一系列任务，评价专家以隐蔽的方式对应聘者的行为进行观察，以此评价应聘者的管理潜力。应聘者在管理评价中心可能遇到的模拟任务主要有公文处理、无领导小组讨论、管理游戏、个人演说、心理测量等。

④ 笔试。笔试也是一种常见的人员甄选方法，通常在面试之后进行。笔试问题的形式主要有七种：选择题、是非题、匹配题、填空题、简答题、回答题、小论文。每一种形式都有优缺点。笔试主要由专业测试和综合测试两部分组成，主要考核应聘者特定的知识、专业技术水平和文字运用能力。这种方法可以有效测试应聘者的基本知识水平、专业知识水平、管理知识水平、综合分析能力、逻辑能力、数学能力、判断能力以及文字表达能力等。

⑤ 身体检查。这是指对应聘者的健康状况进行检查，由此判断其是不是有不适宜从事本岗位工作的传染病以及身体状况是否能够承受本岗位工作的工作强度等。

⑥ 背景调查与推荐审核。审核和证实应聘者的背景信息和推荐信息是重要的甄选步骤，可以直接证实应聘者的工作状况和个人信誉，从而为最终的录用决策提供依据。

4.4.2　人员培训

1. 人员培训的含义

人员培训是指企业因开展业务及培养人才的需要而采用多种方式对新入职员工或现有员工进行的有目的、有计划的培养和训练的管理活动。人员培训的目标是使员工不断更新知识，开拓技能，改进工作动机、态度和行为；使企业适应新的要求，更好地实现员工与工作的匹配，从而促进企业效率提高和企业目标的实现。

2. 人员培训的类型

根据不同的划分标准，人员培训可以分为多种类型。常见的主要有以下几种。

（1）按受培训员工是否离开组织，人员培训可分为内部培训和外部培训。

（2）按受培训员工是否离开岗位，人员培训可分为在职培训和脱产培训。

（3）按培训目标和内容的不同，人员培训可分为专业知识与技能培训、提升培训、职务轮换培训、设置助理职务培训和设置临时职务培训。

（4）按培训对象的不同，人员培训可分为新员工培训、在职员工培训，管理人员培训和非管理人员培训。

3. 人员培训的方法

人员培训的方法很多，尤其是在当前管理科学和信息技术不断发展的时代，人员培训的内容和形式也在不断发生变化。常见的人员培训方法主要有以下几种。

D 公司的员工培训体系

（1）讲授法。其属于传统模式的培训方法，培训师通过语言表达，系统地向受训者传授知识，期望这些受训者能记住其中的重要观念与特定知识。

（2）工作轮换法。这是一种在职培训的方法，让受训者在预定的时期内变换工作岗位，使其获得不同岗位的工作经验。目前，很多企业采用工作轮换法进行培训，目的是培养年轻管理人员或有管理潜力的人员。

（3）学徒式培训法。这是指以师傅带徒弟的方式对新员工进行技能培训的方法。

（4）视听技术法。这是指利用现代视听技术（如广播、视频、直播等）对员工进行培训的方法。

（5）案例研究法。这是指通过提供的相关材料，让受训者分析和评价案例，提出解决问题的建议和方案的培训方法。

（6）角色扮演法。该方法通过模拟某种特定的工作情境，指定受训者扮演某种角色，模拟处理工作事务，从而帮助受训者提高处理类似问题的能力。

4.5　绩效考核与薪酬管理

4.5.1　绩效考核

1. 绩效考核的概念

绩效考核是指对一定时期内员工的工作业绩做出评价。它是人力资源管理的一项重要任务。实施绩效考核的目的是为企业制定员工调迁、升降、委任、奖惩、培训计划等人力资源政策提供依据。通过绩效考核，企业可以不断发现员工当前的工作和行为是否符合企业整体的战略规划要求，从而对可能出现的偏差采取及时的纠正措施。

2. 绩效考核的程序

在实践中，绩效考核是由一系列具有先后次序的环节组成的，一般包括确定评价标准、实施评价、评价面谈和确定绩效考核改进方案，如图 4-5 所示。

（1）确定评价标准

评价标准必须客观，不能过高或过低，应以完成工作所达到的可接受程度为标准，同时标准要尽量量化。

（2）实施评价

这一阶段的主要工作是将被评价员工的实际工作情况与评价标准进行比较，确定绩效考核的等级，并发现需要改进的问题。

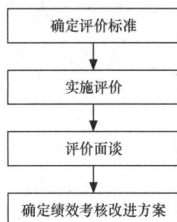

图 4-5　绩效考核的基本程序

（3）评价面谈

评价方与被评价员工进行面对面的交流，双方通过坦诚沟通形成对绩效考核的一致看法，并就下一阶段的工作达成协议。评价面谈可以消除被评价员工的不满意情绪，使其带着积极的心态继续今后的工作。

（4）确定绩效考核改进方案

根据评价结果及评价面谈情况对原绩效考核方案进行改进，使之更加切合实际。

3. 绩效考核的方法

绩效考核的方法主要包括以下几种。

（1）关键绩效指标（KPI）法

KPI（Key Performance Indicator，关键绩效指标）是一种目标式量化管理指标，是衡量员工绩效表现的基础。运用 KPI 法，是指将企业的战略目标分解为可操作的工作目标，并明确各部门、各岗位的主要职责和关键绩效指标，以此为基础进行绩效考核。

（2）360 度反馈法

360 度反馈法也称全方位考核法，主要通过上级、下级、同事、客户等多个角度来评估员工的绩效。这种方法可以帮助员工了解自己的长处和短处，制订绩效改善计划，并激励员工提高自己的工作表现。

（3）平衡计分卡（BSC）法

平衡计分卡是一种综合性的绩效考核工具，将企业的战略分解为可操作的具体目标，并为每个目标制订清晰的绩效衡量指标。平衡计分卡法强调从四个角度（财务、客户、内部业务过程、学习和成长）来评价企业绩效。

（4）目标管理（MBO）法

目标管理法是以目标为导向的绩效考核方法。在考核前，考核者和被考核者应该对需要完成的工作内容、时间期限、考核的标准达成一致。在时间期限结束时，考核人根据被考核人的工作状况及原先制定的考核标准来进行考核。

此外还有一些其他常见的绩效考核方法，如等级评定法、自评互评法、贡献度评估法等，限于篇幅，本书不再逐一介绍。

需要注意的是，不同的企业和岗位可能适合不同的绩效考核方法，因此在实际应用中需要企业根据具体情况进行选择和设计。同时，绩效考核应该是公正、公开、透明的，以确保考核结果的客观性和准确性。

4.5.2　薪酬管理

1. 薪酬及薪酬的构成

薪酬是指企业直接或间接支付给员工的各种报酬，是员工为企业提供劳动而得到的各种货币与实物报酬的总和。员工的薪酬一般由基本薪酬、激励薪酬和福利薪酬组成。

（1）基本薪酬

基本薪酬是企业依据员工所具备的技能、资历以及工作本身的特征向员工支付的稳定性货币报酬，也即人们常说的基本工资。企业员工只要在规定的工作时间和正常工作条件下履行职责，就可以获得这部分报酬。

（2）激励薪酬

激励薪酬又称可变薪酬、诱惑薪酬或业绩薪酬，是指员工在达到了某个具体目标或绩效水准或创造某种盈利后所获得的增加的薪酬。激励薪酬的形式包括奖金等短期激励薪酬，也包括股权、期权、利润分享等长期激励薪酬。激励薪酬对员工积极性有很大的影响。由于激励薪酬是额外的薪酬给付，同时不具有普遍性，当激励薪酬增加的时候，员工的积极性通常会因受到激励而提高。

（3）福利薪酬

福利薪酬是现代薪酬体系的重要组成部分，是企业为员工提供的与工作相关的各种补偿，包括物质补偿和服务补偿。与基本薪酬和激励薪酬不同，福利薪酬的提供与员工的工作绩效及贡献无关，企业发放福利的目的是减轻员工的负担，改善员工的生活，以保证员工正常和有效地进行工作。

福利薪酬的形式多种多样，主要分为安全福利、保险福利、个人福利、带薪休假等。

2. 薪酬管理的内容

薪酬管理是指企业在经营战略和发展规划的指导下，综合考虑内、外部因素的影响，确定自身的薪酬水平、薪酬结构和薪酬形式，并进行薪酬调整和薪酬控制的整个过程。企业薪酬管理的内容主要包括以下几个方面。

（1）确定薪酬管理的目标

薪酬管理的目标是企业根据人力资源战略确定的，具体来说主要包括三个方面：建立稳定的员工队伍，吸引高素质的人才；激发员工的工作热情，创造高绩效；努力实现企业目标和员工个人发展目标的协调。

（2）选择薪酬政策

企业薪酬政策是指企业对企业薪酬管理的目标、任务和手段的选择和组合，是企业在员工薪酬上所采取的方针策略。企业薪酬政策的主要内容包括企业薪酬成本投入政策，以及根据企业的自身情况所确定的工资制度、企业工资结构及工资水平。

（3）制订薪酬计划

薪酬计划是指企业制订的关于员工薪酬支付水平、支付结构及薪酬管理的重点等的计划。企业在制订薪酬计划时要通盘考虑，同时把握一系列的原则，如与企业的目标管理相协调的原则以及增强企业的竞争力原则等。

（4）调整薪酬结构

薪酬结构是指企业员工之间的各种薪酬比例及其构成。调整薪酬结构的内容主要包括企业工资成本在不同员工之间的分配，职位和岗位工资率的确定，员工基本、辅助和浮动工资的比例确定，以及员工基本工资及奖励的调整等。

对薪酬结构的确定和调整要掌握一个基本原则，即给予员工最大激励的原则。公平付薪是企业管理的宗旨。要避免员工的报酬不是给得过多就是给得太少的现象。给多了会造成不称职员工不努力工作，给少了会造成高素质人才外流。同时，企业对薪酬结构的确定还必须与企业的人事结构相一致，如企业中高级员工占的比例比较大，那么这一块的工资成本就高。

> ### 📋 课堂讨论
>
> 一个月前，小崔被提拔为一家合资公司的地区经理并负责某一线城市的销售管理工作。小崔进入这家公司已经 2 年了，在开拓市场方面立下了汗马功劳，曾经创造过个人年销售 3 000 万元的公司销售记录。在做销售代表时，小崔工作辛苦，压力也很大，不过因为业绩优秀，拿到的奖金十分丰厚。被提拔为地区经理后，小崔的工作职责发生了很大改变，他无须直接与客户沟通，只要做好销售管理工作并负责培养新人就行了，工作轻松了很多。但根据公司的薪酬制度，晋升后的小崔虽然获得了更高的管理岗底薪，但是奖金方面只能拿本部门平均奖，总体来说收入是不升反降的。
>
> 收入的下降让小崔感到非常不快。他给公司财务经理发了一封邮件，提出了加薪的请求。可得到的回复是：根据公司薪酬制度，现行的销售奖金提成制度不能更改。小崔坚持认为，升职以后收入下降就是不合理的，而且制度是人定的，为什么就不能改？于是，他接下来给总部发了一封邮件，表达了自己的不满。一周后小崔没有收到总部的邮件回复，而是收到了人力资源部发来的工作调整通知，他被调到行政部任了个虚职。公司同时委派了一名新人接替小崔原来的地区经理职务。小崔闻讯后大为不满，最终愤而离职。
>
> 问题讨论：小崔的加薪要求为何被拒绝？这家合资公司的薪酬制度设计得合理吗？为什么？

4.6　员工职业生涯管理

员工职业生涯分为不同阶段，在各个阶段，员工的职业工作任务、任职状态、职业行为等呈现不同特征。企业可以根据员工不同职业生涯阶段的个人职业行为与特征，采取针对性的管理措施。

4.6.1　员工职业生涯管理概述

员工职业生涯管理是指在员工职业生命周期的全程中，企业对员工的职业培训、业绩评价、岗位变动、职务升降、事业发展等进行科学规划、设计、指导和动态管理的过程。这个过程旨在开发员工的潜能，促进其实现自我价值，同时满足管理者、员工和企业的共同需要。员工职业生涯管理是企业合理配置资源，调动员工积极性，确保企业持续发展的重要战略手段。

员工职业生涯管理的主要内容包括：保证竞争准则的公正、公开和规范，优先选拔表现优异的员工，优先考虑工作能力强、业绩突出的员工，对优胜者进行公示与考察；提供晋升信息、提供职位空缺信息、提供锻炼机会；定期或不定期培训，提供学习经费、条件、资料，鼓励在职培训；提供轮岗的机会，帮助员工了解自身的优势和劣势，引导员工就任合适的岗位，提供员工业绩表现的信息等。

企业应该持续重视并促进员工职业生涯发展，以有效提高员工的满意度；提高工作绩效并实现人岗匹配；识别高潜能员工，开发符合企业需要的员工并帮助员工快速认同企业文化。

4.6.2　员工职业生涯早期阶段的管理

员工在职业生涯早期阶段一般有较高的工作期望，而实际中接触的多是枯燥无味或没有挑战性的工作，甚至是严重的部门冲突等。这对于刚入职的员工会是一个比较大的打击，所以企业在员工职业生涯早期应做好以下工作。

（1）帮助新入职的员工制订职业定向计划，提供较现实的未来工作展望

在新入职的员工入职初期，企业通过一系列的活动帮助其尽快熟悉企业和工作环境，告知其关于未来工作的职业阶梯和晋升渠道，帮助其真正成为企业的一员，维系其对企业的忠诚度。

（2）提供富有挑战性的工作

新入职的员工大多期望能够承担较大的职责，尝试挑战性的工作，进而获得发展和晋升。企业如果不能对此实现有效鼓励，将会使新入职的员工产生挫败感。挑战性的工作能帮助新入职的员工适应工作的高标准，明白企业对自己的要求，并对工作的结果负责。

（3）激励与工作支持

新入职的员工期望增强自己的能力并获得他人的肯定，所以需要企业对其取得的成绩进行激励和支持。新入职的员工在入职初期需要来自企业内部的广泛支持，如一对一的帮扶等，以快速与其他人建立友谊和获取帮助，以及树立学习榜样，实现快速成长。

（4）提供阶段性的工作轮换

通过阶段性的工作轮换可以扩大员工所掌握的技能范围，使员工能够很好地适应环境的变化，也为员工在内部的晋升打下基础。

（5）以职业发展为导向的工作绩效考核

以职业发展为导向的工作绩效考核重在帮助员工发现问题和不足，明确努力的方向和改进方法，提供建设性的反馈，促进员工的成长和进步。管理者必须明确自身的责任，定期与员工沟通，及时帮助员工发现问题并探讨解决问题的方法。

4.6.3　员工职业生涯中期阶段的管理

进入职业生涯中期阶段，员工对企业已经有了一定的了解，自身也得到了发展，可以承担更为重要的工作，或者由于各种原因出现职业生涯危机，此时需要企业对其进行必要的调整。

1. 晋升管理

工作晋升可以为员工带来更高的职业地位和薪酬福利，同时让员工承担更为重要的工作，促使其为企业作出更大的贡献。所以，合理规范的晋升管理可以对员工起到良好的激励作用，促使员工不断进步，改进工作绩效，这也有利于员工忠诚度的提高和员工

队伍的稳定。实施严格规范的晋升管理必须遵循以下三个原则。

（1）保证过程正规、平等、透明。企业要发挥晋升管理的激励和凝聚作用，就必须保证全体员工都有平等的晋升机会，并且保证晋升条件和标准是完全公开、透明的。

（2）晋升选拔员工应主要考虑能力因素，适当考虑资历因素，做到不拘一格选人才，如此更有利于年轻员工的快速成长，更能够激发员工的积极性。

（3）对能力的评价要注重对员工技能、绩效、经验、适应性等的综合评价。晋升员工时除了看其现阶段的工作绩效，还要看其发展潜力和工作适应性。

现代企业组织结构的扁平化趋势日渐明显，能提供给员工的管理职位也越来越少，大部分员工可能很难实现传统意义上的晋升。企业需要考虑各项组织变革对工作及员工的影响，寻求更具广泛性的职业生涯渠道并加以拓宽。

2. 工作重新设计

员工长期从事某一项工作，容易感到枯燥乏味，影响工作满意度和工作效率。工作重新设计的具体方法有工作轮换、工作丰富化、工作扩大化等方法。

工作轮换是指调整员工在同一水平不同岗位进行轮换工作。通过多样化的岗位活动，保持员工对工作的敏感性和创造力，培养多方面的能力，降低工作厌倦情绪。当然工作轮换也不能过于频繁，否则会影响企业的正常工作流程。工作丰富化是指增加员工对工作的控制程度，允许员工以更大的自主权和独立性去从事一项完整的工作。工作扩大化则是指扩大工作的范围，为员工提供更多的工作种类。三种方法都从扩展员工知识技能、挖掘员工潜能出发，可综合运用，以有效促进员工全面发展和提高工作满意度。

3. 提供职业指导和持续的培训

职业指导是协助员工个人选择职业，制定适宜的职业发展目标，以及选择实现目标的职业发展道路，并协助员工获得成功的过程。企业应制定有关人力资源政策，使职业指导制度化，切实关心员工的职业需求和目标的可行性，宣传职业知识，进行职业咨询，使员工的职业计划目标切实可行并得以实现。

持续的培训是避免员工落伍的重要手段。企业应根据现阶段员工诉求和职业计划，定期开展富有针对性的培训，鼓励员工了解行业发展最新动态，调整工作心态，做好本职工作。

4. 提供职业发展信息

员工需要了解和掌握企业的发展战略、人力资源供求情况、职业发展道路、职位的空缺与晋升情况等。所以，企业应根据既定的发展战略，预测未来可能存在的职位，并对每一个职位进行彻底的工作分析，公布结果，让员工可以以此确定自己的职业目标或职业规划。同时，企业还要鼓励员工去思考不同职位的成功者的职业发展道路，为员工勾画成功的职业发展道路与前景。

企业也需要全面掌握企业员工的情况，如员工个人性格、兴趣、特长、潜能及价值观等。所以，企业需要帮助员工进行自我评价，为员工提供自我评价工具，如问卷、量表等，以便员工能更容易地对自己进行评价。

5. 员工家庭帮助

处于职业生涯中期阶段的双职工家庭的员工，在高强度的工作压力下，很难有足够的时间和精力处理好工作与生活的关系。企业应持续关注此问题，帮助员工调整好以上关系。目前可以采取的措施如下。

（1）夫妻员工的招聘政策。企业可同时招聘夫妻双方进入企业，这可以降低招聘的成本，降低离职率。但原则上夫妻不得在同一部门内工作，以免因私人关系影响工作效率或引发利益冲突。

（2）弹性工作安排、远程办公。企业根据夫妻双方的情况，灵活地安排夫妻的工作量、出差时间及频率，以及提供尽可能多的远程办公选择。企业创造自由宽松的环境有助于员工平衡工作和家庭的关系，但也需要注意员工的工作效率及有效沟通等问题。

（3）家庭援助计划。双职工家庭员工，一旦其工作与家庭之间发生矛盾，则彼此之间会直接形成对对方的负向影响，并会由此而陷入恶性循环。企业的有效关怀和援助措施能有效缓解此类矛盾，为员工职业生涯发展提供助力。

6. 解雇及失业帮助

即使企业在前期对员工的职业生涯发展做了大量细致的工作，也会因各种因素或员工自身问题而需要解雇部分员工。这种非自愿的流动处理非常困难且具有一定风险，所以企业务必慎之又慎，遵循以下原则来避免不良后果的产生。

（1）解雇时保证程序公平、过程公开、结果公正。解雇程序应该具有一致性，符合现代化企业制度和相关法律法规要求。此外，企业应对被解雇员工做出细心周到的解释，缓解被解雇员工的怨恨情绪。

（2）采取一些解雇预警措施。企业应明确考核制度，在员工出现被解雇风险前提出警告，这样能够缓解员工被解雇时的愤恨情绪，也能促使员工调整自己的工作态度。

（3）提供失业帮助。企业可以发放遣散费及救济金，或给予重新培训、联系职业介绍机构和咨询顾问为被解雇员工提供帮助，帮助被解雇员工重拾自信心，缓解因被解雇带来的不良影响。

4.6.4　员工职业生涯末期阶段的管理

在职业生涯末期阶段，大部分员工在自己的工作领域已经占据一席之地，进取心逐渐减弱，容易出现追求安逸、安于现状的意向。面临退休，员工对未来经济、生活的不安全感骤升，进而出现强烈的情绪波动。

处于职业生涯末期阶段的员工，如果被管理得好，可以变成企业一种宝贵的财富；相反则会成为许多冲突和矛盾的根源，影响企业的绩效。企业要有计划地分期分批安排员工退休，及早进行岗位接替工作，确保工作的正常进行。企业还要对员工进行退休准备教育及退休后的生活技能培训，帮助其平稳度过这个阶段。对于一些仍有余力从事工作的退休员工，企业可以允许他们从事兼职工作，以发挥其能力并为企业创造价值，这也缓解了部分员工由于退休而产生的不适。

本章实训

1. 实训目的

通过实训，加深对人员招聘流程和方法的理解，培养进行实际招聘操作的能力，内容包括岗位分析、招聘广告撰写、简历筛选、面试等。

2．实训内容及步骤

（1）岗位分析与招聘计划

对学生进行分组，每组选定一个模拟招聘的岗位，如销售经理、人力资源专员、会计等。各小组对选定岗位进行工作分析，明确岗位职责、任职要求和工作内容，同时制订招聘计划，内容包括招聘目标、招聘渠道、招聘时间和预算等。

（2）撰写招聘广告

各小组根据岗位分析的结果撰写招聘广告，明确职位要求、任职条件、薪酬待遇等，并将招聘广告发布至班级学习群。

（3）简历筛选

各小组收集其他小组模拟应聘者的简历，进行初步筛选；制定简历筛选标准，确定进入下一轮的候选人。

（4）面试准备与面试

各小组设计面试问题和评分标准，进行模拟面试，评估候选人的能力；在此过程中学习并实践有效的面试技巧，如提问方式、倾听技巧、观察非言语信息等。

（5）录用决策与通知

各小组根据面试结果和其他评估信息作出录用决策，撰写录用通知或拒绝信，并通知候选人。

（6）总结与反思

各小组完成实训报告，总结招聘过程中的经验和教训，并撰写实训总结报告。

3．实训成果

实训作业——《人员招聘实训总结报告》。

本章习题

一、单选题

1．人力资源管理把（　　）视为组织的第一资源。

　　A．财务　　　　　　B．技术　　　　　　C．人　　　　　　D．生产设备

2．（　　）是指对企业中某个特定职务的工作内容和任职资格进行描述和研究的过程。

　　A．工作分析　　　B．岗位描述　　　　C．人员招聘　　　D．绩效考核

3．（　　）属于传统模式的培训方式，培训师通过语言表达，系统地向受训者传授知识，期望这些受训者能记住其中的重要观念与特定知识。

　　A．讲授法　　　　B．工作轮换法　　　C．视听技术法　　D．角色扮演法

4．导致组织内部人浮于事，内耗严重的人力资源供求情况是（　　）。

　　A．人力资源供求平衡　　　　　　　　B．人力资源供大于求

　　C．人力资源供小于求　　　　　　　　D．无法确定

5．（　　）是企业为员工提供的各种与工作相关的各种补偿，包括物质补偿和服务补偿。

　　A．基本薪酬　　　B．激励薪酬　　　　C．福利薪酬　　　D．以上均不正确

二、多选题

1. 人力资源管理的主要职责包括（　　）。
    A. 进行工作分析　　B. 确定人力资源计划方案
    C. 培训员工　　　　D. 薪酬管理　　　　E. 员工招聘

2. 职位说明书包括的基本内容主要有（　　）。
    A. 职位基本信息　　B. 工作目标与职责
    C. 工作内容　　　　D. 工作完成结果及建议考核标准
    E. 教育背景和工作经历

3. 按照所问问题的开放程度可以将面试分为（　　）。
    A. 结构化面试　　B. 半结构化面试　　C. 非结构化面试
    D. 标准化面试　　E. 非标准化面试

4. 外部招聘的优点主要有（　　）。
    A. 能够完善企业的内部竞争机制
    B. 能够为企业带来外部新的思想，有利于调整企业的知识结构，增强创新精神
    C. 能够节省培训费用
    D. 能够为组织内部带来竞争压力，使组织成员产生危机感，促使其努力工作
    E. 能够保持企业政策的连贯性

5. 内部招聘的缺点有（　　）。
    A. 难以招聘到高水平的人才
    B. 未能竞聘成功的员工可能会失望
    C. 招聘成本高，招聘活动时间长
    D. 容易产生近亲繁殖现象
    E. 无法获取外部新的经营思想和新的经营理念

三、名词解释

1. 人力资源管理　　2. 工作分析　　3. 人员招聘　　4. 人员培训　　5. 薪酬管理

四、简答及论述题

1. 工作分析的主要内容有哪些？
2. 人员甄选的方法主要有哪些？
3. 薪酬管理的主要内容是什么？
4. 试论述制订人力资源计划的程序。
5. 试论述企业薪酬的构成。
6. 试论述员工职业生涯早期阶段的管理。

案例讨论

海底捞的人力资源管理

海底捞餐饮有限责任公司（以下简称海底捞）是一家以经营川味火锅为主，集餐饮、火锅底料生产、连锁加盟、原料配送、技术开发为一体的民营企业。自成立以来，该公司凭借其自然朴实的服务，真诚热情的待客之道，"融合川人川味、蜀地

蜀风"的文化特色，获得了快速发展。

许多人去海底捞就餐，并不是因为它独特的口味，而是冲着它的服务去的。虽然海底捞的服务细节并不难模仿，但其员工的热情和对客人的贴心服务不是一朝一夕可以复制的。海底捞的管理层懂得，要支持这样的服务，并不是一味对员工提出要求，而是要做好员工工作，让员工愿意在这里干，觉得在这里工作有意义、有价值。大多数企业都认为"顾客"就是最终购买和使用公司产品或服务的人，而海底捞则视其服务员为"内部顾客"，并且认为让内部顾客满意是实现外部顾客满意的前提。为此，海底捞建立了一套完整的有特色的员工管理体系。

餐饮行业的大部分岗位的工作是单调的重复性劳动，工作人员长时间工作很容易产生枯燥感和厌倦感。为了最大限度地避免这种情况发生，让员工"快乐工作，微笑服务"，海底捞推行了轮岗制，让员工不再局限在一个岗位上工作。这不仅丰富了员工的工作内容，还有助于员工保持工作的新鲜感，并可以学习和掌握更多的技能，成为多面手。员工体会到了工作、学习和成长的快乐，在很大程度上消除了因工作内容单调而产生的枯燥感和厌倦感。

海底捞实行薪酬领先战略，员工收入在同类企业中处于领先地位，整体水平高出平均水平 10%～20%。海底捞还给员工提供了比较丰厚的福利，主要包括员工保险、廉价员工集体公寓、免费的集体食堂、家政服务、每月的带薪假日、重大节日的公司礼品等。

海底捞的高薪酬和高福利策略既有利于吸引优秀人才，也有利于增强现有员工的安全感和稳定感；既有利于维护员工的自尊、自信，也有利于员工保持"快乐工作，微笑服务"。

思考讨论题：

1. 企业实施人力资源管理的重要意义是什么？
2. 海底捞的人力资源管理给我们的启示有哪些？

第5章

供应链与物流管理

本章导学

　　供应链管理是从全局和整体的角度考虑产品的市场竞争力，从建立合作制造或战略伙伴关系的思维出发，跨越了企业界限，使供应链从一种运作性的竞争工具上升为一种管理性的方法体系。物流是供应链运作的一部分，是以满足客户要求为目的，对货物、服务和相关信息在产出地和消费地之间实现高效且经济的正向和反向的流动和储存所进行的计划、执行和控制的过程。本章主要介绍供应链与供应链管理的基本概念，供应链管理的内容、供应链设计的原则、供应链合作伙伴选择的策略、企业物流及物流管理的活动内容、企业物流模式的选择等内容。通过对本章的学习，读者可以形成对供应链与物流管理的全面认识。

知识结构图

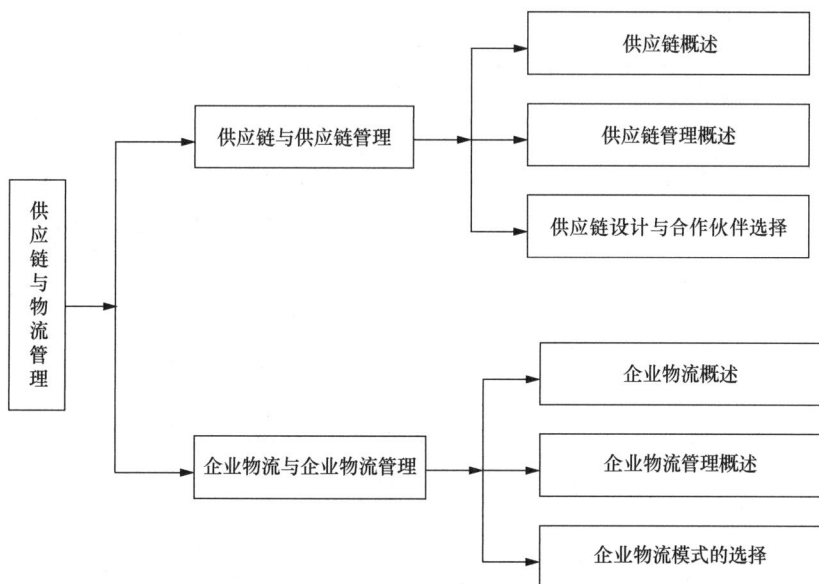

蜜雪冰城是国内门店数量最多、规模最大、品牌影响力最强的现制饮品连锁企业之一。2021年，蜜雪冰城推出门店冷链饮品，进一步带动了蜜雪冰城门店销售额的提升。2019年至2021年，蜜雪冰城的营业收入分别为25.66亿元、46.80亿元和103.51亿元，扣非归母净利润分别为4.38亿元、8.96亿元和18.45亿元，增速年年翻番。

现制饮品与现制冰激凌连锁企业的物流具有高频次、小批量、快速配送和多点配送的特点，对仓储物流体系与食品保质保鲜技术提出了较高的要求。可以说，物流运输的发展速度直接影响现制饮品与现制冰激凌连锁企业门店网络的铺设与市场的响应速度。

2022年初，蜜雪冰城就已建立了完善的仓储物流体系。截至2022年3月末，蜜雪冰城已在河南、四川、新疆、江苏、广东、辽宁等22个省（区）设立仓储物流基地，并通过物流合作方建立了基本覆盖全国的物流运输网络。完善的仓储物流网络有效地提高了物流运输的效率，缩短了向终端门店运输货物的时间，减少了门店从订货到交货的时间，从而达到门店单次少量订货的目的。同时，蜜雪冰城遍布全国的仓储物流网络及全国物流免运费的政策，加强了公司跨区域经营能力。

问题：蜜雪冰城是如何通过物流与供应链体系来支持其快速扩张和门店运营的？结合本案例，请谈谈物流与供应链管理在企业经营管理中的重要性。

5.1 供应链与供应链管理

5.1.1 供应链概述

1. 供应链的概念

供应链（Supply Chain）是指围绕核心企业，通过对信息流、物流、资金流的控制，将采购的原材料制成中间产品，之后形成最终产品，最后由分销网络把最终产品运送到消费者手中的过程。

2. 供应链系统的组成

供应链是一个复杂而精细的系统，既包括供应商、制造商、仓储、物流配送、分销商等主要组成部分，也包括如信息技术系统、财务和会计系统，以及客户服务系统等支持性组成部分。

（1）主要组成部分

① 供应商：供应链的起点，负责提供原材料、零部件或产品给制造商。

② 制造商：将供应商提供的原材料、零部件或产品转化为最终产品的核心环节。制造商需要有效管理生产过程，确保按时交付高质量产品。

③ 仓储：存储原材料、零部件或产品的关键节点，承担库存控制、订单处理和物流管理等任务。

④ 物流配送：负责产品从供应商、制造商或仓库到最终客户的运输及配送过程。

⑤ 分销商：连接制造商和最终消费者的桥梁，提供销售渠道，帮助消费者获得产品。

（2）支持性组成部分

① 信息技术系统：在供应链中起着关键作用，帮助各成员实现有效的沟通和协作。

这类系统可以实时跟踪库存、订单和运输信息,提高供应链效率和响应速度。

②　财务和会计系统:负责管理供应链中的财务活动,包括收款、付款和成本管理等。这类系统可以确保供应链的财务健康,为决策提供有力支持。

③　客户服务系统:处理客户需求和反馈的重要环节,对提高客户满意度和品牌形象具有积极意义。客户服务也是供应链优化时重要考虑的因素之一。

3. 供应链模型

(1)链状模型

链状模型是供应链基础的表示形式,展示了一个线性的、有序的供应链流程。在这个模型中,供应链的每个环节都紧密相连,就像一条链条一样,从供应商开始,经过制造商、分销商、零售商,最终到达消费者。

在链状模型中,制造商、供应商、分销商等商家被抽象成用字母或数字表示的节点。节点以一定的方式和顺序连成一串,构成一条供应链,如图 5-1 所示。

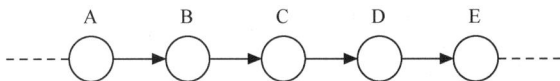

图 5-1　简单的供应链链状模型

在现实市场中,供应链的每一个节点都可能有若干个企业,如图 5-2 所示。产品的最初来源是自然界,如矿山、油田等,最终去向是用户。产品从自然界经由供应商、制造商和分销商等传递到用户手中,在传递过程中完成加工及装配等。

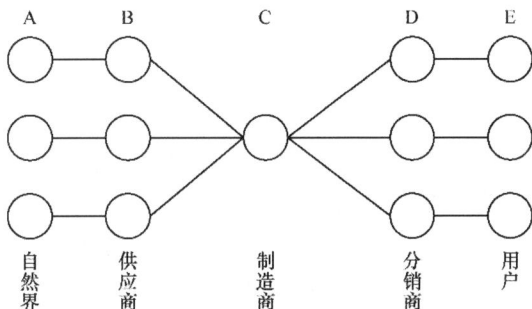

图 5-2　复杂的供应链链状模型

链状模型简单明了、易于理解,但无法完全反映现实中供应链的复杂性和多样性。在链状模型中,信息的流动和产品的流动往往是单向的(也有例外,如发生退货时),每个环节都有其特定的功能和责任。

(2)网状模型

相比于链状模型,网状模型提供了对供应链更全面的描述。在这个模型中,供应链被表示为一个复杂的网络,其中多个供应商、制造商、分销商和零售商之间相互连接,形成一个错综复杂的结构。例如,C 企业有多家供应商,如 B_1, B_2, $\cdots$, B_n 等,同时,C 企业也有多家分销商,如 D_1, D_2, $\cdots$, D_m 等。一般生产此类产品的企业也有很多家,即 C_1, C_2, C_k 等。这样,供应链就成为网状模型,如图 5-3 所示。供应链的网状模型更能体现现实市场中产品的复杂供应关系。

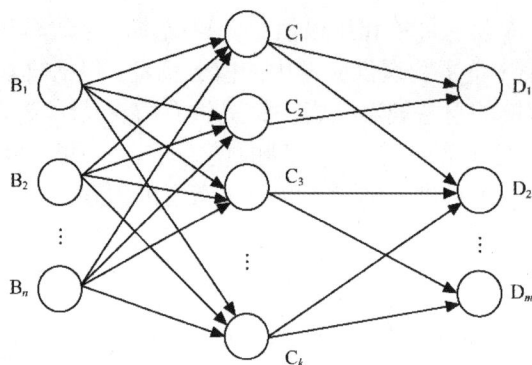

图 5-3　供应链的网状模型

在供应链的网状模型中，产品从供应链上游的一个节点流向下游的另一个节点。这些产品从某些节点流入，又会从某些节点流出。通常我们将产品流入供应链的节点称为入点，把产品流出供应链的节点称为出点。常见的供应商，如矿山、油田、橡胶园等一般为供应链入点，而供应链出点一般为商品的消费者（用户）。如图 5-4 中，A 点为供应链的入点，F 点为供应链的出点。

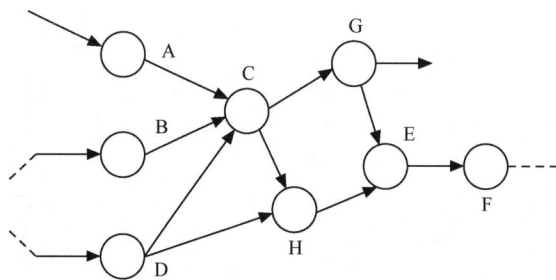

图 5-4　供应链的入点和出点

有些企业规模大、结构复杂，与供应链上其他企业相联系的只是其某个部门，同时，企业内部也存在着产品供应关系，很难用一个节点表示这些复杂的关系。因此，就需要将表示这个企业的节点分解成若干相互联系的节点，这些节点构成一个网，即子网。

网状模型能够更真实地反映现实世界中供应链的多元化和相互依赖性。在这个模型中，信息和产品可以在多个方向自由流动，供应链的每个环节都可能与其他多个环节有直接或间接的联系。这种灵活性使得网状模型能够更好地应对市场变化和不确定性。

链状模型和网状模型都是对供应链结构的抽象表示，各有优缺点。链状模型简单明了，便于理解；而网状模型更能反映供应链的复杂性和动态性。在实际应用中，企业可以根据自身的业务需求和战略目标选择适合的供应链模型。

4. 供应链的特征

供应链的特征主要有以下几点。

（1）复杂性

供应链由众多节点企业组成，并且节点企业的构成跨度不同，企业性质不同，所处位置也不同。各节点企业之间的合作关系更加广泛，往往使得供应链的结构模式更加复杂。

（2）动态性

供应链上的各节点企业要随着企业战略的转变、市场竞争及市场需要的变化而动态变化。各节点企业要定期进行考核，优胜劣汰，从而保证供应链具有较强的竞争力，这就使得供应链具有明显的动态性。

（3）面向用户需求

供应链的形成、存在、重构都是以满足用户（客户）需要为目的的。在供应链的运作过程中，客户的需求是供应链中信息流、物流/服务流、资金流运作的主要驱动力。

（4）交叉性

节点企业之间的关系错综复杂，一个节点企业可以属于不同的供应链，并且同一节点企业也可以在供应链中扮演不同的角色。众多的供应链形成交叉结构，增加了协调管理的难度。

（5）不确定性

供应链是由供应商、制造商和客户等构成的一个复杂的网链式结构，每一个环节都具有一定的不确定性。

（6）高科技的综合体

供应链是一个囊括了 IT 技术、人工智能技术及管理技术等多学科、多领域的高科技综合体。

（7）增值性

供应链将产品研发、供应、生产、营销、市场一直到服务看成一个整体，在每个环节通过不断增加产品的技术含量和附加价值，为客户带来真正的效益和令客户满意的价值。

5. 供应链的类型

按照不同的划分标准，供应链可划分为不同的类型。

（1）按照供应链的运作范围划分

按照供应链的运作范围划分，供应链可分为企业内部供应链和企业外部供应链。企业内部供应链是指在企业内部产品生产和流通过程中，由采购部门、生产部门、仓储部门、销售部门等各个相关部门组成的供需网络。而企业外部供应链则是指涵盖与企业产品生产和流通过程相关的供应商、生产商、储运商、零售商以及最终消费者的供需网络。

（2）按照供应链的稳定状况划分

按照供应链的稳定状况划分，供应链可分为稳定供应链和动态供应链。在相对稳定、单一的市场需求基础上建立的供应链具有较强的稳定性；在变化相对频繁、复杂的需求基础上建立的供应链则具有较高的动态性。在实际管理运作中，企业要根据不断变化的市场需求，不断对已有的供应链进行调整。

（3）根据供应链容量与客户需求的关系划分

根据供应链容量与客户需求的关系划分，供应链可分为平衡的供应链和倾斜的供应链。任何一条供应链都具有一定的、相对稳定的设备容量和生产能力，但该供应链面对的市场需求却是不断变化的。当供应链的生产能力刚好满足市场需求时，供应链就处于相对平衡状态，此时的供应链为平衡的供应链。当市场变化加剧，造成供应链成本增加、库存增加、浪费增加等时，企业就不是在最优状态下运作，供应链则处于倾斜状态，称为倾斜的供应链。

（4）根据支持功能性产品还是支持创新性产品划分

根据支持功能性产品还是支持创新性产品划分，供应链可分为效率性供应链和响应性供应链。效率性供应链主要体现供应链的物质转换功能，即以最低的成本将原材料转化成零部件、半成品、产品，并完成在供应链中的运输、配送等活动；响应性供应链主要体现供应链对市场需求的响应功能，要求供应链能对未知的市场需求做出快速反应。

延伸学习

供应链的数字化转型

新兴信息技术（物联网、大数据、人工智能）与数字经济的发展，为供应链转型提供了土壤与养分，带来数字化供应链新形态。数字化供应链是现代信息技术与供应链模式密切融合的产物，即企业间通过人工智能、区块链、云计算、大数据等技术，打通供应链上的商流、信息流、资金流、物流，实现供应链可视化管理。数字化供应链具有即时、可视、可感知、可调节的能力。

企业供应链数字化转型是数字时代供应链发展的要求，是企业供应链未来的形态。企业要实现供应链数字化，就需要从战略角度予以重视，构建数字化商业模式，通过数字化供应链活动构建企业的数字化供应网络。其实施离不开战略驱动、技术创新、供应链细分、供应链协同、供应链执行等。

5.1.2 供应链管理概述

1. 供应链管理的含义

供应链管理是一种为满足客户的需求，并降低整条供应链的总成本，而对供应链中的供应商、分销商和最终客户之间的物流、资金流、信息流、价值流进行集成、计划、组织和控制的管理方法。供应链管理具有系统化管理、协同化管理、客户导向化管理、信息化管理、动态化管理、风险化管理等特点。

> 延伸学习
>
> 供应链管理的特点

供应链管理除了包含对物料实体在供应链中的流动和分销进行管理外，还包括战略性供应商与用户合作伙伴关系管理，供应链产品需求预测和计划，供应链设计、供应链中各企业内部与不同企业之间物料供应与需求管理，基于供应链管理的产品设计与制造管理，基于供应链的用户服务和物流（运输、库存、包装等）管理，供应链中不同企业间资金流管理，以及基于互联网的供应链交互信息管理等。

课堂讨论

信息技术的发展促进了经济的全球化、网络化进程。现代生产技术的发展，需要与之相适应的新的企业管理模式。传统企业管理模式下，企业各部门之间看似形成一个整体，协调运转，但运作上缺乏系统性和综合性，无法适应新的制造模式的要求。那种"大而全，小而全"的企业自我封闭的管理体制，更加无法适应网络化竞争的要求。

问题：环境的变化为企业的供应链管理带来了哪些新挑战？

2．供应链管理的目标

供应链管理的目标包括降低成本、提高效率、提升交付服务水平、提高品质和可靠性、促进创新以及实现可持续发展等。这些目标构成了供应链管理的核心追求。

（1）降低成本

通过优化供应链的各个环节，企业可以减少物流成本、库存成本和运输成本等，从而实现成本降低。例如，企业与供应商建立长期合作关系，可以获得更好的采购价格和交货期；采用先进的技术和信息系统可以提高供应链的可见性和协调性，进而降低运营成本。

（2）提高效率

供应链管理旨在提高整体供应链的运作效率，包括提高生产、物流、仓储等环节的运作效率。企业通过建立多个配送中心和合理规划运输路线，可以缩短产品的配送时间；改进订单处理流程和库存管理系统也能提高订单的准确性和及时性。

（3）提高交付服务水平

企业优化供应链中的物流和仓储环节可以提高产品的交付速度和准确度，进而提升客户满意度。例如，企业通过优化订单处理流程，可以减少订单处理时间，确保产品及时送达客户手中。

（4）提高品质和可靠性

企业通过与供应商建立质量管理体系和严格的供应商评估机制，可以确保提高供应链中的产品和服务的品质；采用先进的质量控制技术和过程改进方法可以提高产品质量的一致性和可靠性。

（5）促进创新

通过在供应链中的紧密合作可以推动企业间的共同创新。企业与供应商和合作伙伴进行信息共享和协同设计，有助于加快产品的研发和上市速度，从而增强企业的市场竞争力。

（6）实现可持续发展

企业通过优化供应链中的环境和社会责任，可以减少资源的浪费和环境的污染，推动企业实现可持续发展。例如，企业采用可再生能源和绿色包装材料可以降低对环境的影响。

3．供应链管理的发展趋势

（1）数字化与智能化

随着大数据、人工智能等技术的不断发展，供应链管理正越来越依赖于数据驱动的决策。企业可以通过对大数据的深度分析，实时获取各个环节的状况信息，提高供应链的效率和质量。物联网和追溯技术的应用也使得供应链的可追溯性和透明度得到提升，企业可以更好地掌握物流运输和货物流转的实时情况。例如，企业通过实施数字化供应链管理实现了产品的快速交付和良好的供应链可见性；利用大数据分析和人工智能技术预测消费者需求，通过采用智能化的仓储和物流系统实现高效的订单处理和配送。

（2）全球化与创新技术融入

随着全球化的不断深入，企业正积极构建跨越国界的供应链网络，以捕捉更广阔的市场机会并应对随之而来的复杂挑战。与此同时，新兴技术如物联网和区块链正加速融入供应链管理中，不仅革新了传统的运营模式，还显著加速了供应链向数字化和智能化

转型的步伐

（3）敏捷化

敏捷供应链管理以核心企业为中心，通过对资金流、物流、信息流的控制，将供应商、制造商、分销商、零售商及终端客户整合到一个统一的、无缝化程度较高的功能网络链条中，以形成一个极具竞争力的战略联盟。敏捷供应链管理强调企业从整个供应链的角度考虑，进行决策和绩效评价，使企业与合作者共同优化成本结构，并追求对市场需求的快速反应，提高供应链各环节边际效益，实现利益共享。

（4）绿色与可持续性

目前，越来越多的企业开始关注环境保护和社会责任，将"绿色"或"环保"理念融入供应链管理过程，尽量减小对资源的消耗及对环境的破坏，实现企业的可持续发展。例如，优化物流运输和包装设计，采用可再生能源和环保材料，以减少能源的消耗和废物的排放量。

（5）柔性化

柔性是指企业快速响应环境变化的能力。柔性供应链管理即企业通过提高各种资源的柔性，实现灵活、敏捷的经营。在供应链管理中，柔性供应链管理的运用会使整条供应链的运作更能适应快速变化的市场需求。供应链管理中的柔性主要有产品柔性、时间柔性和数量柔性三种。产品柔性是指供应链在一定时间内引进新产品的能力，时间柔性是指供应链响应市场需求的速度，数量柔性是指供应链对市场需求数量变化的应对能力。

（6）集成化

集成是指按照某种目的将若干独立的单元集合在一起，使之成为具有某种功能的系统。供应链是以核心企业为中心的，由包括上游企业和下游企业的多个企业组成的系统。集成化供应链管理即通过合作伙伴之间的有效合作与支持，提高整个供应链的物流、信息流和资金流的通畅性和快速响应性，使所有相关的人、技术、组织、信息及其他资源有效地集成，形成整体竞争优势。

此外，供应链的发展还呈现出虚拟化、多元化等趋势，限于篇幅，本书不再详述。

5.1.3 供应链设计与合作伙伴选择

1. 供应链设计的程序

供应链设计应按照一定的程序循序进行，第一步是分析核心企业现状，第二步是分析核心企业所处的市场环境，第三步是明确供应链设计目标，第四步是分析供应链的组成，第五步是拟定供应链设计的框架，第六步是评价供应链设计方案的可行性，第七步是调整新的供应链，第八步是检验已产生的供应链，第九步是对新旧供应链进行比较，第十步是完成供应链的运行。

延伸学习

供应链设计程序的
详细解析

2. 供应链设计的原则

（1）自顶向下和自底向上相结合原则

对于系统设计，存在自顶向下和自底向上两种设计方法。自顶向下的方法是指从全局开始，逐渐向局部扩散的方法。自底向上的方法是指从局部开始，逐步向全局集成的方法。自顶向下的过程是对系统进行分解的过程，自底向上的过程则是对各个部分进行集成的过程。

（2）简洁性原则

为了保证供应链具有灵活、快速响应市场的能力，在设计供应链时应遵循简洁性原则。这要求企业精心挑选供应链节点上的合作伙伴，选择尽可能少的优秀供应商并与之建立长期的战略合作伙伴关系。另外，简洁性原则还要求供应链上的每个业务流程应尽可能简洁，以避免无效作业。

（3）集优化原则

集优化原则也称互补性原则。供应链在选择节点企业时，应遵循优势互补、强强联合的原则。每个节点企业都应集中精力于自身的核心业务，全力提升自己的核心竞争力。每个企业就是供应链的一个独立单元，能够自我优化、自我组织，有明确的目标，充满活力并能动态运行，能够对供应链业务进行快速重组，从而能发挥企业的核心能力，使得供应链上的资源得到充分利用。

（4）协调性原则

供应链合作伙伴之间的协调程度将直接影响供应链绩效。因此，所设计的供应链应能充分发挥系统各成员和子系统的能动性、创造性和系统与环境的总体协调性，避免各个节点企业狭隘的、利己的本位主义影响整个供应链节点企业的和谐关系，保证整个供应链发挥最佳的功能。

（5）动态性原则

动态性设计原则是指在设计供应链时，要给予供应链一定的灵活性，以便能够根据市场环境的变化而及时进行调整，确保供应链的活力与竞争力。

（6）创新性原则

供应链产生本身就是一种创新。因此，进行供应链设计时，设计者要敢于打破各种陈旧思想束缚，运用创新思维对供应链进行大胆的创新设计。

（7）战略性原则

供应链的设计应从企业战略发展的角度考虑，与合作伙伴结成供应链联盟，建立适应企业长远发展的供应链系统结构。供应链系统结构设计应在企业战略指导下进行，并与企业的发展战略保持高度一致性。

3. 供应链合作伙伴的选择

所谓供应链合作伙伴关系，是指供应链各节点企业之间形成的一种协调关系，通过提高信息共享水平，减少整个供应链产品的库存总量，降低成本和提高整个供应链的运作绩效，以保证实现某个特定的目标或效益。

（1）供应链合作伙伴的选择原则

在供应链合作伙伴的选择过程中，既要关注价格、质量和交货期，也要评估供应商供应的稳定性和生产能力能否与企业发展相匹配，经营理念是否接近，以及是否有长期合作的意愿等。

① 工艺与技术的连贯性。在建立供应链合作关系时，应确保合作伙伴在产品设计和制造工艺上的技术与工艺具有兼容性，以保证供应链能够持续高效地运行。

② 企业的业绩和经营状况。供应商的经营业绩往往成为企业在选择合作伙伴时主要考虑的因素。另外，供应商的内部组织和管理，企业高层对采购单位的态度，以及企业财务状况也直接影响其交货和履约。

③ 有效的交流和信息共享。供应链企业间的信息共享程度决定了供应链合作的有效性，只有供应链企业间充分地进行信息的交流，才能确保整个供应链有序运作，效益达到最大化。

此外，合作伙伴的选择不在多而在精，否则导致资源和机会的浪费。

（2）供应链合作伙伴的选择方法

① 直观判断法。这是指企业通过倾听和采纳有经验的相关人员（如专家、采购人员、销售人员等）意见，或者由企业供应链管理团队对现有或潜在合作伙伴进行分析和评价，来选择合作伙伴的方法。其常用于选择企业非主要的合作伙伴。

② 招标法。招标法是指企业提出招标条件，各应标企业进行竞标，然后由招标企业决标，并与选择的应标企业签订合同的方法。这种方法一般适用于招标企业的订购数量大，合作伙伴竞争激烈的情况。

③ 协商选择法。这是指由企业先对合作伙伴做一个初步筛选，然后通过协商的方式来选择最终合作伙伴的方法。这种方法一般适用于采购时间紧迫、投标单位少、竞争程度小、订购物资规格和技术条件复杂的情况。

④ 采购成本比较法。这是一种企业通过计算与分析各个不同合作伙伴的采购成本，选择采购成本较低的合作伙伴的方法。其基本原理是，在物资质量、信誉、履约率及售后服务均能满足企业要求的情况下，采购成本成为选择供应商的关键因素。采购成本比较法不仅考虑物资价格，还包括运费及其他采购费用，即物资采购总成本。

（3）供应链合作伙伴选择的步骤

第一步，根据企业战略综合考虑是否需要建立供应链合作伙伴关系；如果需要，那么考虑建立哪个层次的合作关系。

第二步，确定供应链合作伙伴选择应遵循的准则，并且对潜在的候选企业进行评估。

第三步，选择合作伙伴，并且正式建立合作伙伴关系。

第四步，维持和运作合作伙伴关系，并进一步精练合作伙伴关系，包括对合作伙伴关系的强化或解除合作伙伴关系。

（4）建立供应链合作伙伴关系需要注意的几个问题

供应链上的企业彼此具有独立性，都是由于合作伙伴关系而聚合在一起的，因此如何有效管理这种伙伴关系就格外重要。这也是供应链运作能否成功的重要因素。为此，需要注意以下几个问题。

一是相互信任。供应链合作伙伴相互信任是供应链持续发展的基础，彼此的信任关系可以有效避免供应链管理上的冲突，降低供应链的交易成本。信任关系的建立，需要对各个企业的战略、组织、企业文化等方面的差异进行融合。

二是信息共享。对于供应链上的企业，要实现信息的共享，首先，所有的企业都要建立基于互联网和电子数据交换技术的供应链管理信息系统；其次，各个企业之间要开放权限，信息共享，包括共享企业生产程序和生产能力的相关信息、市场需求信息等。

三是权责明确。权责明确对于任何主体来说都是至关重要的。在以合作伙伴方式结合在一起的供应链，各节点企业要实现完全的无缝对接，就必须对权责进行明确的划分。企业在经营过程中，不能为了自身利益而随意转嫁经营风险，使得整个供应链的效率不能达到最优。

四是解决合作伙伴之间出现的问题的态度。供应链在运作过程中，由于各个企业自身内在或外在的原因，总是会出现各种问题。出现了问题就必须去解决，在解决过程中，需要各个企业都能够具有务实、忍耐的态度，采用行之有效的解决方法。是否能有效解决存在的问题，企业高层管理者的态度和重视程度起决定作用。

5.2 企业物流与企业物流管理

5.2.1 企业物流概述

企业物流是指企业为了满足客户的需求，以恰当的成本，通过运输、保管、配送等环节，实现原材料、半成品、成品及相关信息等由产地到消费地转移的计划、实施和管理全过程。

1. 企业物流的分类

按照功能的不同，企业物流可分为企业供应物流、企业生产物流、企业销售物流、企业退货物流及企业废弃物物流等。

（1）企业供应物流

企业供应物流是指企业为保证生产顺利进行，对所需的一切物资（包括原材料、燃料及辅助材料等）进行的采购、进货、运输、仓储、库存管理、用料管理及供应管理等活动。

（2）企业生产物流

企业生产物流指的是在生产工艺流程中发生的物料流动活动。具体来说，它涉及原材料、燃料以及外购件进入生产环节后的处理过程。这些物料经过切割（下料）、分配（发料），被运送至各个加工点和存储点。在这个过程中，物料以在制品的形式，从一个生产单元（如仓库）转移到另一个生产单元，并按照既定的工艺流程进行加工和储存。通过使用特定的运输工具，物料在各点之间流转，直至完成最终产品。整个过程中，物料不断经历物理状态的变化和位置转移，体现了企业内部物料流的动态特性。

（3）企业销售物流

企业销售物流是指企业为了取得经营利益，通过销售活动，将产品所有权转移给最终用户的物流活动。其具体过程是指企业将生产的产品从工厂、物流中心或外单位的仓库送到批发商、零售商或消费者的手中的运输或配送过程，包括将生产的产品送到外单位仓库的运输和配送过程。

（4）企业退货物流

企业退货物流是指企业将采购后入库验收不合格的产品向供应商退货，或者企业生产的产品在销售后因为各种原因而被退货所进行的物流活动。其具体包括对已采购但验收不合格的原材料和零部件进行退货的物流活动，以及与已售出的产品的退货有关的运输、验收和保管的物流活动。

（5）企业废弃物物流。

企业废弃物物流是指企业将经济活动中失去原有使用价值的物品，根据实际需要进行收集、分类、加工、包装、搬运、储存等，并分别送到专门处理场所形成的物品实体流动活动。

2. 企业物流活动的内容

物流活动涉及面广、环节复杂。物流业是一个复合型的产业，整个物流过程的顺利完成必须基于以往各自独立的服务单元之间的合作。企业物流服务活动通常包括运输、仓储、装卸搬运、包装、流通加工、配送以及物流信息传递等。

运输是物流各个环节中最主要的环节之一，是物流服务实现的关键所在。在很长一段时间里，物流的概念几乎等同于运输。运输的方式很多，主要有公路运输、铁路运输、水路运输、航空运输及管道运输等。只有通过运输，物品才能完成从生产者到客户的转移，才能实现其使用价值。

仓储同样是物流服务得以实现的关键环节之一。企业生产的产品，在其到达最终客户手中之前，一般都要通过储存和保养维护的过程。在整个物流过程中，产品的仓储可能出现在企业的仓库、转运过程中的仓库、销售者的仓库等场景（见图5-5、图5-6）。通过仓储服务，企业可以克服产品的季节性影响，消除生产者与客户在时间上的间隔，实现时间效益。随着信息技术的发展，物流中的"去库存化"管理思维越发凸显。

图5-5　常见的仓库

图5-6　托盘式自动仓库

装卸是指在指定地点以人力或机械将物品装入或卸下运输设备的过程。搬运则是指在同一场所内，对物品进行以水平移动为主的物流作业。装卸搬运连接了运输、仓储、流通加工等物流作业环节，是连接物流作业环节的纽带，是物流服务得以顺利实现的保证。当前，大型物流公司装卸搬运环节的智能化程度逐步提高，智能设备已在逐渐替代人力和普通机械来工作。

包装通常是物流的起点。产品包装的状况在很大程度上制约着物流系统的运行状况。包装不仅影响装卸搬运、堆码存放、计量清点的效率，还决定交通运输的效率和仓库的利用效率。因此，企业应按产品的数量、形状、重量、尺寸等特性进行包装。

包装一般可以分为运输包装和销售包装两类。物流包装主要是指运输包装。不同产品对运输包装的要求是不同的，如玻璃等易碎产品会有特制包装（见图5-7）。运输包装还必须适应各种不同运输方式的要求，并便于各环节人员进行操作。例如，对铸铁零件一般会使用木质托盘包装，以便于叉车搬运（见图5-8）。此外，应注意在保证包装牢固的前提下节省费用。对于进出口产品，则在包装上还需考虑符合有关国家的法律规定和国外客户的要求。

流通加工是产品从生产到消费之间的一种增值活动。流通加工通过改变物品，使其发生物理性质（如大小、形状、数量等）的变化（见图5-9），来实现"桥梁和纽带"的作用。早在20世纪60年代，西方国家就对流通加工给予了高度的重视。在我国，随着经济发展，人民收入水平提高，需求逐渐多样化，流通加工也向更深层次发展。

图 5-7　U 型玻璃运输包装

图 5-8　铸铁零件的装卸搬运

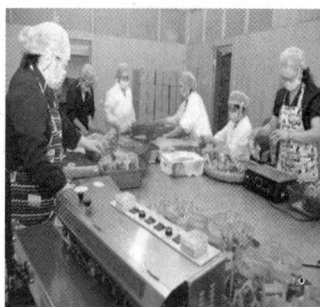

图 5-9　流通加工

　　配送是指在经济区域内，按照客户的需求，对物品进行拣选、加工、包装、分割、组配等作业，并按时送达指定地点的物流活动。配送是物流活动中一种特殊的、综合的活动形式，体现商流与物流的紧密结合。配送与一般的商品运送不同，配送是"配"与"送"的有机结合，更加注重时间性、数量性及物品的配套性。配送要求企业在送货活动之前必须依据客户需求对物品及配送进行合理的组织与计划，从而实现现代物流要求的"低成本、快速度"地"送"。

　　物流信息是反映物流各种活动内容的知识、资料、图像、数据、文件的总称。物流信息是连接运输、仓储、装卸搬运、包装、流通加工等各个物流环节的纽带，只有各个物流环节之间的信息传递及时通畅，企业才能实现各个物流环节之间的无缝对接，才能提高物流活动的时间效率和管理效率，从而实现整个物流系统运作效率的提高。

阅读资料

现代物流的特征

　　在传统物流中，由于通信及信息技术的落后，物流各环节之间信息难以共享，物流运作只是一系列独立的功能性作业，如运输、仓储、装卸搬运等，且主要在流通领域。随着市场需求的不断变化，物流有了质的飞跃。当今的物流被称为现代物流，现代物流与传统物流相比通常具有如下特征。

　　1. 物流反应快速化

　　激烈的市场竞争使得生产企业要求物流环节在服务水平，尤其是物流速度上再上新台阶。物流服务提供者对上下游的物流、配送需求的反应速度越来越快，前置时间及配送间隔越来越短，物流配送速度越来越快，商品周转次数也越来越多。

　　2. 物流功能集成化

　　现代物流着重于将物流与供应链的其他环节进行集成，包括物流渠道与商流渠道的集成，物流渠道之间的集成，物流功能的集成，物流环节与制造环节的集成等。物流功能的集成包含生产、管理和商务等方面的集成，是一项综合性的系统工程。

　　3. 物流技术现代化

　　物流业的快速发展依赖于先进的技术与设备的使用和现代化管理手段的应用。计算机技术、通信技术、语音识别技术等在物流业中得到普遍应用，实现了物流系统的自动化、机械化、无纸化和智能化。此外，由于计算机信息技术的应用，如条码技术、EDI 技术、自动化技术、网络技术、智能化和柔性化技术的运用等，物流服务的需求方与供给方之间的联系愈加密切，物流过程中发生的库存积压、延期交货等问题大量减少，从而大大提高了物流活动的效率。运输、装卸、仓储环节等也普遍采用专业化、标准化、智能化的物流设施设备。这些现代技术和设施设备的应用大大提高了物流活动的效率，扩大了物流活动的领域。

4. 物流活动国际化

随着经济全球化的发展，企业面对的不再是地区的、国内的市场，而是全球的市场，在全球范围内配置资源和销售产品与服务。因此，企业物流的需求与选择也超出了国界，放眼于全球市场。

5.2.2　企业物流管理概述

1. 企业物流管理的含义

企业物流管理是指企业在生产经营过程中，对物流活动进行计划、组织、指挥、协调、控制，以降低物流成本，提高效率并实现经济效益最大化的管理过程。

物流管理对于企业的重要性不言而喻。首先，它可以帮助企业降低运输成本，提高运营效率。其次，通过优化供应链，物流管理可以提高客户满意度，进而增强企业的市场竞争力。此外，优秀的物流管理还可以控制库存，减少资金占用，有利于企业及时响应市场需求，提高企业灵活性。

2. 企业物流管理的主要内容

（1）物流作业管理

物流作业管理主要包括运输管理、储存管理、包装管理、装卸管理、流通加工管理、配送管理等，是现代物流管理的基础。其他层面的物流管理都是在此基础上进行的延伸管理。

（2）物流成本管理

物流成本主要以各种费用的支出体现。所谓物流成本管理不是管理物流成本，而是通过成本去管理物流。这对企业降低物流成本，提高物流活动的经济效益具有非常重要的意义。

（3）物流服务管理

满足客户需求，提升客户满意度是现代物流管理的第一目标。物流服务管理已经成为现代物流管理中的一项重要内容。现代物流强调服务功能，坚持以客户需求为导向是其具体体现，在现代分销中发挥着极其重要的作用。

（4）物流质量管理

"向用户提供满足要求的质量服务"和"以最经济的手段来提供服务"是物流质量管理的目标，要使两者同时达到，必须找到一条优化途径。物流质量管理是一个全面的质量管理，既包含物流对象的质量管理，又包含物流手段、物流方法的质量管理，还包含工作质量管理和物流服务的质量管理。

（5）物流信息管理

物流信息管理在现代物流管理中的作用越来越重要。因为物流信息不仅能连接整合从制造商、批发商和零售商到消费者的整个供应链，而且能实现企业整个供应链活动的效率化。

3．企业物流管理的特点与趋势

（1）企业物流管理的特点

企业物流管理的特点主要体现在信息化、集约化、跨地域性、品种多样性和服务性等方面。信息化是现代物流管理的基础，企业通过对物流信息系统的建设和运行，实现物流信息的实时共享和有效传递。集约化则体现在对资源的充分利用和对成本的控制上，以降低物流成本，提高物流效率。跨地域性则要求企业物流管理能够适应不同地区的物流需求和环境变化。品种多样性则要求企业能够根据不同产品的物流需求进行个性化的物流管理。服务性则强调企业物流管理应始终以客户需求为导向，提供周到的物流服务。

（2）企业物流管理的趋势

随着科技的发展和市场需求的变化，企业物流管理也呈现出新的趋势。首先是数字化转型成为行业主旋律，物联网、大数据、云计算技术的应用使得物流管理更加智能化和高效化。其次是智能化仓储和物流设施的发展，企业通过采用先进的机器人技术、自动导航技术等提高物流作业的效率和准确性。此外，绿色物流与可持续发展的理念也日益受到重视，企业开始注重环保和节能减排技术在物流管理中的应用。

📖 阅读资料

京东的物流创新

5.2.3　企业物流模式的选择

企业物流模式通常是指企业物流业务的具体运作方式，包括企业自营物流、第三方物流、第四方物流、绿色物流等模式。企业要根据自身实际情况选择最适合的物流模式。

▶ 微课堂

企业物流模式的
选择

1．企业自营物流模式

企业自营物流即企业自己开展物流活动。在电子商务发展的初期，电子商务企业规模不大，从事电子商务的企业多选用自营物流的方式。它们自行组建物流配送系统，经营管理企业的整个物流运作过程。在企业自营物流模式下，企业会自建仓库，组建运输车队，也会向仓储企业购买仓储服务，向运输企业购买运输服务，但是这些服务大都只限于一次，而且是临时性的。

（1）企业自营物流模式的优势

① 掌握控制权。企业自营物流，可以对物流活动的各个环节进行有效的调节，对企业整体的物流运作系统进行全程控制；能够快速、准确地取得整个供应链以及最终客户的第一手信息，及时解决物流活动过程中出现的问题，实现对企业内部物流及外部物流的协同管理。

② 避免商业秘密的泄露。企业在正常的商业生产与运营中会存在一些不愿向外公开的商业秘密，如原材料的构成、生产工艺等。这些商业秘密是企业构建不同于竞争者的核心竞争力的根本。企业将物流业务外包给第三方物流供应商时，尤其是将生产环节中的内部物流外包时，可能会导致商业秘密外泄，削弱企业的竞争力。因此，很多企业为了防止商业秘密外泄，选择企业自营物流模式。

③ 降低交易成本。选择物流外包，企业很难全面掌握第三方物流供应商的信息。而选择自营物流，企业可以自己完成物流业务，可以通过内部行政权力控制原材料的采购和产成品的销售，不必与第三方物流供应商进行运输、仓储、配送和售后服务等方面的

谈判，避免了交易结果的不确定性，降低了交易风险，减少了交易费用。

④ 提高企业品牌价值。企业选择自营物流，自主控制生产经营中的物流环节，可以更加紧密地与客户接触和沟通，有助于客户深入了解企业及企业的产品；同时，企业选择自营物流可以掌握最新、最全面的市场信息和客户的动向，从而及时调整经营战略，提高企业的竞争力。

（2）企业自营物流模式的劣势

① 资源配置不合理。运输和仓储是物流活动最主要的环节。企业自营物流，必须具备与生产能力相符的运输力量和仓储容量。企业为了维持物流系统的运转，需要花费大量的人力、财力及物力，这必然会减少对其他重要环节的投入，分散了企业的资本，削弱了企业的市场竞争能力，不利于企业抵御市场风险。

② 企业物流效率低下。相对于第三方物流供应商提供的专业化物流服务，企业自营物流的效率较低。通常来看，由于物流并不是企业所擅长的，再加上缺乏专业的物流工具和技术，以及物流管理水平的相对落后，企业的物流活动效率低下。

③ 物流成本较高。企业自营物流，由于物流规模较小，专业化程度低，很难形成规模效应，导致物流成本过高。物流成本是产品总成本的一部分，尤其是在我国的企业中，物流成本居高不下导致产品成本增加，市场竞争力降低是很常见的现象。

2. 第三方物流模式

（1）第三方物流的概念

第三方物流是相对于"第一方"发货人和"第二方"收货人而言的，是指由发货人和收货人之外的第三方来完成物流服务活动，满足发货人和收货人的物流服务需求的物流运作模式。第三方物流供应商（也称第三方物流提供商，第三方物流企业等）通过与第一方或第二方的合作来提供专业化的物流服务，不拥有商品所有权，不参与买卖过程。

课堂讨论

近年来第三方物流迅猛发展的原因是什么？它会最终取代企业自营物流吗？请谈谈你的观点。

（2）第三方物流模式的特征

① 个性化服务。每个物流服务需求者对物流服务的需求都是独特的，这就要求物流企业为其提供个性化的物流服务。例如，物流企业从客户的具体需求出发，选择和组合仓储、运输、包装、配送、信息处理、流通加工等物流活动，并根据所运输产品的特点选择运输工具、运输路线、堆放方式、包装方法等。

② 专业化服务。第三方物流企业是专门从事物流服务，为客户提供专业化物流服务的企业。其服务的专业化表现在物流设施的专业化，物流技术的专业化，物流管理的专业化及物流人才的专业化等方面。这既是物流客户的需求，也是第三方物流企业自身发展的基本要求。

③ 系统化服务。第三方物流提供的是涵盖物流功能、管理过程、信息技术应用、服务流程及客户关系管理等的系统化服务，以满足客户的多样化需求并确保高效运作。

④ 信息化服务。信息技术是第三方物流发展的基础。在物流服务过程中，信息技术的发展实现了数据的快速、准确传递，也提高了仓库管理、装卸运输、采购、订货、配送发运、订单处理的自动化水平，极大地提高了物流效率。第三方物流企业运用的常见信息技术有 EDI 技术、EFT 技术、条码技术等。

（3）第三方物流服务的内容

第三方物流企业根据客户的需要为其提供不同类型、不同层次的物流服务。其既可以是单一的货品存储、运输等服务，也可以是复杂到设计、实施和运作一个企业的整个物流系统的服务。

① 基本业务。第三方物流企业通过自建或整合外部物流资源，向客户提供诸如仓储、运输、装卸搬运、配送等基本物流服务。这类服务是第三方物流企业的基本业务。

② 附加值业务。除基本业务外，第三方物流企业还可为客户提供增值服务。其增值服务主要是对仓储、运输、配送等基本物流服务的延伸，如在提供仓储服务的基础上增加商品质检、自动补货等服务；在提供配送服务的基础上增加集货、分拣包装、贴标签等服务；在提供运输服务的基础上增加运输方式和运输路线选择、配载，以及运输过程中的监控、跟踪等服务。

③ 高级物流服务。随着市场对物流需求的变化，第三方物流企业还可为客户从供应链角度对物流进行一体化整合和集成，内容如库存管理与控制，采购与订单处理，构建物流信息系统，物流系统的规划与设计，物流系统的诊断与优化等。

3. 第四方物流模式

1998 年，美国埃森哲咨询公司提出了第四方物流的概念。第四方物流企业与第一方物流、第二方物流及第三方物流供应商的最大不同在于，它本身不承担具体的物流活动，是一个供应链的集成商，通过调配和管理企业自身，以及具有互补性的服务供应商的资源、能力和技术，为客户提供一整套综合的供应链解决方案。

延伸学习

第四方物流的特征

（1）第四方物流的运作模式

第四方物流运作模式有以下三种。

第一种是协助提升模式，主要为第三方物流企业提供服务。第四方物流企业通过为第三方物流企业提供其缺乏的关键技术支持和战略规划能力，帮助第三方物流企业优化运营流程、提升管理水平和增强市场竞争力。

第二种是方案设计模式，主要为物流服务需求方提供服务。第四方物流企业凭借其专业知识和资源优势，与各类物流服务提供商建立合作关系，为需求方量身定制最优物流解决方案。

第三种是供应链整合模式，主要服务于供应链核心企业及其上下游合作伙伴。第四方物流企业通过系统整合物联网、大数据等数字技术，专业管理咨询服务能力，以及第三方物流企业的执行资源，构建端到端的供应链服务体系。

（2）第四方物流与第三方物流的主要区别

第三方物流发展历史悠久，理论与实践经验比较成熟，第四方物流则发展历史较短。第三方物流企业一般拥有提供物流服务所必需的固定资产和设备。第三方物流企业为客户提供所有的或一部分供应链物流服务。第三方物流企业提供的服务既可以是帮助客户安排一批货物的运输，也可以是复杂到设计、实施和运作一个企业的整个分销和物流系统。第四方物流企业是供应链的集成者，通过对整个供应链的优化和集成来降低企业的运行成本。

阅读资料

物流联盟

物流联盟是指以物流为合作基础的企业战略联盟。它是两个或多个企业，为了实现自身的物流战略目标，通过协议、契约而结成的优势互补、风险共担、利益共享的松散型网络组织。其目的是实现联盟参与方的共赢，具有相互依赖、核心专业化、强调合作的特点。物流联盟是一种介于企业自营物流模式和第三方物流模式之间的物流组建模式，可以降低前两种模式的风险，且更易操作。

---

4. 绿色物流模式

（1）绿色物流的含义

绿色物流是指企业从环境保护和可持续发展的角度开展物流活动。具体含义为企业在开展物流活动时以降低对环境的污染，减少资源消耗为目标，利用先进物流技术规划和实施运输、仓储、装卸搬运、流通加工、配送、包装等物流活动。

延伸学习

绿色物流的特征

（2）绿色物流的管理

绿色物流管理，也就是指物流过程的绿色管理，即企业将环境保护及可持续发展的理念导入物流的全过程中，具体内容如下。

① 选择绿色包装。绿色包装指对生态环境和人类健康无害，能重复使用和再生，符合可持续发展要求的包装。绿色包装是包装行业实施的一种革命性的改变。采用绿色包装，一方面可保护环境，另一方面可节约资源，二者相辅相成、不可分割。它不仅要求企业对现有包装的不乱丢弃，而且要求企业对现有不符合环保要求的包装进行回收和处理，更要求企业按照绿色环保标准采用新包装和新技术。

② 绿色运输管理。绿色运输是指企业以节约能源使用，减少环境污染为目标开展的运输活动。实施绿色运输管理的途径主要包括：合理选择运输方式和运输工具；合理安排运输路线，避免迂回运输和重复运输；建立高效的物流运输网络；选择绿色货运组织形式；等等。

③ 绿色储存管理。储存是物流的中心环节之一，在物流系统中起着缓冲、调节和平衡的作用。仓库是储存的主要设施，仓库布局过于密集，会增加运输的次数；仓库布局过于松散，则会降低运输的效率。绿色仓储要求仓库布局合理，以节约运输成本。实现绿色储存，企业还应注意运用现代储存技术，如运用气幕隔潮、气调储存和塑料薄膜封闭等技术。

④ 绿色流通加工管理。流通加工是在流通过程中继续对产品进行生产性加工，包括包装、分割、计量、分拣、组装、价格贴付、标签贴付、商品检验等简单作业。实施绿色流通加工的途径主要有两个：一是变用户分散加工为专业集中加工，以规模作业方式提高资源利用效率；二是集中处理用户加工中产生的边角废料，以减少用户分散加工所造成的废弃物污染。

本章实训

1．实训目的

通过实训，加深对企业物流管理的认识。

2．实训内容及步骤

（1）将全班同学划分为若干任务团队，各任务团队推选一名负责人。

（2）教师讲解实训目标和要求，并为各任务团队提供实训企业的背景资料，包括企业的产品、市场规模、供应链结构等。

（3）各任务团队分析实训企业的物流需求，包括原材料采购、库存管理、产品配送等方面的需求。

（4）各任务团队在研究的基础上拟定企业物流管理方案，包括采购与库存管理、配送与运输管理、物流成本控制与优化等内容。

（5）各任务团队撰写实训总结，详细记录实训过程、成果及心得体会。

3．实训成果

实训作业——《某企业物流管理方案》。

本章习题

一、单选题

1．按照供应链的运作范围划分，供应链可分为（　　　）。

　　A．企业内部供应链和企业外部供应链　　B．稳定供应链和动态供应链

　　C．平衡的供应链和倾斜的供应链　　　　D．效率性供应链和响应性供应链

2．供应链管理是以提高企业个体和供应链整体的（　　　）为目标。

　　A．近期绩效　　　B．远期绩效　　　C．长期绩效　　　D．短期绩效

3．供应链是由供应商、制造商、分销商及客户等组成的（　　　）。

　　A．网状结构　　　B．环状结构　　　C．线性结构　　　D．以上均不正确

4．在供应链管理中，（　　　）的运用会使整条供应链的运作更能适应快速变化的市场需求。

　　A．敏捷化供应链管理　　　　　　　　B．绿色供应链管理

　　C．柔性供应链管理　　　　　　　　　D．全球化供应链管理

5．（　　　）是指由发货方与收货方以外的物流企业提供物流服务的业务模式。

　　A．第一方物流模式　　　　　　　　　B．第二方物流模式

　　C．第三方物流模式　　　　　　　　　D．第四方物流模式

二、多选题

1．以下属于供应链的特征的有（　　　）。

　　A．复杂性　　　B．动态性　　　C．确定性

　　D．不确定性　　E．增值性

2. 按照供应链的运作范围划分，供应链可分为（　　）。
   A. 平衡的供应链　　　　　　　　　B. 倾斜的供应链
   C. 企业内部供应链　　　　　　　　D. 企业外部供应链
   E. 动态供应链

3. 现代物流业与传统的物流业相比，通常具有的特征有（　　）。
   A. 物流反应快速化　　　　　　　　B. 物流功能集成化
   C. 物流技术现代化　　　　　　　　D. 物流活动国际化
   E. 成本高

4. 下列活动中属于企业物流的有（　　）。
   A. 物流供应物流　　B. 物流生产物流　　C. 物流销售物流
   D. 物流退货物流　　E. 废弃物物流

5. 企业物流管理的主要内容包括（　　）。
   A. 物流作业管理　　B. 物流成本管理　　C. 物流服务管理
   D. 物流质量管理　　E. 物流信息管理

三、名词解释

1. 供应链　　2. 供应链管理　　3. 绿色物流　　4. 企业物流管理　　5. 第三方物流

四、简答题

1. 供应链管理的主要内容有哪些？
2. 建立供应链合作伙伴关系需要注意哪些问题？
3. 现代企业物流管理的目标是什么？
4. 试论述企业自营物流的优势和劣势。
5. 试论述绿色物流的实施过程。

案例讨论

小米集团强势赋能供应链

2021年12月28日，小米集团在北京小米科技园发布年度高端旗舰系列产品小米12、小米12Pro以及准旗舰小米12X。在备受瞩目、历经三代打磨的小米12高端系列产品的带动下，小米集团顺理成章地登上了行业热搜榜首。而在新品发布会前后，小米集团在创新与供应链层面所取得的突破同样获得了空前关注。

在小米集团发布的小米12系列旗舰新品中，其核心器件国产化水平超越以往产品，国产供应链合作伙伴数量接近60家。其中，小米12的屏幕由华星光电定制研发。这款屏幕不仅通过了国际评测机构DisplayMate A+最高等级认证，更一举创造了15项屏幕新纪录，成为全球第二家、国内首家通过该认证的屏幕厂商。在某种程度上，这意味着手机高端屏幕市场不再是三星一家独大。

事实上，这已经不是小米集团首次采用华星光电的屏幕了。在小米集团十周年发布的被誉为小米梦幻之作的小米10至尊纪念版的屏幕，就是由华星光电生产的。据悉，为了实现对国产显示技术的攻关和突破，小米集团与华星光电还专门成立了联合实验室。

　　在智能制造领域，小米集团则通过与蓝思科技成立联合研发中心的方式，将亦庄智能工厂的新材料、新工艺、先进制造技术等输出给对方，以助力其打造全球领先的消费电子智能工厂。

　　从与华星光电和蓝思科技的合作中不难看出小米集团对行业核心高端供应链企业赋能的侧重。随着小米集团逐步成为中国智造企业高质量崛起的代表，其以十余年时间摸索出一条中国高端品牌的突破路径也值得推崇和借鉴。具体而言，就是始终坚持技术为本，以实打实的硬投入死磕技术创新，同时进行横向能力输出，反哺国产供应链的成长。

　　截至 2022 年 3 月 31 日，小米集团共投资超过 400 家公司，总账面价值人民币591 亿元。小米集团设立专门的产业投资团队，通过产业基金投资了约 100 家创新科技企业，针对通信技术、模拟半导体、触控显示、传感器、综合电子、电池、工业自动化、精密制造及材料等上游产业链投资，为其创新研发提供资金、人才、供应链资源，以及商品化、市场化辅导等系统支持。与此同时，小米集团也在自身的手机和 AIoT 的产品矩阵中不断提升产品的国产化率。与此同时，小米集团走出了产业投资布局的赋能新模式，以产业投资的方式支持创新技术的导入，赋能先进制造业，实现产业协同发展与良性循环。

　　思考讨论题：

　　1. 小米集团为何要赋能供应链？具体的措施有哪些？

　　2. 小米集团的供应链管理给了我们哪些启示？

第6章

生产管理与质量管理

本章导学

　　生产活动是人类最基本的活动。开展生产活动，就必须有生产管理。人类最早的管理实践就是对生产活动的管理，而科学管理也始于生产管理。近现代服务业的兴起，使得生产活动的范围扩大到服务领域，生产管理的概念和范畴也随之扩展。本章对企业生产管理和质量管理进行系统、全面的介绍。

知识结构图

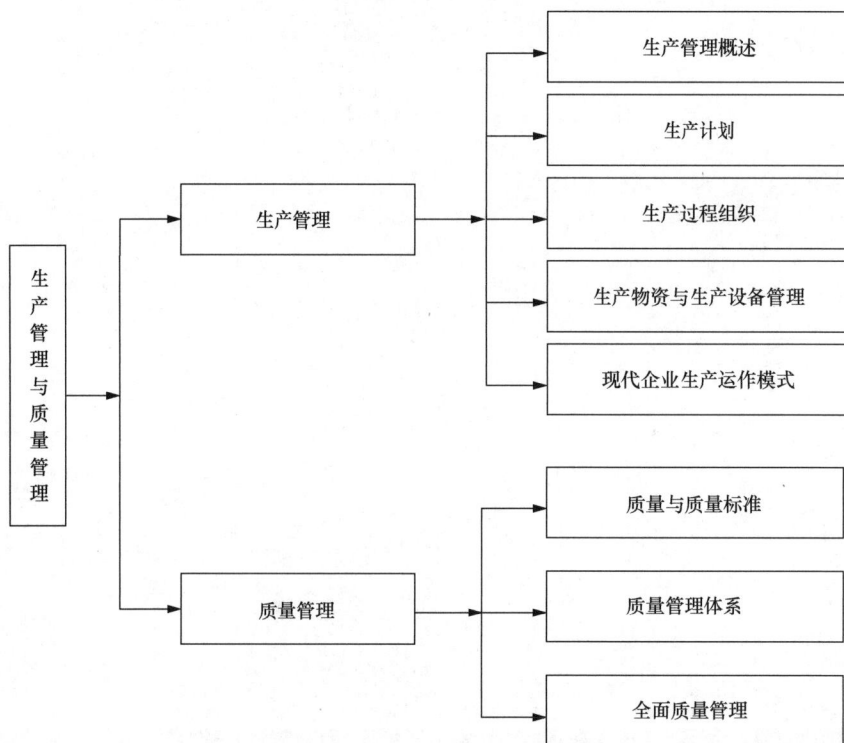

开篇引例　海螺集团的生产智能制造模式

2022 年《财富》世界 500 强企业安徽海螺集团有限责任公司（简称海螺集团）围绕水泥生产核心业务，利用自身在长期生产经营过程中积累的生产制造、设备运营与维护，以及经营管理知识，基于移动通信网络、数据传感监测、信息交互集成及自适应控制等关键技术，创新应用了数字化矿山管理系统、专家自动操作系统和智能质量控制系统等涵盖水泥生产全过程的智能化控制及管理系统，实现了工厂运行自动化、管理可视化、故障预控化、全要素协同化和决策智慧化，形成了"以智能生产为核心""以运行维护做保障""以智慧管理促经营"的水泥生产智能制造模式。

集团以企业实际需求为导向，针对原料来源多，质量波动大，质量检测及时性和准确性不足，生产操作依赖人工经验，产品发运环节劳动强度大等痛点，深入分析行业生产管理现状，通过聚焦生产管控、设备管理、安全环保和营销物流等核心业务，建成了行业首个水泥生产全流程智能工厂示范项目，并快速推广应用，初步形成了水泥智能工厂集群。

海螺集团生产智能制造模式的成功，为我国传统产业的转型升级和高质量发展起到了良好的示范引领作用。

问题：海螺集团生产智能制造模式为何能取得成功？结合本案例，请谈谈技术进步对企业生产管理的影响。

6.1　生产管理

6.1.1　生产管理概述

1. 生产管理的含义

企业的生产活动是将一定的资源输入，经过价值转化，把输入的资源转化为产品或服务的过程。生产管理是指为保证满足客户需求及实现企业价值，对资源投入转化为产品或服务的过程的管理，具体内容包括对企业全部生产系统进行计划、组织、控制等。

为适应市场需求，企业生产管理应该合理地利用资源，如资金、技术、人力、材料及设备等，在适当的时候，以适合的品种、适合的价格，向客户提供适当质量的产品或服务，不断满足客户需求，降低生产成本，提高客户满意度，提高企业竞争力，提高经济效益与社会效益。简单概括为一句话，生产管理的目标即为"四适"（在适当的时候，以适合的品种，适合的价格，向客户提供适当质量的产品或服务），"三提高"（提高顾客和社会满意度，提高企业竞争力，提高经济效益和社会效益）。

2. 生产管理的内容

按照管理的职能划分，生产管理主要包括战略、计划、组织和控制四个方面（见图 6-1）。

（1）战略。根据企业的总体战略目标对生产与运作管理系统进行全局性和长远性的规划，确定生产与运作管理所应遵循的计划、内容和程序，形成企业的生产与运作管理模式。

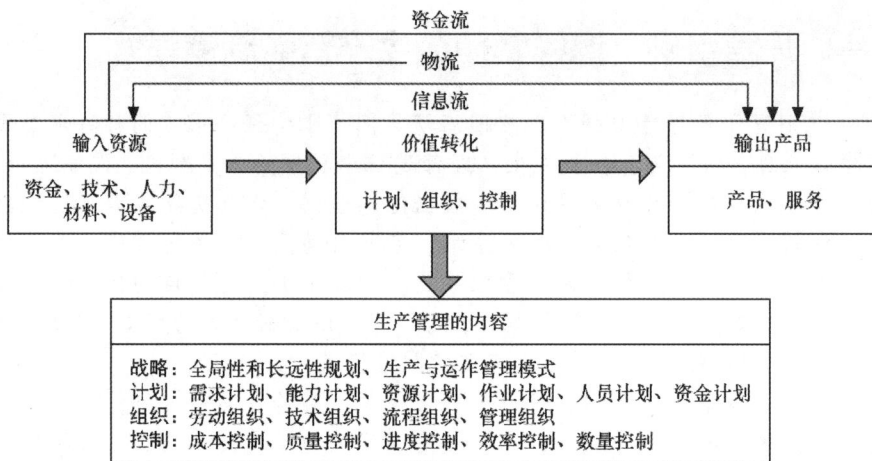

图 6-1　企业生产活动与生产管理的关系

（2）计划。这主要包括根据市场预测和企业经营计划来制订需求计划、能力计划、资源计划、作业计划、人员计划和资金计划等，为企业生产做出计划，明确生产目标。

（3）组织。这主要包括生产的劳动组织、技术组织、流程组织与管理组织，为企业组织生产搭架子。例如，生产工艺路线和工艺方法的制定，选址，工厂的布置等工作。

（4）控制。这是指围绕完成计划所进行的管理工作，即落实计划，主要包括对成本、质量、进度、效率和数量等方面的控制。

3．生产管理的基本原则

为了做好生产管理工作，完成生产管理的基本任务，达到"四适""三提高"的管理目标，企业在生产管理中应遵循以市场竞争为导向，坚持科学管理，坚持安全生产，讲求经济效益，追求社会效益这五大原则。

4．企业生产系统

企业生产系统是指企业将输入的生产要素（人、财、物、时间、信息等）转换成特定的输出产品（产品或服务）的过程，如图 6-2 所示。虽然企业生产活动的基本任务都是将输入的资源转化为产品或服务的输出，但生产类型的特点不同，会直接影响企业生产过程的组织及生产系统的设计。

延伸学习

生产管理应遵循的五大原则

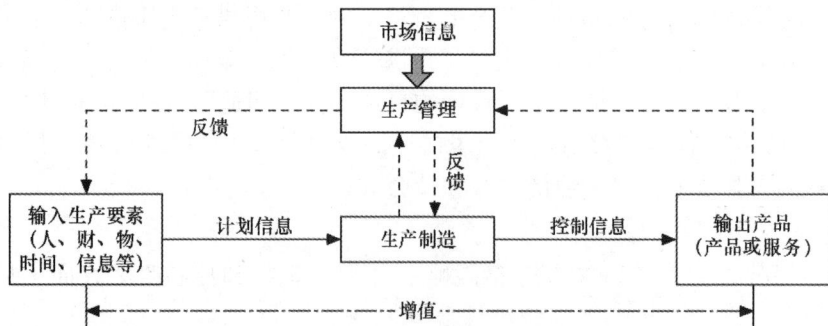

图 6-2　企业生产系统

微课堂

生产系统的类型

比较常见的划分生产系统的方法有：按照工艺特征划分，按照生产的稳定性和重复性划分，以及按照产品需求特征划分等。

（1）按照工艺特征划分。按照产品的工艺特征划分，可以把生产系统划分为连续生产和间断生产。

① 连续生产。连续生产的特点是长时间连续不断地按照产品加工的工艺路线组织生产一种或几种产品，工序之间没有在制品储存，所使用的生产设备等也都是固定的、标准化的。这种方式一般适用于生产批量大、产品种类少的产品。例如，化工产品、石油产品、纺织产品、钢铁产品等的生产都属于这一类型。

② 间断生产。间断生产的特点是由于一些产品需要由多种零部件加工装配而成，而这些零部件的加工过程是彼此独立的，整个产品所需要的零部件要间断性地投入，各工序之间需要有一定的在制品储备，将所有的零部件装配完全后才组装成产品。例如，电子产品、机械产品、玩具产品等的生产都属于这一类型。

（2）按照生产的稳定性和重复性划分。按稳定性和重复性划分，可将生产系统划分为单件小批式生产、批量式生产和大量生产。

① 单件小批式生产。单件小批式生产的特点是生产的产品种类多、数量少，甚至只生产单件产品，生产专业化程度较低。单件生产的产品基本上是为满足一次性需求或为个性化需求以及一些特殊用途而定制的专用产品，一般不重复生产，有时虽然会重复生产，但是没有固定的生产重复期，如特种机床、专用模具、大型船舶、发电设备和某些重型机械等产品的生产，都是单件小批式生产。

② 批量式生产。批量式生产的特点是生产的产品种类较多，各种产品的数量不等，生产具有重复性，介于大量生产与单件小批式生产之间。

③ 大量生产。大量生产的特点是生产的产品品种单一，产量较大，生产的重复程度和专业化程度高。一般来说，市场需求量大、通用性强、用途广泛的产品较为适合采用大量生产方式，如福特公司在最开始引入生产线进行生产时，只生产单一品种的汽车，并且对汽车的各种部件都采用标准化方式进行生产，这些标准件的生产就是典型的大量生产。

（3）按照产品需求特征划分。根据产品需求特征的不同，可以将生产系统划分为订货式生产和存货式生产。

① 订货式生产。订货式生产是指完全根据用户提出的订货要求进行生产，即没有订单就不组织生产，企业基本上没有成品库存，生产过程如图 6-3 所示。其生产管理的重点是交货期，按"期"维持生产过程各环节的衔接平衡，保证产品如期完成。

订货 —— 生产准备过程 ▶ 生产制造过程 ▶ 交货 ▶ 用户

图 6-3　订货式生产

② 存货式生产。存货式生产是指企业以一定的订单和科学的市场预测为基础，有计划地、连续均衡地进行生产。这种方式的生产过程伴随着库存的出现，所以管理的重点是抓好供、产、销之间的衔接问题，防止库存积压和脱销，要按"量"维持生产过程中各环节之间的平衡，以保证生产计划的顺利完成。

6.1.2　生产计划

1. 生产计划的含义

生产计划是指企业依据公司战略、市场需求调查和预测等制定的，企业在一定时期内应当生产的产品种类、数量、质量和出货期等的指标。企业的生产计划一般分为长期生产计划、中期生产计划和短期作业计划，如图 6-4 所示。

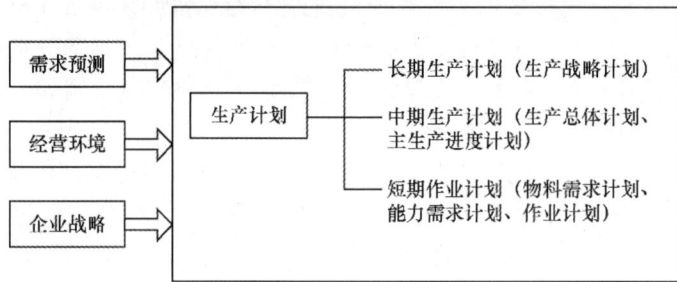

图 6-4　企业生产计划系统

2. 生产计划指标

生产计划指标是企业在制订生产计划时所考虑的一系列关键指标（参数）。这些指标有助于企业全面评估生产状况，确保生产活动的顺利进行并实现既定的生产目标。企业生产计划指标主要有产品品种指标、产品产量指标、产品质量指标、产品产值指标和产品出产期指标。

（1）产品品种指标

产品品种指标是指企业在计划期内应该生产的产品的品种、规格、型号及其种类。产品品种反映企业适应市场需求的能力，企业生产的产品品种越多，往往就越能满足不同客户的需求。产品品种还反映了企业开发新产品的能力和管理水平。

（2）产品产量指标

产品产量指标是指企业在计划期内生产的符合产品或服务质量要求的产品实物数量及劳务数量。产品产量指标反映的是企业生产的能力和规模。

（3）产品质量指标

产品质量指标是指企业在计划期内生产的产品应达到的质量标准。产品质量是衡量一家企业市场竞争实力的重要标志。产品质量包括内在质量和外在质量。产品内在质量是指产品的性能、使用寿命、工作精度、安全性、可靠性和可维修性等；产品外在质量涉及产品的颜色、式样、包装等。在我国，产品的质量标准被分为四个层次，分别是国家标准、部颁标准、行业标准和企业标准。

（4）产品产值指标

产品产值指标是用货币形式来表示产品数量的指标。产品产值指标能够综合反映企业生产经营活动的成果，通常用于评价企业生产运作的水平。企业的产品产值有商品产值、总产值和净产值三种形式。

（5）产品出产期指标

产品出产期指标是指企业为满足客户需求而确定的按期交货的出产期限。产品出产期指标反映的是企业在生产方面对市场需求的快速反应能力。

3. 生产计划编制

（1）生产计划的编制程序

生产计划的编制分为四个阶段，按先后次序分别为做好制订生产计划的准备工作，确定生产计划指标，安排产品的生产进度和检查生产计划，如图 6-5 所示。

```
┌──────────┐   ┌──────────┐   ┌──────────┐   ┌──────────┐
│做好制订生产│   │确定生产计划│   │安排产品的  │   │检查      │
│计划的准备工作│→ │指标      │→ │生产进度   │→ │生产计划  │
└──────────┘   └──────────┘   └──────────┘   └──────────┘
```

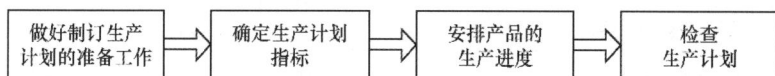

图 6-5　生产计划的编制程序

① 做好制订生产计划的准备工作。这是指企业对计划期内的市场需求进行预测以及对企业自身的生产能力进行核定，为生产计划的确定提供依据。

② 确定生产计划指标。这是指企业根据市场需求情况和企业生产能力，在综合平衡的基础上，确定和优化企业生产计划指标。

③ 安排产品的生产进度。在编制完成生产计划，并确定了全年总的产量任务后，企业还需要进一步将全年的生产任务细分到各个季度和各个月份，完成对产品的生产进度安排。安排产品生产进度的总原则为：确保准时交货，实现均衡高效生产，协调内外资源，灵活应对变化，并优先满足重要客户需求。

④ 检查生产计划。生产计划还必须包括如何保证生产目标及生产进度的实现这部分内容。在生产计划的编制过程中，企业必须有保证生产计划实现的方法、途径、措施等，如劳动组织措施、跟踪检查计划执行等。

（2）编制生产计划需注意的问题

企业编制生产计划要以经营目标为中心，遵循以销定产的基本原则，对企业在计划年度内生产的品种、质量、产量、产值和产品出产期等指标进行合理安排。企业编制生产计划受到企业的销售能力以及产品市场占有率，新产品开发速度，以及各项生产技术准备工作的进度，本企业的生产能力和外部的生产协作条件，劳动力资源，物资供应等因素的影响。生产计划又是编制物资供应计划、辅助生产计划、成本计划、财务计划等的重要依据。生产计划的实施，还需要企业技术改造计划、设备更新改造计划和技术组织措施计划的支持。所以，企业在编制生产计划时，需要协调、平衡企业经营计划的其他各项计划，一般先进行试编，再反复修改、协调，最后达到综合平衡。

4. 生产作业计划

生产作业计划是对企业生产计划的具体执行计划。企业编制生产作业计划，需要从时间、空间和计划单位上对生产任务进行分解细化。生产作业计划的编制方法如下。

（1）编制企业各个层次的作业计划。这包括对产品进度计划、零件进度计划和车间日程计划的编制。企业将企业全年分季的产品生产计划进一步分解为厂级和车间级的产品与零部件月度生产计划，将零部件生产作业计划作为执行性计划，并对车间日程计划做出安排，将生产任务具体落实到车间、工段和班组甚至到每台机床和每个操作者。

（2）编制生产准备计划。这个计划包括原材料和外协件供应、设备维修、工具准备、技术文件准备、劳动力调配等内容。

（3）计算负荷率，进行生产任务和生产能力之间的细致平衡。

（4）日常生产的派工、生产调度、执行情况的统计分析与考核。对每个工作地与工人的生产任务和进度进行合理安排，并对关键工作和拖期工作进行跟踪检查与督促，根据变化及时对工作进度进行调整。

（5）制定或修改计量标准。这些标准是指编制生产作业计划所依据的一些定额和标准资料。

6.1.3　生产过程组织

1．生产过程组织的含义

生产过程组织是指企业为提高生产效率，缩短生产周期，对生产过程的劳动者、劳动工具、劳动对象，以及生产过程的各个环节、阶段和工序从时间和空间上进行合理安排，使之能够相互衔接、紧密配合，形成一个协调的产品生产系统。生产过程组织包括空间组织和时间组织两项基本内容。

生产过程组织的基本任务是保证产品在生产过程中的流程最短、时间最少，占用和耗费最小、效率最高，并能够取得最大的生产成果和经济效益。企业对生产过程的组织，实质是对生产过程中的空间组织与时间组织进行结合。企业必须依据其生产目的和企业具有的条件，对生产过程的空间组织与时间组织进行有机结合，按照适合企业自身特点的生产组织形式组织生产过程。

2．生产过程组织的基本要求

（1）连续性。它要求企业产品生产过程的各个工艺阶段、各个环节、各个工序之间应相互衔接，连续进行，不发生或很少发生中断现象。

（2）比例性，又称协调性。它要求企业产品生产过程的各基本生产与辅助生产之间，各工艺阶段、各生产阶段和各工作地之间，在设备生产能力、劳动力配备和物料、动力、工具等供应方面保持一定的比例关系，从而能够使生产平衡协调地按比例进行。

（3）均衡性，又称节奏性。它要求企业产品生产过程的各个环节，从原材料的投入开始到最后成品完成为止，每个工作地的负荷保持均匀，避免时紧时松、前松后紧等现象，保证生产能够有节奏地均衡进行。

（4）平行性。它要求企业产品生产过程的各个组成部分、各个工艺阶段和各个工序在时间上实行平行作业，使产品的各个零部件的生产能在不同的空间同时进行，以大大缩短产品的生产周期。平行性是生产过程连续性的前提。

（5）适应性。它要求企业产品生产过程的组织设计能较好地适应市场的变化，能根据市场需求多变的特点灵活地改变生产组织形式，增强企业的适应能力。

3．生产过程的空间组织

生产过程的空间组织是指企业运用各类方法对企业的设施选址、设施布置等进行分析，以选择最合适的生产地址，并对企业内部的各类设施进行优化布置。

（1）设施选址

设施选址是企业生产运作系统的第一步，任务是确定在何处建厂或建立生产设施。对生产型企业来说，设施选址是确定生产的地点；对服务型企业来说，设施选址是确定在何处服务。两者在选址时所考虑的因素有所不同。企业在选址时须综合考虑各种影响因素，以实现成本最小化及收益最大化。同时企业在设施选址时还要遵循费用原则、聚集人才原则、接近用户原则、长远发展原则等。

延伸学习

影响设施选址的
主要因素

设施选址的方法主要有负荷距离法、因素评分法、盈亏平衡分析法、线性规划法和重心法。

① 负荷距离法。负荷距离法是指在若干个候选方案中，选择一个可以使总负荷（货物、人或其他）移动的距离最小的方案作为目标方案的方法。当与市场的接近程度等因

素对方案的选择起至关重要作用时，应用负荷距离法所选择的方案将最有吸引力。同时，负荷距离法也可以应用在设施布置中。

②　因素评分法。因素评分法是使用得较广泛的一种选址方法。它应用简单易懂的模式将各影响因素综合起来进行分析，从而选出最佳方案。因素评分法的具体步骤如下：

第一步，选定一组相关的选址决策因素；

第二步，根据各因素在选择决策中的重要程度，对其赋予一定的权重。每一因素的分值根据权重来确定；

第三步，按照统一规定的评价尺度，确定各因素的评价标准，一般打分的取值范围为 1～10，或 1～100；

第四步，邀请有关领导与专家对各备选地址的所有因素进行打分；

第五步，计算各因素的加权值，即用各因素的得分乘相应的权重，然后将所有因素的加权值相加，得到各备选地址的最终得分；

第六步，选择最终得分最高的候选地址为最优方案。

③　盈亏平衡分析法。盈亏平衡分析法又称量本利分析法，基本原理是：当产量增加时，销售收入成正比增加，但固定成本不增加，只是变动成本随产量的增加而增加。由于存在着规模效应，随着产量的增加，单位产品分摊的固定成本减少，总成本将小于或等于销售收入，当销售收入等于总成本时，即达到了盈亏平衡点。

盈亏平衡点的计算公式为：

$$P \times Q = V \times Q + F$$
$$Q = F/（P-V）$$

式中：F 为固定成本，V 为单位变动成本，P 为单位产品售价。

盈亏平衡分析法也可以用来评价不同的选址方案。采用这种分析法基于以下假设：可供选择的各个方案均能满足厂址选择的基本要求，但是各个方案的投资额不同，并且投产以后原材料、燃料和动力等变动成本也不同。生产经营过程中总成本由固定成本和变动成本构成。固定成本是指不随产量的变化而变化的成本，如企业管理费、办公费、机器设备和厂房投资等。变动成本是指随着产量的变化而变化的成本，如原材料费、单位服务费或加工费等。在选择选址方案时，除了考虑盈亏平衡点外，还应综合考虑超过盈亏平衡点后的盈利情况和盈利潜力，选择那些能够在较低产量下达到盈亏平衡点，并且在产量增加时能够更快地实现盈利或具有更大盈利空间的方案为最佳方案。

④　线性规划法。线性规划法是指在各种相互关联的多变量约束条件下，解决或规划一个对象的线性目标函数最优的问题，是解决多变量最优决策的方法。通常一些大型企业拥有多个生产厂、多个仓储地点和销售地点，其选址问题就属于多点布局问题，此时可以采用线性规划法来解决。

实施线性规划法的一般步骤是：先确定影响目标大小的变量；然后列出目标函数方程；最后找出实现目标的约束条件，列出约束条件方程组，并从中找出一组能使目标函数达到最优的可行解。

⑤　重心法。重心法是一种布置单个设施时常用的方法。重心法通常既要考虑现有设施之间的距离，还要考虑要运输的货物量。这种方法多用于中间仓库或分销仓库的选择。它假设在运输过程中，运入和运出成本相等，也不考虑在非满载情况下增加的特殊运输

费用。应用这种方法，首先，在坐标系中标出各个地点的对应位置，以便于确定各点之间的相对距离。坐标系的建立没有具体的规定，具有一定的随意性。一般在选址中，采用经度和纬度来建立坐标。其次，根据各点在坐标系中的横纵坐标值，求出运输成本最低的位置坐标 x 和 y，重心法的公式如下：

$$C_x = \frac{\sum D_{ix}V_i}{\sum V_i}$$

$$C_y = \frac{\sum D_{iy}V_i}{\sum V_i}$$

式中：C_x 为重心的 x 坐标；C_y 为重心的 y 坐标；D_{ix} 扫为第 i 个地点的 x 坐标；D_{iy} 为第 i 个地点的 y 坐标；V_i 为运到第 i 个地点或从第 i 个地点运出的货物量。最后，所求出的重心点坐标值对应的地点即为最佳设施布置的地点。

（2）设施布置

设施布置是指企业在一个给定的设施范围（如工厂、车间、餐厅）内，对多个经济活动单元进行位置安排，以确保企业工作流及物流流畅通顺。设施布置的目的是对企业内的各种物质设施进行合理安排，使之组合成一定的空间形式，从而有效地为企业的生产运作服务，以使企业获得更好的经济效益。设施布置主要有以下四种类型。

① 工艺导向布置。

工艺导向布置也称作功能布置，是指企业按照工艺特征建立生产单位，将完成相同工艺的设备和工人放到一个厂房或一个区域内的生产布局方式。这样的方式可构成诸如铸造厂、锻造厂、热处理厂、铸造车间、锻造车间、机械加工车间、热处理车间、车工工段、铣刨工段等生产单位。在这种布置下，被加工的零部件会依据预先设定的流程路线，从一个生产单位（如铸造车间）有序地转移到另一个生产单位（如机械加工车间），确保每项操作都能由最适合该工序的工人、机器和设备来完成。

企业在进行工艺导向布置时，通过合理安排部门或工作中心的位置，减少材料的处理成本。也就是说，零件和人员流动较多的部门应该相邻，以缩短流通距离。企业应用工艺导向布置时，材料处理成本取决于两个主要因素：一是两个部门在某一时间范围内人员或物品的流动量；二是与各部门间距离相关的成本。一般情况下，成本可以以构建部门之间距离的函数形式来表达。这个函数公式如下：

$$最小成本 = \sum_{i=1}^{n}\sum_{j=1}^{n} X_{ij}C_{ij}$$

式中：n 为工作中心或部门的总数量；i、j 表示各个部门；X_{ij} 表示从部门 i 到部门 j 的物品流动数量；C_{ij} 表示单位物品在 i、j 两个部门之间流动的成本。

工艺导向布置要求尽量减少与距离相关的成本。C_{ij} 则综合考虑了距离以及其他成本。由此可以假定：移动难度相等，装卸成本恒定。通常，这些因素（移动难度、装卸成本及其他相关成本）并非总是保持恒定，为了便于分析和讨论，可将这些成本、难度和装卸费用等统一视为一个可变的参数或变量。

工艺导向布置更加适合于在小批量、客户化程度高的生产与服务中应用，设备和人员安排具有灵活性是其优点。同时其缺点也很明显，对劳动力的技术熟练程度以及创新能力要求较高，并且在制品较多。

②　产品导向布置。

产品导向布置也称装配线布局，是指企业按照产品建立生产单位，将加工某种产品所需的工人和设备放到一个厂房或一个区域内的生产布局方式。

产品导向布置适宜于生产大批量、相似程度高和少变化的产品的情况。生产线和装配线是产品导向布置的两种基本类型。

产品导向布置的中心问题是如何平衡生产线上每一个节点的产出，使其趋于相等。管理者的基本工作目标就是保持生产线平滑且连续的生产状态，并减少每个节点的空闲时间，提升人员和设备的利用率，保持员工的工作量基本相等。

工作流程路线的不同是工艺导向布置和产品导向布置的主要区别。在工艺导向布置中，生产周期内的既定任务需要多次被送回同一车间进行加工，使得物流活动更频繁，物流路线高度变化。而在产品导向布置中，所有的设备或车间都服务于专门的产品线，能够实现物料的直线运动，避免物料迂回，减少运输次数，缩短物流路线。

产品导向布置较为适合大批量的、高标准化的产品的生产。其具有以下优点：协作关系简单，简化了生产管理；可使用专用设备和工艺设备；在制品少，生产周期短，物料处理成本低，对劳动力标准要求低。其缺点是：投资巨大，对品种变化适应性差，不具产品弹性，生产系统的可靠性较差，工艺及设备管理较复杂。

③　混合布置。

混合布置是指将上述两种布置方式相结合，在同一生产单位内既应用工艺导向布置，又应用产品导向布置的生产布局方式。在现实中，混合布置是比较常见的布置方式。比如有的企业，其产品虽然生产数量达到了一定的批量，但由于产品种类的多样性或生产流程的特殊性，仍然无法形成固定、单一的生产线进行连续生产。然而，这些产品之间在系统层面上又存在一定的加工类似性，比如某些加工步骤或使用的设备相似。这种加工类似性的存在，使得原本在单件生产条件下显得完全"无序"的设施布置，可以在一定程度上通过合理规划和组织，变得相对"有序"起来，因此，在这种情况下，企业可以采取工艺导向布置和产品导向布置两种方式相结合的布置方式。混合布置的形式多样，比如柔性生产系统、成组生产单元都可以看作是采用了混合布置。

④　固定位置布置。

固定位置布置是指由于产品体积或重量过大而不便于移动，固定在某一位置，将生产设备移到要加工的产品处，进行产品加工的生产布局方式。比如造船厂、建筑工地等通常采用固定位置布置。

在固定位置布置中，生产项目固定在一个地点，工作人员和设备移动到这个地点工作。但由于生产过程中的不同阶段所需的材料也会有所不同，随着项目的进行，如何安排不同的材料变得非常的关键；另外，材料所需的空间也是处于不断变化之中的。这两个原因使得固定位置的布局技术发展较为缓慢。

课堂讨论

在选择布置类型时，除了考虑生产组织方式及产品加工特性外，还应该考虑哪些因素？

4．生产过程的时间组织

生产过程的时间组织是指使劳动对象在生产过程中的各生产单位之间和各工序之间，在时间上的衔接和相互配合。企业生产过程的时间组织同生产进度的安排、生产作业计划、生产调度等密切关联。劳动对象在生产过程中的移动方式反映了生产过程各环节在时间上的衔接程度。劳动对象的移动方式与企业生产中一次投入生产的劳动对象的数量有关。

以零件加工为例，当一次生产只生产一个零件时，零件在各道工序之间只能顺序移动；如果一次生产两个或两个以上零件时，零件在各道工序间的移动方式就会有三种：顺序移动方式、平行移动方式、平行顺序移动方式。使用不同的移动方式，零件的加工周期也会不同。下面分别对以上三种移动方式进行简要介绍。

（1）顺序移动方式：一批零件在前道工序全部加工完成后，再整批地转到后道工序继续加工。这种方式组织简单，设备在加工期间不停歇，可以充分负荷。但每个零件在各道工序上都有等待加工和等待运输的中断时间，导致加工周期长。

（2）平行移动方式：每个零件在前道工序加工完毕后立即转移到下一工序进行加工。这种方式可以缩短生产周期，但需要更频繁地转移零件，组织工作相对复杂。

（3）平行顺序移动方式：这是平行移动方式和顺序移动方式的混合方式。当前道工序加工时间小于或等于后道工序加工时间时，按平行移动的方式移送；当前道工序加工时间大于后道工序时间时，后道工序开始加工的时间会相应后移。这种方式结合了前两种方式的优点，既保证了生产过程的连续性，又缩短了生产周期。

顺序移动方式、平行移动方式、平行顺序移动方式这三种移动方式的特点和适用条件如表6-1所示。

表6-1 三种移动方式的特点和适用条件

特点和适用条件		顺序移动方式	平行移动方式	平行顺序移动方式
特点	生产周期	长	短	中
	运输次数	少	多	中
	设备利用	好	差	好
	组织管理	简单	中	复杂
适用条件	零件尺寸	小	大	大
	单件加工时间	短	长	长
	批量	小	大	大
	设施布置时间	工艺专业化	对象专业化	对象专业化

6.1.4 生产物资与生产设备管理

1．生产物资管理

（1）生产物资管理的概念

生产物资管理是指企业对生产过程中所需各种物资进行有计划的采购、储备、供应、保管、使用等一系列管理工作的总称。物资管理工作的好坏关系企业的生存和发展，加强物资管理，可以有效降低企业的生产经营成本，加快资金的周转速度，提高企业的经济效益和市场竞争力。企业物资管理的基本任务包括五个，如表6-2所示。

表6-2　企业物资管理的基本任务

基本任务	任务描述
掌握供求情况	掌握企业内部生产经营活动对所需各种物资的品种、数量及时间等情况，以及所需各种物资的市场价格、渠道及供货条件等情况
及时采购	做好物资的供应计划，在保证产品质量的前提下尽可能地降低采购及运输费用；及时采购，满足企业生产经营活动的需求
及时供应物资	按时、按质、按量地供应企业所需要的各种物资，保证企业生产经营的顺利进行
加强仓库管理	加强仓库管理，科学合理地控制库存，减少对流动资金的占用
合理使用	做好物资的合理使用，提高物资利用率，降低物耗成本；采用新材料、新工艺和新装备，创新物资管理模式，降低企业物资管理成本

阅读资料

企业物资的分类

企业的物资是指用于企业生产，在生产过程中所消耗的生产资料，包括原材料、染料、辅助材料、工具和设备等。企业的生产过程通常也是各种物资的使用和消耗的过程。企业所需的物资种类繁多，具有不同的特点，为便于开展物资管理工作，有必要对其进行分类。

（1）按物资在生产中的作用分类

按物资在生产中所起作用的不同，物资可分为主要原材料、辅助材料、燃料、动力、配件和工具等。按物资在生产中所起的作用划分物资，有利于企业制订物资消耗定额，计算各种物资需要量，计算产品成本。

（2）按物资的自然属性分类

按物资的自然属性的不同，物资可分为金属材料、非金属材料和机电产品。按物资的自然属性划分物资，有利于企业编制物资供应目录，也便于物资的采购、存储、保管和运输。

（3）按物资的使用范围分类

按物资的使用范围的不同，物资可分为基本建设物资、生产产品使用物资、维修技改用物资、科学研究并开发新产品用物资和工艺装备物资等。

（2）生产物资管理的基本职能

生产物资管理不善容易造成停工待料、物料积压，直接影响企业的生产计划，打乱全局。因此，企业的生产物资管理应该遵循"适时、适质、适量、适价、适地"的原则，并履行以下基本职能，如表6-3所示。

表6-3　生产物资管理的基本职能

序号	生产物资管理的基本职能
1	准确地分析及制订生产所需要的物资计划
2	控制好所采购物资的品质、交期和数量
3	准确地控制物资的进出及存量，确保不断料和不积压

序号	生产物资管理的基本职能
4	管理好库存，保证物资数量准确，品质不变异，并且保证库存合理，减少对资金的积压
5	创造合理使用物资的条件，监督和促进生产过程中合理使用物资，降低物资消耗
6	节省采购、运输、仓储及其他物资管理费用的支出
7	遵守国家政策和法令，严格执行企业的物资管理制度

（3）生产物资管理的内容

生产物资管理包括生产物资需求计划制订、生产物资采购管理、生产物资消耗定额管理、生产物资储备定额管理、生产物资仓储管理等，下面分别介绍。

① 生产物资需求计划制订。生产物资需求计划是企业在计划期内为确保生产经营所需物资而制订的计划。它是企业进行物资采购和物资供应工作的依据，是企业生产经营正常进行的重要保证。生产物资需求计划的主要内容包括：确定各类物资需求量，计算计划期的期初库存量和期末物资储备量，进行综合平衡，确定计划期的物资采购量。

② 生产物资采购管理。生产物资采购是企业组织生产、经营的关键环节，没有生产物资采购，就没有企业的正常生产经营活动。生产物资采购是一项繁杂的工作，企业必须按照严谨、科学的采购程序进行采购，才能够保证企业生产经营活动的正常进行。生产物资采购程序包括确定采购需求、制订采购计划、选择供应商、签订合同、物资入库验收以及支付货款环节，如图 6-6 所示。

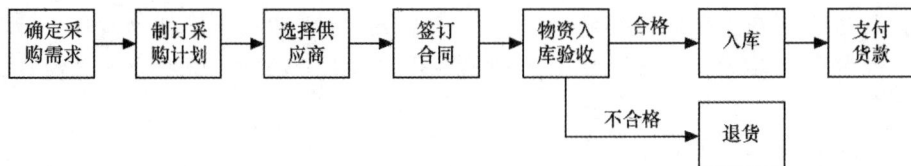

图 6-6　生产物资采购流程

在进行生产物资采购时，企业应遵循遵纪守法原则、以需定产购原则、择优选购原则和市场动态原则这四大原则，如表 6-4 所示。

表 6-4　生产物资采购的原则

采购原则	具体要求
遵纪守法原则	在进行物资采购时，采购人员应该遵守国家法律法规和企业的各项规章制度，不能徇私舞弊、贪污受贿
以需定产购原则	企业应根据生产需要，适量、保质地采购相关物资，即需要多少物资就采购多少物资，需要什么类型的物资就采购什么类型的物资
择优选购原则	企业应根据企业生产的经营范围、条件和特点，综合比较物资供应质量、价格、售后服务、供货商信誉等，采购"物美价廉"的物资
市场动态原则	企业在采购物资时，应当注意市场的经济动态，掌握企业所需物资在市场中的变化，选择采购的最佳时机

③ 生产物资消耗定额管理。生产物资消耗定额是指在一定的技术经济条件下，企业单位产品或单位工作量所必须消耗某种物资的数量标准。生产物资消耗定额的构成包括

主要原材料消耗以及辅助材料、燃料、工具等其他物资消耗。其中主要原材料消耗又可分为产品或零件净重的物资消耗、工艺性物资损耗和非工艺性物资损耗等类型，如表 6-5 所示。

表 6-5　生产物资主要原料消耗的类型

类型	描述
产品或零件净重的物资消耗	生产产品的物资有效消耗部分，由产品结构设计决定，如经检验合格的衣服上所用的布料等
工艺性物资损耗	在生产过程中不可避免的物资损耗，如机床加工的切屑损耗等
非工艺物资损耗	工艺性物资损耗以外的其他损耗，如产品不合格导致的损耗，运输保管中的丢失、损坏等导致的损耗

生产物资消耗定额管理需要做好两方面的工作：一是确定物资消耗定额的方法，二是确定降低物资消耗的途径。物资消耗定额的确定方法主要包括技术计算方法、统计分析方法以及经验估计方法，如表 6-6 所示。由于三种方法各有利弊，企业在实际工作中常根据实际情况联合使用多种方法。

表 6-6　物资消耗定额的确定方法

物资消耗定额确定方法	方法描述
技术计算方法	根据产品图纸、工艺文件要求，计算出物资消耗定额的方法
统计分析方法	通过对已有的同类产品实际物资消耗的资料进行分析，确定物资消耗定额的方法
经验估计方法	根据专业人员的经验和已有资料，估计物资消耗定额的方法

降低生产物资消耗定额可以通过改进产品设计，采用新工艺、新技术和新设备，加强材料管理，注重生产物资的回收利用，提升员工技能及意识，实施节能措施等来实现（见表 6-7）。

表 6-7　降低生产物资消耗定额的途径

降低途径	具体措施
改进产品设计	优化产品设计以减少材料使用量；通过设计创新，使用更少的材料达到相同或更好的效果
采用新工艺、新技术和新设备	引入先进的生产工艺和技术，提高材料利用率和生产效率；使用高效能的设备和工具，减少生产过程中的物资浪费
加强材料管理	实行严格的材料计划和管理制度，确保材料的合理利用；通过精准的材料预算和采购，避免材料的过剩或不足
注重生产物资的回收利用	建立废旧物资回收机制，实现资源的再利用；对生产过程中的边角料、废料等进行分类回收和处理，以便再利用
提升员工技能及意识	加强员工培训，提高员工的操作技能和生产效率；培养员工树立节约意识和环保意识，减少生产过程中的浪费
实施节能措施	引入节能技术和设备，降低能源消耗

④ 生产物资储备定额管理。生产物资储备定额管理是指企业对生产所需物资的合理储备量的规划与控制。其中，生产物资储备定额是指在一定的技术组织条件下，企业为完成一定的生产任务，保证生产正常进行所必需的、经济合理的物资储备标准数量。这

个标准数量取决于两个主要因素：物资周转期和周转量。生产物资储备定额的计算公式通常为：生产物资储备定额=平均每天物资需要量×物资合理储备天数。

生产物资储备管理的方法主要有经验估计法、统计分析法、技术分析法等，如表 6-8 所示。

表 6-8　生产物资储备管理的方法

管理方法类别	具体内容
经验估计法	通过管理人员的经验和判断来确定生产物资储备定额
统计分析法	通过对之前的物资消耗数据进行统计分析，计算出平均消耗量和消耗波动范围，确定生产物资储备定额
技术分析法	根据生产工艺、设备状况、产品结构和生产计划等，通过技术分析来确定生产物资储备定额
实时监控法	借助现代信息技术，实时监控生产物资库存水平和物资消耗情况，根据实际需求动态调整生产物资储备定额
联合库存管理法	与供应商建立紧密的合作关系，共同管理库存，根据双方的信息共享来优化生产物资储备定额
ABC 分类法	将物资按照重要性和价值进行分类，对不同类别的生产物资采用不同的储备管理方法

⑤ 生产物资仓储管理。生产物资仓储管理是指企业对仓库和仓库中储存的物资进行管理，以充分利用仓储资源并提供高效的仓储服务，确保企业生产活动的顺利进行。生产物资仓储管理要求企业保质、保量、及时、安全地供应生产所需要的各种物资，主要内容就是负责企业物资的验收、保管保养、出库、发放、回收等方面的工作，如图 6-7 所示。

延伸学习

现代企业的物质仓储管理方式

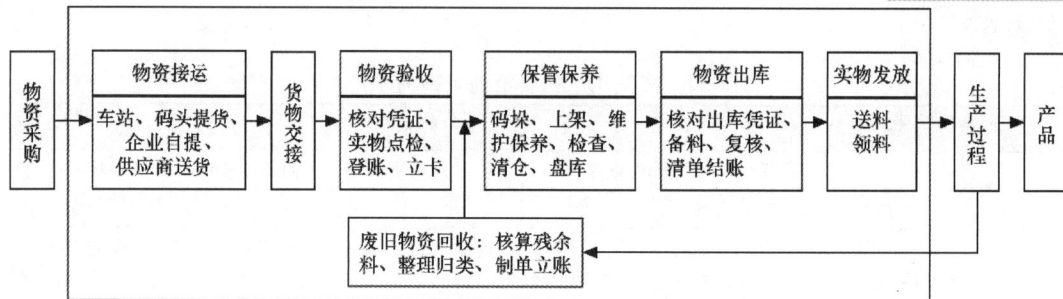

图 6-7　生产物资的仓储管理作业流程

（4）生产物资管理的要点

为确保生产物资管理的高效有序，第一，企业必须建立健全物资管理的制度和流程，明确各环节的规范操作。第二，企业还应准确预测物资需求，制订科学的采购计划和库存策略，以降低库存成本和资金压力。第三，优化供应商管理，与可信赖的供应商建立长期合作关系，保证物资质量和供应稳定性。第四，采用高效的仓储系统，结合信息化技术，实现物资的快速查找、清点和追溯。此外，企业还应加强人员培训，提升物资管理团队的专业素养，这也是确保物资管理效果的关键。最后，企业不能忽视风险管理和安全措施的实施，要严格遵守相关法规，确保物资的安全性和管理的可持续性。

2．生产设备管理

"工欲善其事，必先利其器"。生产设备是企业进行生产的重要劳动工具和物资技术保证，做好生产设备管理工作，对于保证企业正常运营，推动企业技术改革，提高企业产品质量、企业经济效益和企业的市场竞争力具有重要意义。

（1）生产设备管理的含义

生产设备管理是指企业对生产设备运行的全过程进行管理，涵盖生产设备的整个生命周期，主要包括生产设备的购置管理、组织安装与调试，生产设备的运行、维护和维修，生产设备的适时改造、更新和报废等。

（2）生产设备的分类

生产设备的种类繁多，型号规格各异。按照不同的划分标准，生产设备可以分为多种类型，如表6-9所示。

表6-9　设备的分类

分类依据	类别	类别描述
按照生产设备的用途分类	生产工艺设备	直接用于生产过程的各种设备，如炼油厂的反应罐、机械厂的机床等
	辅助生产设备	服务于生产过程的设备，如运输设备、动力设备等
	其他设备	上述设备中未包含的其他设备
按生产设备所起作用的程度分类	关键设备	在生产中用于关键工序的设备。这类设备一旦出现问题，企业生产和安全将会受到严重影响，甚至造成巨大的经济损失
	主要设备	在生产中具有主要作用的设备。这类设备对生产与安全的影响比关键设备稍小一些
	一般设备	在生产中数量比较多、价格便宜、维修方便或有备用的设备。这类设备一般对生产和安全的影响不大
按生产设备的所属关系分类	自有设备	企业自购的生产设备，属于企业的固定资产，包括租出的生产设备
	租入设备	企业为了满足生产需要而租赁的生产设备

（3）生产设备管理的内容与方法

① 生产设备购置管理。生产设备管理贯穿设备的整个生命周期，是从设备的规划到设备报废的整个过程的管理。设备的前期管理是指新设备从企业外部经过选择、购买、运输、安装、调试进入企业内部的过程的管理。在设备的前期管理中，首要的是设备的购置管理。

生产设备购置管理的要点如下：明确生产设备的需求，包括设备的类型、规格、功能和数量，以确保所采购的设备能满足企业当前及未来的生产需求；根据设备需求和公司财务状况制订合理的采购预算，涵盖购买、运输、安装及后续维护等所有费用；通过周密的调研，了解最新设备、性能和供应商情况，从而选择出性价比高的设备供应商；在签订合同前，与供应商详细谈判并明确设备的各项条款，之后严格按照合同约定执行采购、付款及设备的运输安装；设备交付后，进行严格的验收工作，并与供应商共同确认设备质量，随后将采购合同、验收报告等相关文件进行归档，以备后续的设备管理和维护。

② 生产设备使用管理。生产设备在使用过程中，总会发生磨损、劣化等情况。当磨损、劣化达到一定程度时，设备的精度、性能就会受到影响。只有正确合理地使用和维

护设备，才可以保持设备良好的技术状态，延缓设备磨损、劣化进程。

企业在进行生产设备使用管理时，可采取以下管理措施，见表6-10。

表6-10　生产设备使用管理的措施

管理措施	具体内容
合理安排任务	根据各种设备的性能和技术要求及适用的工作范围，合理安排生产任务，切勿"大机小用"；防止"精机粗作"，影响精密机床的寿命；严禁对设备的"超负荷、超范围、超性能"安排使用
选配合格的操作人员	对操作人员进行岗前培训，考核合格后，让其凭证操作。本着"谁使用、谁管理、谁负责"的原则，推行"定人、定机、定岗"的"三定"原则
建立健全设备管理规章制度	规定操作人员岗位责任制，设立设备检查员，制定设备使用规程、设备维护规程等管理规章制度
创建良好的工作条件和环境	根据设备的特殊要求，选择适宜的工作场地，创造良好的工作环境，如控制温度、通风、防潮、防腐等
定期对设备进行保养和检查	推行"三级保养制度"，即以操作者为主，对设备进行以保为主、保修并重的强制性维修制度

此外，在生产设备使用管理过程中，企业还需要对设备的运行情况、工作精度、磨损或腐蚀程度进行检查。通过检查，全面掌握生产设备技术状况、设备劣化程度、磨损情况及存在的故障，及时查明设备故障，有利于提高维修质量和缩短维修时间，及时消除设备隐患，防患于未然。

③ 生产设备维修管理。生产设备维修管理是指对生产设备生命周期内的所有设备物资运动形态和价值运动形态进行的综合管理。其目标是恢复设备的使用功能和使用精度，确保设备的正常运行，延长设备的使用寿命，提高生产效率。

生产设备维修管理的主要内容包括：根据设备的运行情况和生产计划，制订合理的维修计划，明确维修时间、维修内容和维修人员等；定期对设备进行维护，包括清洁、润滑、紧固等，确保设备处于良好的工作状态；当设备出现故障时，及时进行故障诊断，找出故障原因并进行修复；对每次维修进行记录，包括维修时间、维修内容、维修人员等，以便对设备的维修历史和运行状况进行分析。

④ 生产设备改造与更新管理。任何生产设备都有一定的工作寿命，在使用过程中总会出现磨损和老化的问题，如图6-8所示为设备工作寿命曲线。处于劣化故障期的设备故障率高，维护费用相应也高。当设备维护费用高于该设备的产出价值时，就应该淘汰了。因此，企业应该有计划、有重点地对现有设备进行设备改造和设备更新。

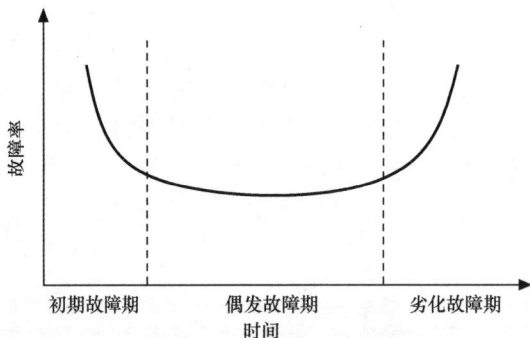

图6-8　设备工作寿命曲线

a. 设备改造。设备改造是指应用新技术和先进经验对设备进行局部革新、改造，从而改善设备性能，提高设备生产效率。设备改造一般包括设备改装和设备技术改造两种。企业在进行设备技术改造时，必须充分考虑设备改造的必要性，技术的可能性和经济的合理性。

b. 设备更新。设备更新是指企业利用技术先进、经济合理的新设备来替换在物资上不能继续使用或在经济上不宜继续使用的旧设备。其目的是提高企业技术装备水平和产品质量，降低能耗，增强企业的市场竞争能力。设备更新往往是企业成败的关键。在设备更新的具体实践中，企业必须遵循三个原则：第一是适时原则，即要选择适当的时间和机会；第二是适应原则，即要选择适宜的技术和装备；第三是适度原则，即要综合考虑各种因素。其中，适度原则最为关键。

6.1.5　现代企业生产运作模式

1. 计算机集成制造系统

计算机集成制造系统（Computer Integrated Manufacturing System，CIMS）的概念是由美国的约瑟夫·哈林顿（Joseph Harrington）博士于 1973 年首次提出的。他提出了两个基本观点。

（1）企业生产的各个环节，包括市场分析、产品设计、加工制造、经营管理及售后服务的全部经营活动，是一个不可分割的整体，要紧密连接，统筹考虑。

（2）整个经营过程的实质是一个数据的采集、传递和加工处理过程，最终形成的产品可以看作是数据的物质表现。

CIMS 是把人和经营知识及能力，与信息技术、制造技术综合应用，以提高制造企业的生产率和灵活性，由此将企业所有的人员、功能、信息和组织诸方面集成为一个整体，逐步实现全过程计算机化的综合人机系统，如图 6-9 所示。

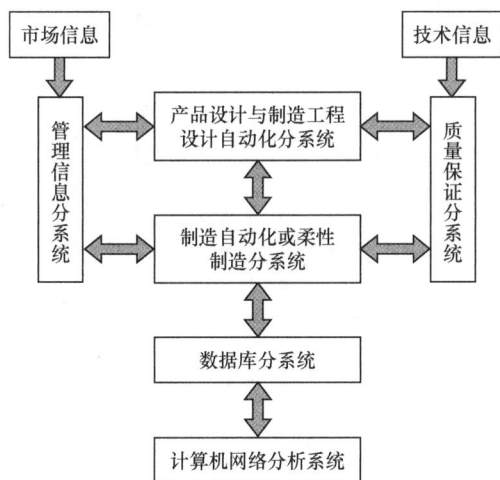

图 6-9　计算机集成制造系统的结构

2. 精益生产

精益生产（Lean Production，LP）起源于日本，是由美国麻省理工学院相关研究人员在研究日本丰田生产方式的基础上提出的。精益生产是指以客户需求为拉动，快速反应、即时制造、消灭故障，消除一切浪费，向零缺陷、零库存进军的生产模式。其内容包括精益思想、精益工具，具有追求零库存，快速对市场做出反应，企业内外环境和谐统一，强调人力资源的重要性等特点。精益生产的核心思想就是消灭浪费、创造价值。精益生产过程中要消除的七种典型浪费分别是产品缺陷（Defects），过量生产（Overproduction），过剩库存（Excess Inventory），过度的流程处理（Overprocessing），多余动作（Unnecessary Motion），搬运（Transportation）和等待（Waiting）。

精益生产结合了大量生产与单件生产方式的优点，通过减少和消除在产品开发设计、生产、管理和服务中一切不能产生增值的活动，提高对客户的反应速度，同时实现客户价值增值与企业价值增值，力求在大量生产中实现多品种、高质量、低成本的生产，增加企业利润率。它是一种适应现代竞争环境的生产组织管理方法，有着极强的生命力，受到各国企业的极大重视。

3. 企业资源计划

企业资源计划（Enterprise Resource Planning，ERP），是一种包括物资、资金、人员、时间等全面企业资源要素，支持企业计划、组织和控制管理的全过程，实现企业采购管理、生产管理、库存管理、销售管理、资金管理、人力资源管理等的企业管理信息系统。ERP 是由美国高德纳咨询公司（Gartner Group）于 1990 年在 MPR Ⅱ 的基础上所开发的扩展到全企业资源要素的管理方法。ERP 的发展过程可分为 4 大阶段：MRP、MRP Ⅱ 和 ERP、新一代 ERP。图 6-10 所示为 ERP 发展过程中的功能变化。

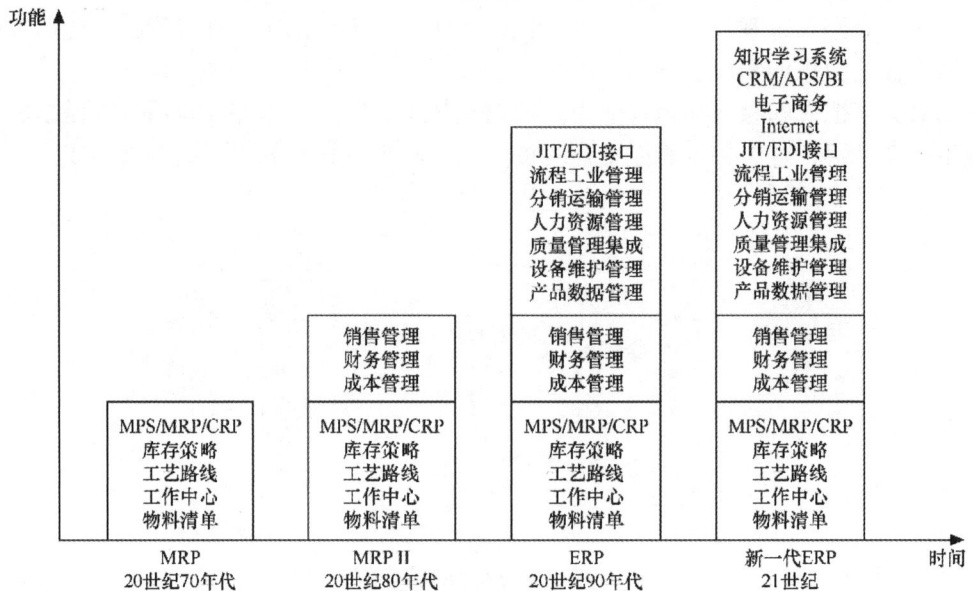

图 6-10　ERP 发展过程中的功能变化

ERP 现已在全球范围内得到普遍应用，代表一种先进的生产运作管理方式。企业对 ERP 的成功实施，可以显著降低库存，提高劳动生产率，降低生产经营成本。

4. 敏捷制造

敏捷制造（Agile Manufacturing，AM）是指企业制造系统在实现高质量制造和低制造成本的同时，能够对市场变化、技术发展以及社会环境变化做出快速反应的生产模式。例如，在同时开发某种产品的两家企业中，采用敏捷制造的企业（敏捷企业）的开发周期短，可以率先将新产品推向市场，从而获得"第一进入者"优势。又如，两家企业同时研发了新产品，但敏捷企业开发较晚，可以更好地对市场需求进行预测分析，或者采用更新的技术，制造出来的产品的成本和性能优于对方，从而取得市场竞争优势，如图 6-11 所示。

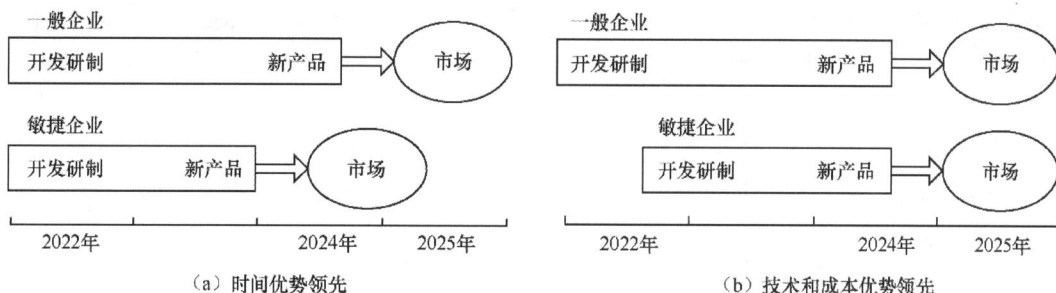

图 6-11　敏捷制造的竞争优势

5．绿色制造

绿色制造是一种综合考虑环境影响和资源效率的现代制造模式。其目标是使产品在从设计、原材料采购、加工、包装、运输、使用到报废处理的整个产品生命周期中所耗费的资源最少，环境污染最小。简而言之，绿色制造就是维护自然生态的生产模式。

绿色制造的实现方式主要有以下两个。

（1）降低资源消耗，即降低产品在制造和使用过程中的资源消耗。要想做到这一点，企业就要进行产品精细化生产，并且不断研发和采用降低资源消耗的技术，如 3D 打印技术、纳米技术、近净成形技术（指零件成形后，仅需少量加工或不再加工，就可用作机械构件的成形技术）等。

（2）资源循环利用，即企业在制造产品、使用产品和报废处理的各个阶段进行资源循环利用，回收和利用产品在制造、使用和报废过程中所产生的废水、废气和废渣等，将所耗费的资源循环利用，如图 6-12 所示。

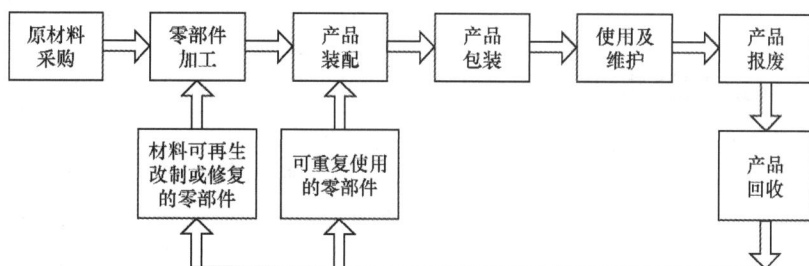

图 6-12　绿色制造的流程

目前，很多国家推出了以保护环境为主题的"绿色计划"，标有"绿色标记"的产品受到了客户的青睐，客户消费观念的变化促进了绿色制造的发展。例如，德国水溶油漆自 1981 年开始被授予环境标志之后，其销售额获得显著增加。

绿色制造的实施需要全社会的共同努力。自然界提供的资源是有限的，所以要倡导社会公众的环保消费观，同时还需要各国政府的大力支持。例如，新能源汽车补贴就是我国对培育战略性新兴产业和加强节能减排工作所安排的专项资金，以支持私人购买新能源汽车。另外，很多城市纷纷推出了新能源汽车不限号的优惠政策，大大提高了新能源汽车的销量，促进了汽车的"绿色制造"。

6. 大规模定制

1970 年，美国未来学家阿尔文·托夫勒（Alvin Toffler）在《未来的冲击》（Future Shock）中预言了生产方式的变革趋势。1987 年，管理学家斯坦·戴维斯（Stan Davis）在《未来完美》（Future Perfect）一书中首次正式提出了"大规模定制"（Mass Customization，MC）这一术语。20 世纪 90 年代，约瑟夫·派恩（B. Joseph Pine Ⅱ）等学者系统完善了这一理论。

大规模定制是通过柔性业务流程、模块化设计和敏捷制造系统，以接近大规模生产的成本和效率，为个体客户提供个性化产品与服务的系统性方法，如图 6-13 所示。

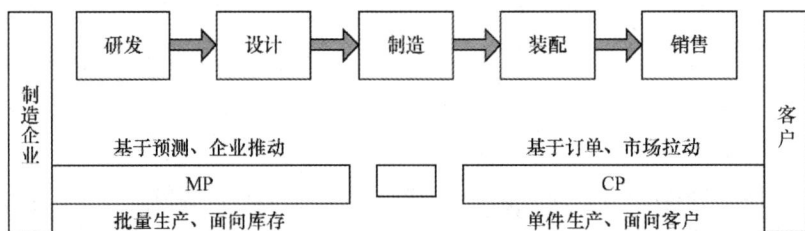

图 6-13 大规模定制的原理

大规模定制的基本思路是基于产品零部件和产品结构的相似性、通用性，利用标准化、模块化等方法降低产品的内部多样性，增加客户可感知的外部多样性，通过产品和过程重组将产品定制生产转化或部分转化为零部件的批量生产，从而迅速向客户提供低成本、高质量的定制产品。

6.2 质量管理

企业之间的竞争归根结底是产品和服务质量的竞争。在当前同类产品日益丰富、客户居于主导地位的买方市场环境下，企业更应把提高产品质量、加强质量管理作为重要的经营战略。

6.2.1 质量与质量标准

1. 质量的含义

质量是指产品、过程或体系与相关要求有关的一些固有的特性。"固有的"是指在某事或某物中本来就有的，尤其是那种永久的特性。关于产品或服务质量的特性，通常可以从六个方面来描述，即性能、可信性、安全性、适应性、经济性、时效性。它们分别反映了产品的使用性能，外观性能，可靠、安全、及时和灵活的程度。

2. 质量标准

质量标准是评价和衡量产品质量或服务质量（包括工作质量、工序质量、经营质量等）的标尺，是企业进行产品质量设计和产品质量检验控制的依据。质量标准集中体现用户需要，是产品设计制造、服务质量策划的依据和企业推行质量管理的出发点。没有质量标准，企业就无从进行质量控制。

合理地确定产品或服务的质量标准是一项十分复杂的工作。企业需要考虑多方面的因素，既要考虑产品技术或服务内容的先进性，又要顾及工艺、实施过程等的可能性和经济的合理性，还要考虑市场需求和竞争情况。因此，在制定或改变质量标准的工作中，企业一方面要采取积极的态度，另一方面要采取慎重的步骤。除此之外，企业正确对待已制定的标准，也是提高质量不可或缺的方面。

> **课堂讨论**
>
> 　　某企业为产品制定了严格的质量标准，可质量问题仍然层出不穷。你觉得该企业的问题可能出在哪里？该如何解决？

6.2.2　质量管理体系

1. 质量管理体系的含义

质量管理是企业通过制定质量方针、目标和职责，运用过程方法和基于风险的思维，在质量策划、控制、保证和改进等活动中实现质量目标的系统化管理过程。现代质量管理强调以顾客为中心，要求最高管理者发挥领导作用，并考虑组织所处的内外部环境因素。随着质量 4.0 时代的到来，大数据分析和人工智能等新技术正推动质量管理向更智能化、预测性的方向发展。

质量管理体系是企业为实现质量目标建立的一套系统化运行模式，其运行有效性直接影响产品质量和顾客满意度。为促进全球质量管理的持续改进，国际标准化组织质量管理和质量保证技术委员会（ISO/TC176）制定的 ISO 9000 族标准已成为国际通用准则。其中，现行版本 ISO 9001:2015 更加强调风险管理、组织环境和领导作用。

质量管理体系体现了现代企业的质量决策理念，是企业拟定细化质量文件的基础，是让企业得以对更为广泛的质量活动切实管理的基础，也是企业将主要质量活动按重要性顺序有计划、有步骤地进行改善的基础。

阅读资料

2000 家优秀企业发出倡议：坚持质量第一建设质量强国

　　据中国经济网报道，包括中国航天科技集团、海尔、格力等在内的 2 000 余家优秀标杆企业，作为各行业、各区域质量管理水平较高并在质量提升方面具有良好示范带头作用的代表，以"坚持质量第一，抓好质量提升；共筑质量诚信，建设质量强国"为主题，联合发出《2022 年全国"质量月"企业质量诚信倡议书》。

　　倡议企业在该倡议书中专门倡议全社会要努力做到：大力抓好质量提升，助推中国质量发展；发挥质量社会共治，唱响中国质量精神；推进建设质量强国，共创中国质量辉煌。

---

2. 质量管理体系的建立与实施

企业质量管理体系的建立与实施分为四个阶段：组织环境分析阶段、体系策划阶段、体系建立阶段、体系运行与改进阶段。

（1）组织环境分析阶段

首先，形成战略共识。企业高层管理者需要在实施 ISO 9001:2015 标准的重要性上达成战略共识，理解新版标准对风险管理和领导作用的新要求，确保质量管理体系与企业战略目标保持一致。

其次，开展分层培训。对企业各级管理人员和关键岗位人员进行 GB/T 19001-2016/ISO 9001:2015 标准培训，重点理解基于风险的思维、过程方法等新要求，掌握新版标准的主要变化。

再次，组建实施团队。由最高管理者直接领导，明确其制定质量方针、确定组织环境的职责；设立管理者代表，负责体系的具体实施；成立跨部门的工作小组，负责体系文件的编制和修订。

最后，进行现状诊断评估。对企业现有管理体系进行全面分析，识别内外部环境因素和相关方需求，评估现有过程的风险和机遇，为体系策划提供依据。

（2）体系策划阶段

首先要制定质量方针。质量方针是企业的质量宗旨和质量方向，是质量管理体系的纲领，要体现本组织的目标及客户的期望和需要。

其次是确定质量目标。质量目标是质量方针的具体化，是指在质量方面所追求的目的。

再次是设计组织机构及职责。质量管理体系是依托组织机构来协调和运行的。质量管理体系的运行涉及企业内部质量管理体系所覆盖的所有部门的各项活动。这些活动的分工、顺序、途径和接口都是通过组织机构和职责分工来确定的，所以企业必须建立一个与质量管理体系相适应的组织结构。

最后是配置资源。资源是质量管理体系有效实施的保证，配置资源包括依据标准要求配置各类人员和基础设施，策划与规定质量活动的程序和方法，规定工作信息获得、传递与管理的程序和方法等。

（3）体系建立阶段

该阶段的重点是编制、发布质量管理体系文件。质量管理体系的实施和运行是通过建立贯彻质量管理体系的文件来实现的。企业通过质量管理体系文件来贯彻质量方针，保持质量管理体系及其要求的一致性和连续性，为内部审核和外部审核提供证据；还用以展示企业质量管理体系，证明其与客户及第三方要求的一致性。

质量管理体系文件的审核、批准与发布规定为：质量手册应由最高层次的管理者审批，程序文件应由管理者代表审批，作业指导书一般由该文件业务主管部门负责人审批，跨部门或多专业的文件由管理者代表审批。

（4）体系试运行阶段

企业通过不断协调，质量监控，信息管理，以及质量管理体系审核和管理评审，实现质量管理体系的有效运行。

内部质量审核（以下简称"内审"）和管理评审是验证质量管理体系适宜性、充分性和有效性的重要手段。内审和管理评审可以帮助企业发现质量管理体系中存在的不符合标准或操作性不强的问题。企业要解决这些问题，一方面要纠正体系中的不合格项，另一方面要修改文件。

企业进行质量管理体系资格认证的准备工作主要有：模拟审核，由咨询专家独立对本企业的质量管理体系进行全面审核，明确提出不合格项，并做出结论性评价；针对不合格项举一反三，以点带面地制订纠正措施计划，限期整改；提出资格认证申请，提交质量管理手册，确定资格认证时间；咨询专家让其指导资格认证前的各项准备工作材料，如质量体系运行的相关见证材料、质量管理体系内部审核和管理评审计划、内部会议记录、抽取典型职业技能鉴定档案等。

小案例

重庆红九九食品有限公司——高举调味品市场的质量大旗

重庆红九九食品有限公司（以下简称"红九九"）成立于 1993 年，是全国火锅底料生产行业中享有盛誉的专业化、产业化、现代化、科学化的龙头型生产企业。"红九九"采用国际先进的 ISO9001:2015 质量管理体系及 ISO 22000:2018 食品安全管理体系，以专业铸就品牌；牢记生产优质产品是"红九九"人应尽的社会责任和义务，以保障公众身体健康为宗旨，做到科学合理、安全可靠。"红九九"火锅底料作为调味品，主要成分无非就是牛油、辣椒、花椒、豆瓣、盐……这些普通的调味料，经过精心配比，就演绎出"红九九"火锅底料这个餐桌上的美味传奇。以产品主原料牛油、豆瓣为例，在国家标准体系之外，"红九九"针对牛油等产品的验收标准，根据国标做出了更细致、更严密、更全面的要求，对豆瓣酱的质量要求指标更是多达 17 项，对辣椒、花椒的质量管理甚至从种植土壤、海拔、纬度、品种方面抓起。所有这一切，尽管加大了成本，却有效保证了原料的质量。

自成立以来，"红九九"始终坚持生产"高品质、高品位、零缺陷"产品，以工作现场严格的质量控制来保障食品安全卫生。"红九九"狠抓质量管理，为"舌尖上的安全"这一牵涉千家万户的民生工程做出了自己的积极努力。

6.2.3　全面质量管理

1．全面质量管理的含义

根据国际标准化组织的定义，全面质量管理（Total Quality Management，TQM）是指一个组织以质量为中心，以全员参与为基础，通过让客户满意和本组织所有成员及社会受益而达到长期成功的管理方式。全面质量管理的核心是提高人的素质，调动人的积极性，人人做好本职工作，通过抓好工作质量来保证和提高产品或服务质量。

2．全面质量管理的特点

与传统的质量管理相比，全面质量管理有如下特点：将以事后检验和把关为主转变为以预防和改进为主；把以就事论事、分散的管理转变为以系统的观点进行的全面的综合治理；从管结果转变为管因素，把影响质量的诸因素查出来，抓住主要方面，发动全员、全部门参加，进行全过程质量管理；依靠科学的管理理论、程序和方法，使生产（作业）的全过程处于受控制状态，以达到保证和提高产品或服务质量的目的。

3．全面质量管理的内容

全面质量管理包括产品设计过程的质量管理，生产制造过程的质量管理，辅助过程的质量管理，产品使用过程的质量管理。全面质量管理的内容如表 6-11 所示。

表 6-11　全面质量管理的内容

管理类别	管理内容
产品设计过程的质量管理	优化质量设计方案；加强设计工作中的试验研究工作；进行设计审查和工艺验证；产品试制与质量鉴定；保证技术文件的质量；做好标准化的审查工作
生产制造过程的质量管理	严格贯彻执行工艺规程，保证工艺质量；按照 5S 管理标准，组织和促进文明生产；组织好质量检验工作，把好各工序的质量关；进行质量分析，包括废品（或不合格品）分析和成品分析；掌握质量动态；开展工序质量控制，建立质量控制点
辅助过程的质量管理	做好物资采购供应的质量管理，保证采购质量，严格进行入库物资的检查验收，按质、按量、按期提供生产所需要的各种物资；组织好设备维修工作，保持设备良好的技术状态；做好工具制造和供应的质量管理工作
产品使用过程的质量管理	开展技术服务工作；处理出厂产品质量问题；调查产品使用效果和用户要求

知识链接

5S 管理

5S 管理起源于日本，因其内容的日文罗马标注发音都以“S”开头而被称为“5S”，即整理（seiri）、整顿（seiton）、清扫（seiso）、清洁（seiketsu）和素养（shitsuke）。5S 管理的对象是现场的环境，对生产现场环境全局进行综合考虑，并制订切实可行的计划与措施，从而达到规范化管理。5S 管理的具体要求包括：应按合理组织生产过程的客观规律，提高生产的节奏性，实现均衡生产；应有严明的工艺纪律，养成自觉遵守的习惯；在制品码放整齐，储运安全；设备整洁完好；工具存放井然有序；工作地布置合理，空气清新，照明良好，四周颜色明快和谐，噪声适度。

近年来，随着人们对 5S 认识的不断深入，又添加了安全（safety）、节约（save）、学习（study）内容，分别被称为 6S、7S、8S。

本章实训

1. 实训目的

通过实训，熟悉企业的生产运作系统。

2. 实训内容及步骤

（1）以小组为单位成立任务实训团队，实行组长负责制。

（2）各实训团队联系一家当地的生产型企业，实地采访生产部门负责人。

（3）在出发前拟定访谈提纲，确定所要了解的问题。

（4）实地访谈，由组长主谈，其他成员适时补充，安排专人做好访谈记录。

（5）整理访谈记录，撰写实训调查报告。

3. 实训成果

实训小作业——《某企业生产运作系统调查报告》。

本章习题

一、单选题

1. 企业（　　）是指企业将输入的生产要素（人、财、物、时间、信息等）转换成特定的输出产品（产品或服务）的过程。

　　A. 生产系统　　　　B. 管理系统　　　　C. 财务系统　　　　D. 营销系统

2. （　　）是指以客户需求为拉动，快速反应、即时制造、消灭故障，消除一切浪费，向零缺陷、零库存进军的生产模式。

　　A. 企业资源计划　　　　　　　　　B. 计算机集成制造系统

　　C. 精益生产　　　　　　　　　　　D. 敏捷制造

3. （　　）是指完全根据用户提出的订货要求进行生产，即没有订单就不组织生产，企业基本上没有成品库存。

　　A. 订货式生产　　　B. 存货式生产　　　C. 批量式生产　　　D. 大量生产

4. 下列不属于物资采购原则的是（　　）。

　　A. 遵纪守法原则　　B. 以需定购原则　　C. 价格为先原则　　D. 市场动态原则

5. 全面质量管理（Total Quality Management，TQM）是指一个组织以质量为中心，以（　　）为基础，通过让客户满意和本组织所有成员及社会受益而达到长期成功的管理方式。

　　A. 领导重视　　　B. 全员参与　　　C. 中层努力　　　D. 基层奋进

二、多选题

1. 按照管理的职能划分，生产管理主要包括（　　）。

　　A. 战略　　　　　B. 计划　　　　　C. 组织

　　D. 领导　　　　　E. 控制

2. 根据企业生产产品的种类多少，产量大小和专业化水平的高低，重复性和稳定性的不同，可将生产系统划分为（　　）。

　　A. 订货式生产　　B. 间接生产　　　C. 单件小批试生产

　　D. 批量式生产　　E. 大量生产

3. 生产计划的主要指标有（　　）。

　　A. 产品品种　　　B. 产品产量　　　C. 产品质量

　　D. 产品产值　　　E. 产品价格

4. 生产设备使用管理的措施有（　　）。

　　A. 合理安排任务　　　　　　　　　B. 选配合格的操作人员

　　C. 建立健全设备管理规章制度　　　D. 创建良好的工作条件和环境

　　E. 定期对设备进行保养和检查

5. 现代企业生产运作管理方式包括（　　　　）。

　　A. 计算机集成制造系统　　　　　　　B. 精益生产

　　C. 敏捷制造　　　　　　　　　　　　D. 绿色制造

　　E. 企业资源计划

三、名词解释

1. 生产管理　　　2. 生产过程组织　　　3. 生产物资管理　　　4. 生产设备管理

5. 质量管理

四、简答及论述题

1. 生产管理应遵循的基本原则有哪些？

2. 生产物资管理的内容有哪些？

3. 质量管理体系的含义是什么？

4. 试论述生产作业计划的编制。

5. 试论述全面质量管理的特点。

案例讨论

国产圣元奶粉的质量管理

　　婴幼儿奶粉作为宝宝成长中的重要口粮，关系到宝宝的发育和成长。守住安全底线是任何一个奶粉企业首先要担当的社会责任。圣元按照"制药级"的标准打造奶粉生产车间。其生产线是国内第一条按30万级GMP制药标准建设的现代化智能生产线，整个生产过程实现了全自动化运行，密闭生产。工作人员出入要求身穿隔离服，每个小时就要洗一次手，车间消毒非常彻底，就连天花板都要消毒，最大限度地避免二次污染。整个生产过程采用的是干法加工，全程没有一滴水。遵循美国质量管理大师威廉·戴明（William Deming）博士提出的"产品质量是生产出来的，不是检验出来的"理念，在奶粉的生产过程中，圣元就已经打造了坚实的安全堡垒。同样，在奶粉安全检测方面，圣元毫不手软，对于事关奶粉安全生命线的检测工作丝毫不敢懈怠，从奶源筛选到生产过程的层层质检，到物流，再到销售，整个环节共设置了1126项质量控制点。

　　为了保证送到消费者手中的每罐奶粉都健康安全，圣元斥巨资建立了现代化高配备的检测中心，从原料进厂的检验，到生产过程的监控，再到成品出厂的质量把关，做到全流程监控，扫除生产过程中的全部死角。经过全自动生产系统加工的奶粉，在出厂前会进入检测中心，按照国家要求的64项检验指标进行检测，还要额外进行企业自己设置的32项风险预警指标检测，确保生产的产品质量都可控、可追溯。

　　自奶粉配方注册制推行以来，在激烈的奶粉市场竞争中，品质安全已经成为基本标准，而适应性更好的配方才是制胜的关键。为了打造更适合宝宝的婴儿奶粉，圣元成立了营养研究中心，汇聚国内外著名专家学者，对婴幼儿、孕妇和哺乳母亲营养品进行研发创新，打造了优博系列奶粉，为宝宝、孕妈和宝妈提供了有针对性的营养补充，满足不同宝宝体质和不同人群的营养需求，在市场上和行业内获得了广泛好评。2021年3月25日，优博瑞慕婴幼儿配方奶粉再度荣获中国乳制品工业协会"2020 年度质量金奖"。2022 年 11 月,在中国乳制品工业协会第二十八次年会暨 2022 中国(国际)乳业经济发展论坛上,圣元被授予"高质量发展企业奖"及"技术进步奖一等奖"。

自创建以来,圣元勤修内功,夯实品质基础,不但在生产过程中和质量检测方面下足了功夫,在奶源甄选方面也是精益求精,不惜远赴法国建厂,直取当地优质奶源,从源头上把控品质,把精品优质的奶粉品牌形象带到国外,刷新了国际市场上对中国奶粉品牌的认知。

思考讨论题:

1. 如何理解威廉·戴明提出的"产品质量是生产出来的,不是检验出来的"这一质量管理理念?

2. 圣元奶粉的质量管理给我们哪些启示?对我国其他企业有何借鉴意义?

第7章
市场营销管理

本章导学

　　市场营销的本质是满足客户的需求，这就要求企业必须具有识别客户需求、把握市场机会并正确实施营销策略的能力。本章主要介绍营销理念的变迁、市场营销调研、消费者购买行为，以及目标市场营销、市场营销组合策略及网络营销等内容。通过对本章的学习，读者可以树立正确的营销理念并掌握市场营销活动开展的策略与方法。

知识结构图

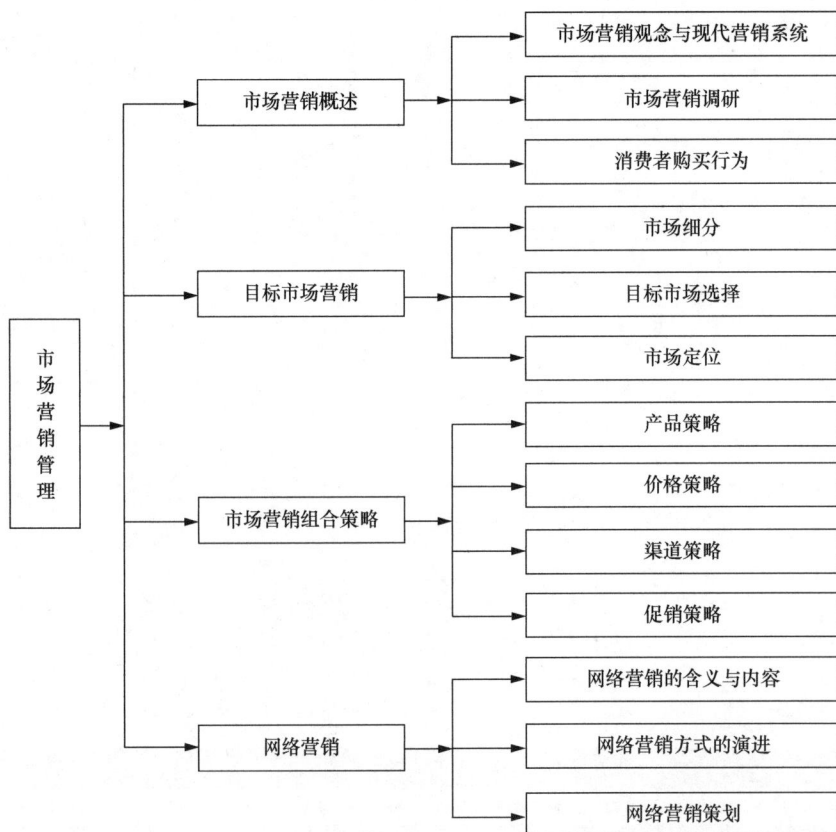

开篇引例　**M 品牌手机的渗透定价策略**

M 品牌手机在上市初期，牢牢抓住消费者求廉的消费心理，采取渗透定价策略，以物美价廉为卖点吸引顾客，打造出"高性价比"的品牌形象，并采取饥饿营销策略，使得当时的 M 手机一机难求。

M 品牌手机通过渗透定价策略迅速占领市场，凭借较高的销售量实现了规模经济效益，有效降低了产品的单位成本。同时，低价也帮助 M 品牌手机在市场上形成了一定的行业壁垒，阻止了一部分潜在竞争者的进入。

M 品牌手机在后来的行业发展中沿用了渗透定价策略，从最初的简单机型到后面的各款手机，其价格在当时的智能手机市场都属于中低水平。国内大多数消费者青睐低价高配的智能手机，M 品牌手机高性价比的品牌特性，使消费者对它产生了品牌忠诚，大大提高了市场占有率。

问题：M 品牌手机定价策略成功的原因是什么？你所知道的定价策略还有哪些？各有何优缺点？

7.1　市场营销概述

市场营销（Marketing）是指个人或集体通过交易其创造的产品或价值，获得所需之物，实现双赢或多赢的过程。它包含动态与静态两个方面。从动态方面理解，市场营销是指企业的具体活动或行为，这时称为市场营销或市场经营；从静态方面理解，市场营销是指研究企业的市场营销活动或行为的学科，这时称为市场营销学、营销学或市场学等。本书中的市场营销是指动态方面的市场营销。

7.1.1　市场营销观念与现代营销系统

1. 市场营销观念

市场营销观念产生于 20 世纪 50 年代中期。当时的背景是，第二次世界大战结束之后，欧美各国的军工工业很快转向民用工业，导致工业品和消费品的生产相对过剩，造成市场竞争日趋激烈。在这一竞争过程中，许多企业开始意识到传统的销售观念已不再适应市场的发展，开始注意消费者的需求，并研究其购买行为。这一观念上的转变是市场营销理论的一次重大变革。

微课堂

营销观念的变迁

市场营销观念认为，实现企业营销目标的本质在于满足消费者的需求。通俗地解释即消费者需要什么，企业就生产什么。这种观念抛弃了以企业为中心的指导思想，代之而起的是以消费者为中心的指导思想。市场营销观念以消费者的需求为中心，企业协调所有影响消费者的活动，并通过这种满足消费者的行为而获取利润，无疑较前几种营销观念更具积极意义。

2. 现代营销系统

现代营销系统的参与者主要包括供应商、企业、竞争者、中间商和消费者等，如图 7-1 所示。企业要开展营销活动，首先必须要有可供出售的产品。因此，企业需要从供应商那里获取原材料、设备，要根据目标消费者的需求设计和生产产品，再通过中间商销售

给最终消费者。在这个过程中企业还要同竞争者展开全方位的竞争，以赢得市场。当然，如果企业采取贴牌生产或是完全直销的模式，则上述组织系统可以进一步简化。

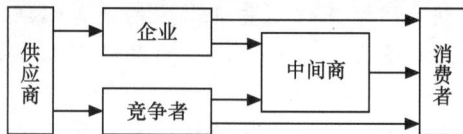

图 7-1　现代营销系统的主要参与者

现代营销系统中的所有参与者都会受到环境因素的影响，主要包括人口、经济、政治、文化、技术、法律等因素。企业的成功不仅取决于自身的行为，还取决于整个系统对最终消费者需要的满足程度。在这个系统中，各个参与者都在进行动态的博弈。

7.1.2　市场营销调研

市场调研是指调研者运用科学的方法，有目的、有计划、系统地收集、记录、整理和分析有关市场信息的过程。市场调研能够为企业营销决策提供科学的依据，是企业开展有效营销的前提和保障。

延伸学习

市场预测

1. 市场营销调研的分类

根据调研的目的不同，市场营销调研主要分为描述性调研、探测性调研、因果关系调研、预测性调研四种类型。

（1）描述性调研是指企业通过调研活动对市场营销的某些方面进行客观描述的调研。

（2）探测性调研主要是指在企业对市场状况不甚明了或对问题不知从何处寻求突破时所采用的一种调研方式。其目的是要发现问题的所在，为进一步深入调研奠定基础。

（3）因果性调研主要是指企业为找出营销各因素之间是否存在因果关系而进行的调研。例如，一家企业的销售业绩不断下滑，进行因果性调研，可找出导致业绩下滑的各种因素，如价格、产品质量、消费者偏好等。

（4）预测性调研是指企业为了预测未来某时期内某一营销因素的变动情况及该变动对企业经营活动的影响而进行的市场调研。

2. 市场营销调研的程序

市场调研应该遵循科学的程序，按照一定的流程来进行，具体的调研程序如下。

（1）设计调研方案。调研方案是指导调研活动的大纲，是以书面形式表达的对调研计划和程序的说明，是对调研过程和调研方法的详细规定。这一阶段的主要任务包括确定调研目的和内容，确定调研对象和调研单位，安排调研时间及控制调研成本。

（2）收集调研资料。该阶段的主要任务是收集与本次调研主题相关的各种资料。企业可根据需要，采用一种或多种资料收集方法进行资料收集。

（3）整理分析资料。这个阶段的工作内容包括资料整理和资料分析两个部分。资料整理是指对资料的分类统计。整理者根据市场研究任务的要求，按某种标志将所研究现象划分为若干组成部分，以求反映出被研究现象的本质特征。接下来是对整理的资料进行分析，即资料分析。这一阶段不仅需要调研人员具有耐心细致的工作态度，善于归纳总结，去粗取精、去伪存真，还需要调研人员借助先进的统计分析工具，以达到市场调研的最终目的。

（4）撰写调研报告。撰写调研报告是市场调研的最后一个阶段，目的是将调研结果呈现给企业，作为其营销决策的依据。调研人员在撰写调研报告之前要了解企业指定的报告形式，该调研报告的使用者，企业最为关心的市场信息及研究结论等。

3．市场营销调研的方法

市场营销调研的方法很多，调研者一般要根据实际情况进行合理的选择。常见的调研方法主要有以下几种。

（1）文案调研法，又称间接调查法，是指调研人员通过对已有的文献资料进行收集、整理，并经过甄别、统计分析，得到有价值的各类资料的一种调研方法。文案调研法具有易于实施、费用低廉和节省时间等优点，缺点是时效性较差，而且获得的资料不够全面系统。

（2）访问调研法，是指调研人员向被访问者提出问题，通过被访问者的口头回答或填写调查表等形式来收集市场信息资料的一种调研方法。访问调研法是最为常见的市场调查方法，也是企业获取第一手市场资料所采用得较多的方法。访问调研法既可独立使用，也可与观察调研法结合使用。

（3）观察调研法，是指调研人员凭借自己的感官和各种记录工具，深入调查现场，直接观察和记录正在发生的市场行为或状况，以获取有关信息的一种市场调研方法。利用观察调研法进行调研，调研人员不需要向被调研者提问，也不需要填写调研问卷，仅如实观察和记录现场发生的事实即可，所以调查结果更为客观。

（4）实验调研法，是指在既定条件下，调研人员通过实验对比，对市场现象中某些变量之间的因果关系及其发展变化过程加以分析的一种调研方法，即从影响调研问题的许多可变因素中选出一至两个因素，置于同一条件下进行小规模实验，然后对实验结果进行分析。例如，调研人员通过调整价格、包装或广告等变量，研究其对销量的影响。在市场研究中，实验调研法主要应用于产品测试、包装测试、价格测试、广告测试和销售测试等方面。

（5）网络调研法，又称网上调研法，是指调研人员利用互联网收集和掌握市场信息的一种调研方法。常见的方法主要有在线问答法、网上问卷调研法、网上讨论法和网上观察法等。与传统调研方式相比，网络调研法具有突破时空限制，经济便捷，时效性强，易于统计，客观性强等诸多优点，因而越来越为企业所青睐。

阅读资料

SY 网 "体验口碑营销" 中的数据调研

SY 网是一个专门提供免费的试用品给用户试用的平台。用户在 SY 网进行注册，即可免费领取企业提供的试用品。用户在试用了某个产品或服务后，必须提交试用心得，供企业获取市场和用户数据。

SY 网在为消费者提供产品试用、评论分享、折扣优惠等体验的同时，也为企业提供品牌推广、市场调研、获取销售线索、建立用户俱乐部等全方位的营销推广服务。

SY 网主打的旗号是 "体验口碑营销"，是指企业以用户为中心，让潜在消费者亲身体验其产品和服务，产生好感，形成购买和口碑传播。这种营销方式不仅可以为试用产品选择合适的消费者，而且能够通过对申请使用者的信息进行分析，为企业提供市场调研数据，让企业在今后的营销中有的放矢。同时，SY 网鼓励试用者在获得试用体验机会后对产品进行评价和反馈，帮助企业改善产品。

7.1.3 消费者购买行为

1. 影响消费者购买行为的因素

消费者的购买行为深受社会文化、社会阶层、参照群体和家庭等因素的影响。

（1）社会文化

社会文化是指人类在社会发展过程中所创造的一切物质财富和精神财富的总和。社会文化对消费者的购买行为具有强烈而又广泛的影响。如在某些文化中，节日期间购买特定商品是一种习俗，这会导致节日期间这些商品的销售激增。

（2）社会阶层

社会阶层是由具有相同或类似社会地位的社会成员组成的相对稳定、持久的群体。同一社会阶层的群体在生活习惯、消费水平、兴趣和爱好等方面更为接近，因而对某些商品有着共同的偏好。例如，高收入阶层可能更倾向于购买奢侈品，而低收入阶层可能更注重商品的性价比。

（3）参照群体

参照群体是指个体在进行购买或消费决策时，用以参照、比较的个人或群体。参照群体有成员群体（又称直接群体）和间接群体这两种基本类型。参照群体对人的消费行为有着直接的影响。研究表明，群体的结合越紧密，群体间的社交越有效，个体对群体越尊重，参照群体对个体购买行为的影响也会越大。

（4）家庭

家庭是指两个或两个以上的个体由于婚姻、血缘或收养关系而共同生活所构成的社会单位。构成家庭的最重要的因素是"婚姻"和"血缘"。家庭的生命周期、家庭成员的角色与职业、家庭的经济状况等都会对其购买行为产生影响。

2. 消费者购买行为的过程

消费者的购买行为过程由一系列相互关联的活动所组成。这一过程在实际购买前就已经开始，并一直延续到实际购买之后。消费者的购买行为通常包括需求识别、信息搜寻、方案评估、购买决策、购买体验和购后行为六个阶段。

延伸学习

组织购买行为

📖阅读资料

组织市场与消费者市场是两个不同的概念。组织购买商品不是为了自身享用，而是用于再生产或维持组织运营，以便更好地服务于组织客户。因此，组织市场需求也被称为派生需求。与消费者市场相比，组织市场更加庞大和复杂，在交易的数额、持续时间、参与人员、决策行为、采购流程、影响因素上都具有不同的特征。

组织购买行为
的影响因素

7.2　目标市场营销

目标市场营销是指企业识别不同的购买者群体，有选择地确认一个或几个消费者群体作为自己的目标市场，充分发挥自身的资源优势，满足其全部或部分的需求的营销行为。之所以要进行目标市场营销，是因为任何一家企业的资源和能力都是有限的，不可能满足所有的市场需求。企业应在对市场进行有效细分的基础上，结合自身的实际情况，扬长避短，选择自己擅长的市场作为目标市场，并制定合适的市场定位策略。

7.2.1　市场细分

1. 市场细分的概念

市场细分（Segmentation）是由美国学者温德尔·R.史密斯（Wendell R.Smith）于 1956 年提出的一个重要的营销概念，是指企业根据消费者的需求特点、购买心理、购买行为等方面的差异，将某一产品或服务的整体市场划分为若干子市场的过程。

2. 市场细分的意义

市场细分对于企业制定市场营销策略具有重要意义。首先，市场细分有助于企业发现新的市场机会，开拓新的业务领域。其次，通过市场细分，企业可以更加精准地制定产品和服务策略，满足不同消费者群体的需求。第三，市场细分有助于提升企业的营销效率，降低营销成本，从而实现更好的营销效果。

3. 市场细分的标准

（1）消费者市场细分的标准

消费者市场细分的标准分为两大类，一类标准是消费者的属性特征，包括地理细分、人口细分、心理细分和行为细分；另一类标准是消费者反应特征，包括利益细分、使用场景细分和反应模式细分。

阅读资料

资生堂细分"岁月"

20 世纪 80 年代以前，资生堂实施的是无差异营销策略，面对市场中日益崛起的个性化需求，20 世纪 80 年代中期，资生堂市场占有率不断下降。1987 年，公司经过认真反省以后，决定由原来的无差异营销转向差异化营销，即根据不同的消费者需要将市场细分，推出不同的品牌。自 1989 年以来，资生堂提出"体贴不同岁月的脸"的口号，将其化妆品分解为适合不同年龄层次和性别客户的需要的不同品牌，并为不同年龄层次的客户设立专卖店。

资生堂根据女性消费者的年龄进行细分，针对不同年龄层次的客户提供不同品牌的系列产品。例如，为十几岁少女提供的是 RECIENTE 系列，为二十岁左右的年轻女性提供的是艾杜纱（ettusais）系列，为四五十岁的中年妇女提供的是怡丽丝尔（ELIXIR）系列，为五十岁以上的妇女提供的则是用防止肌肤老化的悦薇（Rivital）系列。

由于市场细分准确，营销策略得当，资生堂的产品在每个细分市场上均获得了成功。

（2）组织市场的细分标准

组织市场和消费者市场有很大的差异性，因此细分标准也不同。根据波罗玛（Bonoma）和夏皮罗（Shapiro）的观点，组织市场细分的标准主要是客户情况、经营特点、采购方式等。

4．市场细分的原则

为确保市场细分的有效性，应遵循以下原则。

（1）可衡量性，即细分市场的规模、客户数量、购买频率等应能被明确地衡量。

（2）可进入性，即细分市场应该是企业能够有效进入并开展业务的目标市场。这需要企业的自身资源和竞争实力与之相匹配。

（3）差异性，即不同的细分市场之间应该在客户需求、偏好、购买行为等方面存在着明显的差异，这些差异可能会体现出来。

（4）可营利性，即细分市场的规模和购买潜力应足够大，企业在该细分市场上能够获得经济效益。

（5）相对稳定性，即细分市场在一段时间内不会因外部环境的变化而发生剧烈的波动。这种稳定性有助于企业制订长期的市场营销计划和策略。

7.2.2 目标市场选择

目标市场（Target Market）是指企业在市场细分的基础上，根据企业资源条件、市场环境和消费者需求等因素所选择的，决定要进入的一个或多个"子市场"。简而言之，目标市场就是企业决定所要服务的客户群体。

1．目标市场选择模式

目标市场选择模式可分为单一市场集中化、产品专门化、市场专门化、选择性专门化和完全覆盖市场五种，如图 7-2 所示。

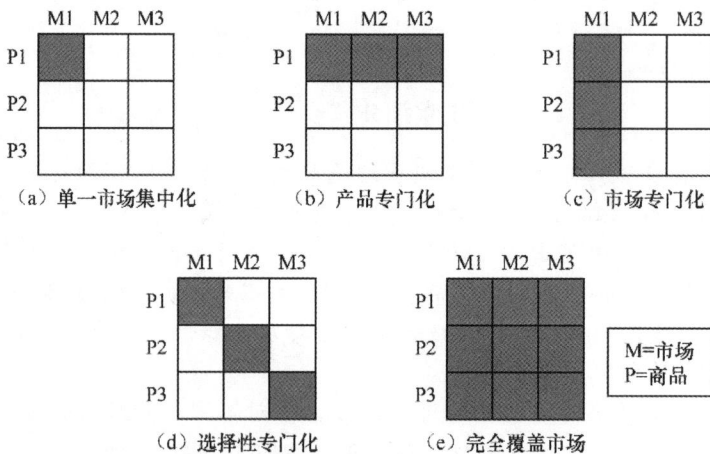

图 7-2　目标市场选择模式示意图

（1）单一市场集中化

单一市场集中化是指企业只选取一个细分市场，只生产一类产品，销售给某一特定客户群体。例如，某企业只生产手机摄像头，所有客户均为手机制造商。

（2）产品专门化

产品专门化是指企业集中生产一种或一类产品，并向各类客户群体销售。例如，某饮水机企业只生产几种规格的饮水机，同时面向学校、餐厅、企业、个人及家庭等客户群体进行销售。

（3）市场专门化

市场专门化是指企业专注经营用于满足某一特定客户群体需求的各种产品。例如，某工程机械公司专门面向建筑行业用户，为其提供各类建筑工程机械。

（4）选择性专门化

选择专门化是指企业选择若干彼此相互独立，但均具有良好的盈利潜力且符合企业资源条件的细分市场作为目标市场。例如，海尔集团除了经营家电产品外，还先后进入了物流、医药、旅游、金融等十多个市场领域。

（5）完全覆盖市场

完全覆盖市场是指企业将所有的细分市场均作为目标市场，即生产多种产品，同时满足多个客户群体的需求。例如，可口可乐公司的产品线涵盖碳酸饮料、无糖饮料、果汁、纯净水等，几乎所有的消费者都是其目标客户。

课堂讨论

上述五种目标市场模式各自的优缺点都有哪些？企业在选择目标市场模式时应充分考虑哪些因素？

2. 目标市场选择策略

目标市场选择的策略主要有三种，下面结合实例分别进行介绍。

（1）无差异市场策略

无差异市场策略是指企业不考虑各细分市场的差异，只推出一种产品或服务，采用单一的营销组合，面向所有的客户进行销售的策略。这种策略的优势在于能够降低成本，实现规模效应。

例如，可口可乐公司在早期就采用了无差异市场策略。其经典的红色可乐罐和独特的口味设计是为了吸引广泛的消费者群体，无论消费者年龄、性别或文化背景如何。通过大规模的广告宣传，可口可乐公司成功塑造了一个普遍受欢迎的品牌形象。

（2）差异化市场策略

差异化市场策略是指企业根据不同的细分市场，设计不同的产品或服务，以满足不同消费者的需求的策略。这种策略能够更好地满足不同客户群体的需求，但也会增加企业营销成本和管理的复杂性。

例如，宝洁公司是典型的差异化市场策略的代表。宝洁公司针对消费者不同发质和需求，推出了多款洗发水产品，如"海飞丝"的卖点是去屑，"飘柔"强调柔顺发丝，"沙宣"则突出专业护发功能。通过实施差异化市场策略，宝洁公司的护发水产品覆盖了更广泛的消费者群体，并提供了更加个性化的产品选择。

（3）集中性市场营销

集中性市场营销策略是企业选择一个或少数几个细分市场作为目标市场，集中企业的全部资源，进行专业化生产和销售的策略。这种策略能够使企业深入了解目标客户的需求，并在此基础上建立强大的市场地位。

例如，在汽车领域，特斯拉公司专注于电动汽车市场，将相关全部资源投入到电动汽车的研发、生产和销售中。通过不断创新和优化产品，特斯拉成功塑造了自身在电动汽车领域的市场地位，并培养了大批忠诚的客户。

7.2.3 市场定位

市场定位（Positioning）是指企业针对目标客户的心理需求，通过产品设计、品牌形象设计等手段，塑造出在消费者心目中与竞争对手有显著差异的独特形象。

1. 市场定位的目的与实现方式

（1）市场定位的目的

市场定位的目的是使企业在消费者心中留下深刻的印象并形成记忆，从而引发消费者心灵上的共鸣。这需要企业了解和分析客户的需求心理，并以此为中心和出发点进行产品设计，制定营销策略等。

（2）市场定位的实现方式

市场定位的实现方式包括但不限于产品设计、价格策略、分销渠道和促销手段等方面。企业需要综合运用市场营销手段，确保产品在目标市场上具有竞争力，并能够在消费者心中形成独特的印象。

阅读资料

市场定位与市场营销战略的关系

市场定位是市场营销战略的重要组成部分。在 STP 营销理论中，市场定位（Positioning）与市场细分（Segmentation）和目标市场选择（Targeting）共同构成了市场营销战略的核心内容。企业需要先进行市场细分，选择适合自己的目标市场，然后再进行市场定位，以制定出精准的市场营销策略。

---

2. 市场定位的策略

市场定位策略是指企业在选择目标市场的基础上，研制开发并推出适合目标市场需求的产品，并为产品树立特定的市场形象，进而在目标消费者心目中形成特定的偏好，以保障企业营销战略最终实现的策略。在营销实践中，常见的市场定位策略主要有以下四种。

（1）避强定位策略

避强定位策略是指企业力图避免与实力强大的竞争者直接发生竞争，而是另辟蹊径，根据自身条件及相对优势，在尚未被竞争者发现或关注的目标市场上突出产品与众不同的特色，以确立相对的竞争优势的市场定位策略。企业采用避强定位策略，可避开与实力强劲的竞争者正面交锋，因而风险较小。此策略适用于实力有限的中小企业。例如，吉利汽车在创立之初，致力于提供"中国人坐得起的汽车"，因其价格低廉，满足了不少当时囊中羞涩又拥有汽车梦想的中低收入消费者的需求。由于定位准确，吉利汽车大获成功。

（2）迎头定位策略

迎头定位策略是指企业不畏强手，与市场上居于支配地位的竞争者"对着干"，力求与之平起平坐甚至是取而代之的市场定位策略。企业采用这种定位策略，必须具备下列条件：①目标市场还有很大的需求潜力，②目标市场未被竞争者完全垄断，③企业具备挤入市场的条件和与竞争者"平分秋色"的营销能力。采用这种定位策略的企业自身实力一般都比较强，如百事可乐与可口可乐、肯德基与麦当劳等。

（3）补缺定位策略

补缺定位策略是指企业专注于市场上被竞争者忽略的某些细分市场，通过专业化经营而占据有利的市场位置的一种定位策略。企业实施补缺定位策略成功的关键是实现专业化，包括用户专业化、产品专业化、服务专业化、渠道专业化等。例如，"金利来"进入市场时就采用了用户专业化的策略，在高档男性服饰市场上大获成功。

（4）重新定位策略

重新定位策略是指企业改良原有产品，突出新的产品特色，以改变该产品在消费者心目中的原有形象，使消费者对改良后的产品有一个新的认识的市场定位策略。当企业的经营战略和经营目标发生了变化，市场上的竞争加剧及消费者的偏好发生了改变时，企业就应考虑采用重新定位策略。重新定位策略是以退为进的策略，目的是使企业新的定位策略更加有效。

7.3 市场营销组合策略

市场营销组合，是指企业综合运用各种可控的营销策略和手段，组合成一个系统化的整体，以实现企业的营销战略目标。市场营销组合的理论较多，影响较大、在企业实践中应用较为广泛的是 4P's 营销组合理论。4P's 营销组合理论是由美国著名营销专家杰罗姆·麦卡锡（Jerome McCathy）于 1960 年率先提出的。麦卡锡认为，从企业的角度出发，营销策略应该由产品（Product）、价格（Price）、渠道（Place）和促销（Promotion）四个部分组成。企业应该以 4P's 营销组合理论为基础，以满足市场需求为营销的基本目标。

7.3.1 产品策略

产品是指能够提供给市场，被人们使用和消费，并能满足人们某种需求的一切事物，包含有形的物品，无形的服务、观念、利益，以及各种组合。产品是企业市场营销活动的基础，没有产品，市场营销就成了"无本之木，无源之水"。

1. 产品整体与产品组合

（1）产品整体

现代市场营销理论将产品视为一个整体，其概念已超出了有形实物的范畴。产品整体包含了核心产品、有形产品、附加产品、期望产品和潜在产品等多个层次的产品。这些层次的产品共同构成了产品的价值，满足了消费者的不同需求。

① 核心产品是产品整体概念中最基本、最主要的部分之一，是指消费者购买某种产品时所追求的产品的基本效用或利益。消费者购买某种产品，并不是为了占有产品本身，而是要获得满足其某种特定需要的效用和利益。例如，消费者购买洗衣机，核心需求是

为了解决洗衣的问题。

② 有形产品是核心产品的载体，是指消费者可以直接观察和感受到的部分。有形产品包含产品的品质、特色、款式、品牌、商标和包装等。以洗衣机为例，其外观设计、品牌标识和包装等都是有形产品的一部分，属于有形产品。

③ 附加产品是指消费者在购买核心产品时所获得的全部附加服务和利益。例如，洗衣机的附加产品可能包含送货上门、安装指导、终身保修等。附加产品能够提升消费者的购买体验，增加产品的价值。

④ 期望产品是指消费者在购买产品时期望得到的与产品密切相关的一整套属性和条件。例如，消费者购买洗衣机可能期望它具有高效的清洁能力、低噪声、节能环保等特性。

⑤ 潜在产品是指现有产品可能的发展前景或未来可能出现的新功能、新用途等。潜在产品体现了产品的创新性和未来发展方向。仍以洗衣机为例，未来可能通过技术创新实现其具有更多的智能化功能，如远程控制、自动投放洗涤剂等，这些都是潜在产品。

（2）产品组合

产品组合是指某个企业生产或销售的全部产品结构。它包括所有的产品线和每一产品线中的产品项目，反映了一个企业的经营范围。这里的产品线又称产品大类，是指由密切相关的满足同类需求的产品项目构成的某一类产品；产品项目则是指产品线中各种不同的品种、规格、质量、价格、技术结构和其他特征的具体产品。

① 产品组合的构成要素

产品组合由宽度、长度、深度和关联度四个要素所组成。

产品组合的宽度（Width），又称产品组合的广度，是指企业的产品组合所包括的产品线（或产品系列）的数量。产品线越多，产品组合就越宽。例如，一家生产电视、洗衣机、冰箱、空调和吸尘器的企业的产品组合的宽度为5；而一家仅生产冰箱和空调的企业的产品组合宽度仅为2。产品组合的宽度表明了一个企业经营种类的多少和经营范围的大小。

产品组合的深度（Depth），是指产品组合中某一产品线所包含的产品项目数。例如，某空调制造企业包含了中央空调、家用空调、特种空调及冷冻冷藏这四个产品项目，那么这家企业空调生产线的深度就是4。产品组合的深度越大，表明企业某个产品线的专业化程度就越高。

产品组合的长度（Length），是指产品组合中的产品项目总数，即企业所有产品线中产品项目的总和。例如，某家电企业电视机生产线产品的项目数为5，洗衣机生产线产品的项目数为6，冰箱生产线产品的项目数为8；空调生产线产品的项目数为5，吸尘器生产线产品的项目数为4。则这家电器公司的产品组合的长度就是5+6+8+5+4=28。产品组合的长度反映了企业产品在整个市场中覆盖面的大小。企业的产品组合的长度越大，市场的覆盖面也就越广。

产品组合的关联度（Consistency），是指企业产品组合中各条产品线在最终用途、生产技术、分销渠道或其他方面的相关程度。产品组合的关联度越高，越有利于企业共享资源，从而充分发挥协同作用，提高企业竞争力，为企业带来更多的协同效应和市场机会。

② 产品组合策略

产品组合策略是指企业为适应竞争环境的变化，以及为了更好地实现营销目标，对产品组合的宽度、深度、长度和相关度所进行的规划。常见的产品组合策略有 4 种，如表 7-1 所示。

表 7-1　常见的产品组合策略

产品组合策略类型		具体规划内容
扩大产品组合		增加产品线或产品项目，扩大经营范围
缩减产品组合		减少产品线或产品项目，缩小经营范围
产品线延伸	向上延伸	增加产品线长度 在现有的产品线中增加更高档次的产品
	向下延伸	在现有的产品线中增加更低档次的产品
	双向延伸	在现有的产品线中同时增加更高档次和更低档次的产品
产品线更新		更新现有产品线，提升产品线的现代化水平

2. 产品生命周期

产品生命周期是指产品从进入市场到最终退出市场的全过程。它通常被划分为引入期、成长期、成熟期和衰退期这 4 个阶段。在产品生命周期的不同阶段，产品的销售量和利润会发生某些规律性的变化。典型的产品生命周期曲线如图 7-3 所示。

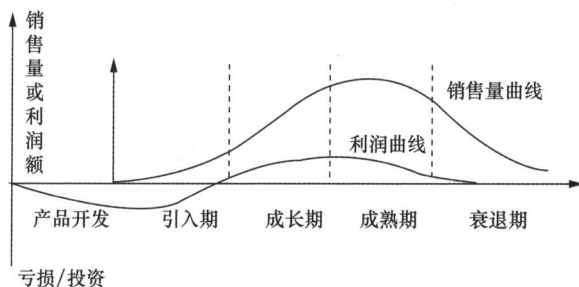

图 7-3　典型的产品周期曲线

（1）引入期的特点及营销策略

引入期是指新产品刚刚进入市场的阶段。在这个阶段，产品知名度较低，销量有限，需要企业投入大量资金进行市场推广和品牌建设。此外，由于产品生产规模较小，生产成本相对较高，企业在这一阶段很难获得盈利。

在产品的引入期，企业一方面应尽量完善产品技术性能，尽快形成批量生产能力，另一方面应采取有效的市场营销策略，以缩短产品引入期的时间。这一阶段可采取的策略主要有以下 4 种，如表 7-2 所示。

表 7-2　产品引入期的市场营销策略

策略类型	策略描述	适用条件
快速掠取策略	企业以高价格和高促销的方式推出新产品，以求迅速扩大产品销量，并获得较高的市场占有率	新产品市场容量大；消费者对新产品不太了解；目标消费者对价格不太敏感；潜在竞争者的威胁大
缓慢掠取策略	企业以高价格和低促销的方式推出新产品，以获得较高利润	新产品总体市场规模有限；目标消费者了解新产品并愿意为之支付高价；竞争壁垒高，潜在竞争威胁小

策略类型	策略描述	适用条件
快速渗透策略	企业以低价格和高促销推出新产品，以求快速占领市场	新产品市场容量足够大；目标消费者不了解新产品且对价格敏感；潜在竞争激烈；存在规模经济效应
缓慢渗透策略	以低价格和低促销推出新产品，降低营销成本，获取更多早期利润	新产品市场容量大；新产品知名度高；价格弹性大，促销弹性小；存在潜在竞争者

（2）成长期的特点及营销策略

产品在经过市场验证并得到消费者认可后，将进入快速成长的阶段，这就是产品的成长期。这一阶段的主要特点是，产品性能趋于稳定，产品的质量、功能、优点已逐渐为人们所接受；重复购买者增多，新的消费者则纷纷涌现，市场逐步扩大；消费者已了解该产品，产品销售量迅速增长；生产规模扩大，单位产品价格下降，企业利润迅速增长；产品的分销渠道已经建立；大批新的竞争者加入，市场上同类产品增多，竞争开始加剧，同类产品增多，市场价格下降。

在产品成长期，企业可采取的营销策略主要有：①不断提高产品质量和性能，改善产品品质；②努力寻求和开拓新的细分市场，开辟新的分销渠道；③适当改变广告目标；④在适当的时机降低价格。

（3）成熟期的特点及营销策略

当产品售量达到高峰并趋于稳定时，即预示着产品进入了生命周期的成熟期。在这一时期，市场竞争变得更加激烈，产品同质化现象加重，具体特点表现为：产品的销售量增长缓慢，在达到最高峰之后开始缓慢下降；市场竞争十分激烈，市场上同类产品和仿制品越来越多；企业利润开始下降；销量主要来自老客户的重复购买，只有少数迟缓购买者进入市场。通常情况下，成熟期是产品生命周期中最长的一个阶段。

在产品成熟期，企业可采取市场改良策略和市场营销组合改良策略。

① 市场改良策略不是要改变产品本身，而是要发现产品的新用途或改变产品营销方式，以使产品的销售量得以扩大。

② 市场营销组合改良策略是指通过改变市场营销组合因素来延长产品的成熟期，如改良产品、降低价格、拓展渠道、加大促销等。

（4）衰退期的特点及营销策略

尽管企业努力延长产品的成熟期，但大多数产品最终还是要进入衰退期。产品在衰退期的主要表现特点是：产品销量急剧下降；价格已经难以维持原有水平，利润也迅速下降直至为零，企业甚至出现亏损；消费者的消费习惯发生改变或持币待购；市场竞争转入激烈的价格竞争，很多竞争者退出市场。

在衰退期，企业可以选择的营销策略有如下几种。

① 放弃策略，即放弃那些迅速衰落的产品，将企业的资源投入到其他有发展前途的产品开发中。

② 维持策略，即在衰退期，由于有些竞争者退出市场，市场留下一些空缺，这时留在市场上的企业仍然有盈利的机会，企业可借此机会维持产品销售。具体采用的策略和措施包括：继续沿用过去的营销策略；将企业资源集中于最有利的细分市场，维持老产品的集中营销；等等。

③ 重新定位策略，即企业通过对产品进行重新定位，为产品寻找到新的目标市场和新的用途，使处于衰退期的产品再次焕发新春，从而延长产品的生命周期，甚至变成一个新的产品。这种营销策略成功的关键就是要正确找到产品的新用途。

3. 产品品牌策略与包装策略

（1）品牌策略

品牌策略是指企业为了在市场上塑造独特的品牌形象，提升品牌知名度和消费者的忠诚度而制订的一系列计划和行动。一个成功的品牌策略能够帮助企业在激烈的市场竞争中脱颖而出，增强消费者的购买意愿和忠诚度。

企业在制定品牌策略时，需要明确品牌定位，即品牌在市场上的独特位置和所要传达的价值主张。品牌定位应基于企业深入的市场调研，了解目标消费者的需求和偏好，以及竞争对手的情况。通过明确的品牌定位，企业可以塑造出独特的品牌形象，从而在消费者心中占据一席之地。

品牌传播也是品牌策略的重要组成部分。企业应通过多元化的传播渠道，将品牌形象和价值主张有效地传递给目标消费者。同时，企业还应注重口碑营销，通过提供优质的产品和服务来赢得消费者的信任和推荐。

（2）包装策略

包装策略是指企业在产品包装设计上所采取的一系列措施和方法。优秀的包装设计不仅能够提升产品的美观度和吸引力，还能使产品在货架上脱颖而出，吸引消费者的注意。

企业在制定产品包装策略时，应注重包装的实用性和美观性方面的平衡。在实用性方面，包装应能够保护产品免受损坏和污染，方便消费者携带和使用。在美观性方面，包装的设计应符合目标消费者的审美偏好，通过色彩、图案和文字的巧妙搭配，营造出独特的视觉冲击力。

此外，包装还应承载品牌信息和产品特点，帮助消费者快速了解产品的核心卖点和品牌价值。通过巧妙的包装设计，企业可以提升产品的附加值和品牌形象，从而在激烈的市场竞争中占据优势地位。

7.3.2　价格策略

价格是影响消费者购买决策的决定性因素之一。定价是否得当，将直接关系到产品的销量和企业的盈利水平。因此，对企业而言，为产品制定合理的价格是一项极为重要的工作。影响企业价格制定的因素很多，包括定价目标、产品成本、市场供求、市场竞争状况和政府的政策等。

1. 定价方法

企业常用的定价方法主要有三类，分别是成本导向定价法、需求导向定价法和竞争导向定价法。

（1）成本导向定价法

成本导向定价法是指企业以产品成本为基础，加上预期利润，并结合销售量等有关信息确定价格水平的一种定价方法。这是最基本、最普遍的定价方法之一。成本导向定价法分为成本加成定价法、目标利润定价法和边际贡献定价法。

① 成本加成定价法。成本加成定价法就是在产品单位成本的基础上，加上预期的利润，作为产品的最终售价。售价与成本之间的差额称之为"加成"，实际上就是利润。其计算公式为：

$$价格=平均成本+预期利润$$

将上式进行变换，可得出成本加成的定价公式：

$$单位产品售价=单位产品成本×（1+成本加成率）$$

成本加成定价法的优点是价格能够补偿并满足企业对利润的追求；计算简便，能够简化定价程序；既考虑到了成本因素，又考虑到了适度的利润率，对买卖双方都比较公平；当同行业中所有企业都采用这种定价方法时，不会出现恶意的价格竞争。但是，这种定价方法忽视了市场需求、竞争现状和消费者的心理因素，因而难以适应复杂多变的市场情况。当市场供求基本平衡，同行间竞争不太激烈，且产品的成本较为稳定时，企业采用成本加成定价法是一种较好的选择。

② 目标利润定价法。目标利润定价法是成本导向定价的另一种实现方式，即在总成本和预计总销量的基础上，加上一定比例的目标利润率进行产品定价。其计算公式为：

$$产品价格=(总成本+目标利润)/预计销量$$

需要指出的是，企业通过目标利润定价法实现预期利润的前提是企业能够准确预测出产品成本和预期销售量，这样才能保证企业实现预期利润。目标利润定价法没有将竞争和需求的实际情况考虑在内，因此企业在使用目标利润定价方法时，必须慎重考虑既定的产品价格可能对产品销售数量及其实现利润产生的影响，尤其对于一些需求弹性较大的产品。所以，目标利润定价法一般适用于需求价格弹性较小，市场占有率较高或具有一定垄断性质的企业。

③ 边际贡献定价法。边际贡献定价法也称为边际成本定价法或变动成本加成定价法，这是一种仅考虑变动成本而不直接考虑固定成本的定价策略。其基本思路是在每个单位产品的变动成本之上加上预期的单位边际贡献来确定产品的售价。这里的"边际贡献"指的是销售收入减去变动成本后的差额，它可以是总边际贡献也可以是单位边际贡献。

单位边际贡献的计算公式为：

$$单位边际贡献=价格-单位变动成本$$

将该公式进行变换，可得到单位产品的价格计算公式：

$$价格=单位边际贡献+单位变动成本$$

总边际贡献的计算公式为：

$$总边际贡献=(价格-单位变动成本)×销售数量$$

将该公式进行变换，可得到单位产品的价格计算公式：

$$价格=总边际贡献/销售数量+单位变动成本$$

如果企业要根据边际贡献定价法来设定价格，可以基于单位边际贡献来进行，即保证每个单位产品的售价至少覆盖其变动成本并提供一定的单位边际贡献，以便用来补偿固定成本并最终实现盈利。

（2）需求导向定价法

需求导向定价法是一种以市场需求强度和消费者感受为主要依据的定价方法，包括理解价值定价法、反向定价法和需求差异定价法等。

① 理解价值定价法。理解价值定价法（又称感受价值定价法或认知价值定价法），是指企业根据消费者对产品价值的主观认知（而非生产成本）来制定价格的方法。该定价方法的核心逻辑是价格应反映消费者心中认可的价值，而非简单的成本加成。

② 反向定价法。顾名思义，反向定价法就是根据消费者能够接受的最终销售价格，逆向推算出中间商的批发价和生产商的出厂价，进行定价的方法。这里的关键是要根据行业的实际情况确定零售商的毛利率和批发商的毛利率，然后利用如下公式进行计算。

$$批发价格=零售价格/（1+零售毛利率）$$
$$出厂价格=批发价格/（1+批发毛利率）$$

反向定价法的特点是在充分考虑市场需求的情况下，保证了中间商的正常利润，有利于企业加强与中间商的友好合作，从而促进产品迅速向市场渗透。

③ 需求差异定价法。需求差异定价法是指企业根据市场需求特性的差异，对同一产品或服务制定不同价格的方法。该定价方法的实施依据主要包括消费者差异（如会员折扣）、时间差异（如季节性调价）、地点差异（如区域定价）和用途差异（如商业/个人用途）等。该方法通过区分不同消费群体的支付意愿，既能满足多样化需求，又能提升企业收益，但需注意避免价格歧视的法律风险。典型应用包括电力峰谷定价、机票浮动价格等。

（3）竞争导向定价法

竞争导向定价法是指企业根据市场上同类产品的竞争状况来确定该产品价格的方法。这种定价方法又可进一步细分为随行就市定价法、密封投标定价法和薄利多销定价法。

① 随行就市定价法，是指企业按照行业的平均现行价格水平来定价的定价方法。此法常用于下列情形：难以估算成本。企业打算与同行和平共处，如果另行定价，难以估计购买者和竞争者的反应。

② 密封投标定价法，是指买方发布公告或发出函件，说明采购的商品的品种、数量、规格等要求，邀请卖方在规定的期限内投标；买方在规定的时间开标，选择报价最低、最有利的卖方成交，签订采购合同的定价方法。

③ 薄利多销定价法，即企业以减少单位产品销售利润作为代价，争取薄利多销，扩大销售量，获得规模效益，在市场竞争中巩固自己的地位的定价方法。

2. 定价策略

定价策略是指企业根据产品的品质、成本、市场竞争与供求状况，以及消费者需求的变化情况而采取的各种定价措施和手段。科学、合理的定价策略是企业实现经营目标的根本保障，企业必须高度重视。以下介绍常见的产品定价策略。

（1）新产品定价策略

新产品定价策略主要有撇脂定价策略、渗透定价策略和满意定价策略三种。

① 撇脂定价策略。撇脂定价策略是指在新产品上市之初，企业将价格定得较高，在短期内获取厚利，以尽快收回投资。这种定价就像从牛奶中撇取最上层所含的一层厚厚的奶油那样，取其精华，故称为撇脂定价。根据企业投入促销费用的高低，撇脂定价策略又可分为快速撇脂策略和缓慢撇脂策略两种。快速撇脂策略是指企业采用高价格、高促销费用的形式开展营销活动，以求迅速扩大产品销售量，取得较高的市场占

有率。缓慢撇脂策略，是指企业以高价格、低促销费用的形式开展营销活动，以取得更高的利润。

撇脂定价方法适合需求弹性较小的细分市场，优点是新产品上市，消费者对其无理性认识，企业因此可以利用较高价格提高产品身价，以迎合消费者求新心理，有助于开拓市场；主动性大，产品进入成熟期后，价格可分阶段逐步下降，有利于吸引新的消费者。另外，价格高，可以限制市场需求量过于迅速增加，使其与企业生产能力相适应。该方法的缺点是不利于扩大市场，并容易招来竞争者。

② 渗透定价策略。渗透定价策略是指在新产品投放市场时，企业将价格定得尽可能低，以获得最高销售量和最大市场占有率。渗透定价策略又可分为快速渗透策略和缓慢渗透策略两种。

快速渗透策略是一种低价格、高促销费用的策略，以便于产品迅速打入市场，取得尽可能高的市场占有率。在市场容量很大，消费者对产品不熟悉，但对价格非常敏感，以及市场潜在竞争激烈，企业随着生产规模的扩大可以降低单位生产成本的情况下，企业适合采用这种定价策略。缓慢渗透策略是指以低价格、低促销费用来推出新产品的策略。这种定价策略适用于市场容量很大，消费者熟悉这种产品但对价格反应敏感，并且存在潜在竞争者的市场环境。

对于企业来说，无论采取撇脂定价策略还是采取渗透定价策略，都需要综合考虑市场需求、竞争、供给、市场潜力、价格弹性、产品特性、企业发展战略等因素。

③ 满意定价策略。满意定价策略是介于撇脂定价策略和渗透定价策略之间的一种定价策略。撇脂定价策略因为制定较高的价格，容易招致消费者的反感甚至抵触，从而使企业面临较高的经营风险；渗透定价策略虽然对消费者有利，但价格偏低，使得企业在新产品上市之初无利可图或收入甚微，可能会给企业带来经营上的困难。企业运用满意定价策略制定出介于前述两者之间的产品价格，克服了过高或过低定价带来的弊端，是一种可供选择的定价方案。但这种定价策略过于中庸，不适用于需求复杂多变和竞争激烈的市场环境。

（2）心理定价策略

心理定价策略是指企业为迎合消费者的消费心理需要而采取的定价策略。常见的有以下几种策略。

① 尾数或整数定价策略。在超市中人们经常可以看到许多商品的价格都带有尾数，如 128.73 元等。这种定价是基于消费者的一种微妙的心理感觉，使消费者觉得商家的定价很"实在"，能够精确到"分"，说明商家定价严肃，没有忽悠消费者。另外，诸如 0.99元、9.99 元的尾数定价会让消费者觉得商品不到 1 元或 10 元，从而产生商品价格低廉的感觉。相反地，有些商品定价集零取整，不带零头，如定价为 1 000 元而不是 999.99 元等。两者相比，消费者虽然花费几乎相等，心理上的感觉却是不一样的。整数定价能给消费者一种心理上的满足感。

② 声望定价策略。声望定价是指企业利用消费者的"好货不便宜，便宜没好货"的心理，对在消费者心目中有良好声望的产品制定比较高的价格。此种定价策略有两个目的：一是提升产品的形象，二是满足部分消费者的心理需求。有些产品在企业多年的苦心经营下，在消费者心中有了一定声誉，消费者对其也产生了信任感，所以即使价格定

得比一般商品高一些，消费者也是能够接受的。这种定价策略特别适合于一些名牌产品和奢侈品的定价，如劳斯莱斯汽车、茅台酒、阿玛尼西服等。

③ 招徕定价策略。一些超市和百货商店将某几种产品的价格定得特别低，以招徕消费者前来购买正常价格的产品，其采用的就是招徕定价策略。企业采取招徕定价策略时要注意两个方面：一方面是特价产品的确定，这种产品既要对消费者有一定的吸引力，又不能价值过高以致大量低价格销售会给企业造成较大的损失；另一方面是特价产品的数量要充足，保证供应，否则没有购买到特价产品的消费者会有一种被愚弄的感觉，会严重损害企业形象。

（3）折扣与折让定价策略

折扣与折让定价策略是指企业为鼓励消费者及早付清货款，以及大量购买或增加淡季购买而酌情降低产品价格的定价策略。折扣与折让定价的主要类型有：现金折扣定价、数量折扣定价、功能折扣定价、季节折扣定价和价格折让定价。

① 现金折扣定价是企业对在约定期限内付清账款或是提前付清账款的消费者所给予的一种价格折扣的定价方法。其目的是加速企业资金周转，减少收账费用和产生坏账的风险。

② 数量折扣定价是指企业给予那些大量购买的客户一定幅度的价格优惠的定价方法。买方购买数量越大，优惠力度也越大。企业实施数量折扣定价的目的是鼓励客户购买更多的产品，因为客户的大量购买能够帮助企业降低生产、销售环节上的成本费用。

③ 功能折扣定价也叫贸易折扣定价，是指企业给予批发商或零售商的一些额外价格折扣的定价方法。企业这样做是为了促使中间商执行诸如推销、储存和服务等营销功能。

④ 季节折扣定价是指企业在产品销售淡季时给予购买者一定的价格优惠的定价方法。例如，消费者在冬天买空调及在夏天买羽绒服都能获得一定的价格折扣。企业实施季节折扣定价的目的是鼓励中间商和消费者在淡季购买商品，以减少库存，加速资金流通。

⑤ 价格折让定价是另一种类型的价格优惠的定价方法，包括以旧换新折让、促销折让等。其中，促销折让是指制造商给予参加促销活动的中间商的一种价格优惠。例如，某企业举行大型促销活动，所有商品的终端售价均有优惠，为弥补中间商的损失而对其进货价格给予优惠。

（4）差别定价策略

差别定价也称歧视定价，是指企业基于不同消费者、不同场所和不同时间，对同一种产品采取不同的定价。也就是说，同一种产品的价格因情境的不同在价格上会有所差异，但这种差异并不反映成本的变化。差别定价的形式主要有：消费者差别定价、产品形式差别定价、地点差别定价、时间差别定价。

① 消费者差别定价，是指企业将同一种产品以不同的价格销售给不同的消费者。例如，城市公交车对老年人免费，对小学生优惠；大学体育馆对教职员工半价开放；等等。

② 产品形式差别定价，是指企业对不同型号或形式的产品分别制定不同的价格。例

如，同种布料做出的服装因款式不同，消费者的接受程度不同，企业所制定的销售价格也不相同。

③ 地点差别定价，是指企业对处于不同地点的产品或服务制定不同的价格，尽管这些不同地点的产品在成本上并无差别。例如，火车的上、中、下卧铺票价不同，体育场的前排座位价格和后排座位价格不相同。

④ 时间差别定价，是指企业根据季节、月、日甚至一天中的不同时段为同一种产品设定不同的价格。例如，高速公路在国家指定的节假日内对过往的私家车实行免费，但超过某一时点之后就会恢复执行原来的收费标准。

7.3.3　渠道策略

营销渠道（以下简称渠道）是实现产品从制造商交换至消费者的通道。渠道的选择直接影响企业的经营决策。在营销中，企业需最大限度地发挥渠道策略、产品策略、价格策略及促销策略这四者的协同作用，创造强有力的竞争优势。

1. 渠道的类型

（1）按照企业的营销活动是否有中间商参与，渠道可分为直接渠道和间接渠道。直接渠道即零层渠道，是指制造商不通过任何中间商，直接将产品销售给消费者。产业市场的产品销售主要采用直接渠道。

间接渠道是指产品从制造商向消费者转移的过程中，需要经过一个或者一个以上的中间商。一般而言，对生活消费品主要采用间接渠道进行销售。

（2）按照产品流通环节或层次的多少，渠道可分为长渠道和短渠道。产品从制造商向消费者转移的过程中，只通过一个中间环节的渠道，称为短渠道，而通过一个以上中间环节的渠道称为长渠道。

（3）按照渠道中每个层次的同类中间商数目的多少，渠道可分为宽渠道和窄渠道。宽渠道是指制造商同时选择两个以上的同类中间商销售其产品，窄渠道是指制造商在某一地区或某一产品分类中只选择一个中间商销售其产品。宽渠道和窄渠道各有优缺点，制造商一般根据其产品特点进行选择。一般而言，对生产资料和一部分专业性较强或较贵重的消费品适合采用窄渠道进行销售。

（4）按照制造商所采用的渠道类型的多少，渠道可分为单渠道和多渠道。单渠道是指制造商采用同一类型渠道销售其产品，渠道较单一。多渠道是指制造商根据不同层次或地区消费者的情况，选用不同类型的渠道销售其产品。

2. 渠道设计

（1）渠道设计原则

① 战略性原则。战略性原则是指企业在设计营销渠道时，应该与企业的总体战略规划保持一致，要为实现企业的战略目标而服务。

② 适度覆盖性原则。适度覆盖原则是指企业要量力而行，充分考虑渠道的成本与收益的关系。企业应该根据自身的实力、产品特点、市场竞争状况及目标市场的规模、消费潜力等合理地设计渠道的长度和宽度。

③ 效率性原则。效率性原则是指企业在设计营销渠道时，应该以提高流通效率为目的，选择合适的渠道模式。

④ 互利性原则。互利性原则是指企业在设计营销渠道时，应该将营销渠道看作一个整体，充分考虑不同渠道成员的利益，以共赢、互利为目标。

⑤ 动态性原则。动态性原则是指企业应该根据营销环境的变化及时设计新的渠道模式，以有效适应这种新的变化。

（2）渠道设计的主要内容

① 确定渠道长度。从纵向的角度来看，渠道有长短之分。划分的标准很简单，就是看在买方和卖方之间中间环节的数量。如前文所述，如果买卖双方之间只有一个中间环节就称之为短渠道，有两个或两个以上中间环节就称之为长渠道。

渠道的长短各有利弊，既不是越长越好，也不是越短越好。判断渠道长短好坏的依据主要是看经济上是否划算，如果增加营销中间环节之后能够带来效益的增加，就是合理的。当然，企业也要充分考虑一些其他因素，如是否有利于提高客户服务水平，是否有利于提高渠道效率，是否有利于提高竞争能力等。

企业往往会根据具体情况采取灵活的渠道策略，直接渠道和间接渠道、长短渠道共存的情况较为普遍。例如，大家熟悉的李宁公司，既有网上的直销渠道，又有线下的多级分销渠道。

② 确定渠道宽度。营销渠道的宽度取决于渠道的每个环节中使用同类型中间商数量的多少。企业设计营销渠道的宽度，须考虑产品性质、市场大小、用户分布及企业的分销战略等。根据渠道宽度的不同，可设计出独家分销、密集分销和选择性分销。

独家分销是指企业在一定地区内只选定一家中间商销售其产品。独家分销是最极端的销售形式，是最窄的分销渠道，通常只对某些技术性强的耐用消费品或名牌货适用。独家分销的优点是便于企业加强对经销商的管理和监控，从而掌握渠道的控制权，同时有利于产品品牌形象的塑造及提高对客户服务的水平。其缺点是风险较高，如果企业所选择的独家分销商经营不善或发生意外情况，就会给企业带来较大的损失。

密集分销又叫广泛分销，是指制造商通过众多的中间商销售其产品或服务。密集分销的优点是市场覆盖面广，消费者购买便利；缺点是由于同一层级的经销商数量较多，企业需要协调的关系增多，提高了渠道管理的难度。对于消费品中的便利品（卷烟、火柴、肥皂等）和工业用品中的标准件、通用小工具等，比较适合采用这种渠道模式。

选择性分销是介于密集分销和独家分销之间的一种分销形式，即企业在市场上选择部分中间商来经销产品。该模式比独家分销的销售渠道要宽，有利于企业开拓市场，同时比密集分销的销售渠道节省费用，便于企业对其进行管理和控制，加强协作，提高销售水平。

③ 规定渠道成员的权利和义务。企业在确定了营销渠道的长度和宽度之后，还要通过协议进一步规定渠道成员之间的权利和义务。协议主要涉及价格政策、买卖条件、中间商的地区权利和特定的服务（广告宣传、资金帮助、人员培训、交货时间、销售数据统计等）等。

3. 渠道方案评估

每一个渠道方案中的渠道都是企业的产品送达目标消费者的可能路线。为了从拟定的方案中选择出最能够满足企业长期目标的方案，企业必须对方案进行评估。渠道方案的评估标准主要有经济性标准、控制性标准和适应性标准三种。一个渠道方案只有在经济性、控制性和适应性等方面都较为优秀时，才会被选择使用。

4. 渠道战略

渠道战略是指企业为了将产品从生产领域转移到消费者手中而制定的一整套指导性的方针和政策。其主要内容包括渠道的拓展方向，分销网络建设和管理，区域市场的管理，渠道自控力和辐射力的要求等。渠道战略需要根据市场的变化而不断变化，因而企业需要不断调整现有的渠道战略与之相适应。

5. 渠道管理

渠道管理是指企业在识别、选择、激励、评估和调整营销渠道成员的过程中，为实现企业营销目标而采取的一系列管理活动。营销渠道管理不仅涉及渠道成员的选择与激励，还包括对渠道成员绩效的评估及对整个渠道系统的调整与优化。

（1）渠道成员的选择、激励、评估与调整

① 选择渠道成员。在选择渠道成员时，企业需要考虑多个因素，包括中间商的经营时间、成长记录、人员素质、销售能力、财务实力、清偿能力、合作态度、经销的其他产品大类的数量与性质、对客户的服务水平、商店的地理位置、运输和储存条件等。基于对这些因素的综合考虑，企业可以选择出符合要求的中间商。

为了获取这些因素信息，企业需要进行大量的市场调研和信息收集工作。必要时，企业还可以对被选中的中间商进行实地调查，以更全面地了解其经营状况和实力。

② 激励渠道成员。激励渠道成员是营销渠道管理中的重要内容。企业需要通过不断地监督、指导与鼓励，使中间商能够尽职尽责地履行职责。由于中间商的类型多样、运营方式各异，激励中间商的工作也具有一定的复杂性。

在激励渠道成员时，企业需要注意以下几点：首先，要了解各个中间商的心理与行为特征，以便采取有针对性的激励措施；其次，要避免激励过分与激励不足两种情况，确保激励措施既能够激发中间商的积极性，又不会对企业造成过大的负担；最后，企业可以依靠某些权力来赢得中间商的合作，如付酬权、专家权和声誉权等。

③ 评估渠道成员。评估渠道成员是营销渠道管理中的重要内容。企业需要根据一定的标准对渠道成员的绩效进行评估，了解渠道成员的工作表现和贡献程度。绩效评估的内容包括中间商的销售业绩、市场份额、客户满意度、退货率等。

评估渠道成员绩效的方法有多种，如将每一中间商的本期销售绩效与上期销售绩效进行比较，将每一中间商的本期销售绩效与整个群体的平均销售绩效进行比较，将各中间商的绩效与根据对该地区销售潜力分析而设立的销售定额相比较等。通过这些方法的综合应用，企业可以对渠道成员的绩效进行全面、客观的评估。

④ 调整渠道成员。随着市场环境的变化和企业营销策略的调整，渠道成员也需要不断地进行调整，也就是对渠道系统进行调整。渠道系统的调整可以从增减某些渠道成员，增减某些营销渠道及调整整个营销渠道系统三个方面进行考虑。

在调整渠道系统时，企业需要注意以下几点：首先，要分析市场环境的变化和企业营销策略的调整对渠道系统的影响；其次，要明确调整渠道系统的目的和预期效果；最后，要制订具体的调整方案和措施，并确保调整过程的顺利进行。

（2）渠道的合作、竞争与冲突

在营销渠道中，渠道成员之间经常会出现不同程度的合作、竞争与冲突。了解和处理其中存在的问题是营销渠道管理的重要内容。

① 渠道合作。渠道合作是指渠道成员为了实现共同目标而进行的相互协作和配合。通过合作，渠道成员可以共享资源、降低成本、提高效率，从而增强整个渠道系统的竞争力。渠道合作的形式多种多样，如联合促销，共同开发新产品，共享市场信息等。

为了促进渠道合作，企业需要建立良好的沟通机制，加强渠道成员之间的信息交流和沟通；制定合理的利润分配机制，确保渠道成员之间的利益平衡。此外，企业还可以通过提供培训和支持等方式，提升渠道成员的合作能力和水平。

② 渠道竞争。渠道竞争是指渠道成员之间为了争夺市场份额和客户资源而进行的竞争。适度的竞争可以促进渠道成员的创新和进步，提高整个渠道系统的效率和服务水平。但过度的竞争则可能导致渠道成员之间的恶性竞争和资源浪费，损害整个渠道系统的利益。

为了管理渠道竞争，企业需要制定合理的竞争政策和规则，确保渠道成员之间的竞争公平、有序。同时，企业还需要加强对渠道成员的监管和约束，防止恶性竞争的发生。此外，企业还可以通过提供差异化产品和服务等方式降低渠道成员之间的竞争压力。

③ 渠道冲突。渠道冲突是指渠道成员之间由于利益不一致、目标不一致或行为不一致而产生的矛盾和争执。渠道冲突可能导致渠道成员之间的合作破裂、资源浪费和市场混乱等问题。

为了处理渠道冲突，企业需要深入了解冲突的原因和性质，采取合适的解决策略和方法。同时，企业还需要加强渠道成员之间的沟通和协调，增进彼此之间的理解和信任。此外，企业还可以通过调整渠道结构、优化渠道政策等方式，从根本上解决渠道冲突问题。

（3）渠道控制

渠道控制是营销渠道管理中的重要内容，旨在通过对渠道成员的行为和决策进行影响和制约，确保渠道系统的顺利运行和企业目标的实现。渠道控制的控制手段主要有以下几种。

① 产品控制。产品控制是指企业对渠道成员销售的产品种类、质量、品牌等进行管理和控制。企业需要对渠道成员销售的产品进行严格的质量把关和品牌管理，确保产品符合企业的要求和标准。企业还需要对渠道成员进行产品知识和销售技能培训，以提高渠道成员的产品推广和销售能力。

② 价格控制。价格控制是指企业对渠道成员销售产品的价格进行管理和控制。企业需要制定合理的价格政策和价格体系，确保渠道成员之间的价格竞争公平、有序。企业还需要对渠道成员的价格行为进行监督和约束，防止价格混乱和恶性竞争的发生。

③ 促销控制。促销控制是指企业对渠道成员的促销活动进行管理和控制。企业需要制定统一的促销策略和计划，确保渠道成员之间的促销活动协调一致。企业还需要对渠道成员的促销行为进行监督和评估，确保促销活动的有效性和合规性。

④ 销售区域控制。销售区域控制是指企业对渠道成员的销售区域进行管理和控制。企业需要明确各渠道成员的销售区域和职责范围，防止窜货和跨区域销售等问题的发生。企业还需要对渠道成员的销售区域进行动态调整和优化，以适应市场变化和企业发展的需要。

7.3.4　促销策略

促销是企业营销活动的重要组成部分，一般包括广告、人员推销、营业推广和公共关系等具体活动。促销的本质是通过传播实现企业同其目标市场之间的信息沟通，以最终达到促进销售的目的。

1. 促销的含义

促销是指企业将有关产品的信息通过各种方式传递给目标受众，以促进目标受众了解、信赖并采取行动购买本企业的产品，从而达到增加产品销售量的目的。促销实质上是一种沟通活动，即企业（信息提供者或发送者）发出旨在刺激消费的各种信息，以影响目标受众（目标消费者）的态度和行为。

2. 促销的类别

促销通常可以分为人员促销和非人员促销两大类。其中人员促销专指人员推销；非人员促销包括广告、销售促进和公共关系。

（1）人员推销

人员推销是指企业通过推销人员直接与潜在或现有客户沟通，以促成交易、建立客户关系并实现销售目标的营销活动。人员推销通过直接与客户沟通（包括面对面交流、电话沟通等方式），能够精准把握客户需求、灵活调整销售策略、即时促成交易，并强化客户关系。然而，这种方式成本高，且对推销人员的专业能力依赖较强。

（2）广告

广告是指企业为了促进产品销售，主要以付费的方式，通过各种媒体所进行的单向或双向的营销传播活动。广告具有提升企业品牌知名度，激发消费者购买欲望，塑造品牌形象，引导消费趋势及增强市场竞争力等作用，是企业重要的促销手段。广告的核心是创意，好的广告创意作品，如朗朗上口的广告词、独树一帜的广告形象、身临其境的广告情景往往很容易吸引消费者的注意力，促使其产生购买行为。广告促销的缺点是成本较高，广告效果具有滞后性等。

（3）销售促进

销售促进又称营业推广，是企业为刺激需求而采取的，向中间商和消费者提供额外价值或激励的营销活动。销售促进通常表现为折扣出售、免费试用、附带赠送礼物、抽奖活动、销售竞赛等一系列短期诱导形式的促销方式，具有短期性、时效性和不定期性的特点。它在短期内能吸引大量消费者，促进产品销售量大幅度增长。销售促进应与其他促销手段联合使用，且不宜长期和频繁使用。因为长期和频繁的销售促进会损害企业的品牌形象，削弱盈利能力，影响渠道伙伴间的关系，还会培养消费者只在销售促进期间购买的习惯。

（4）公共关系

公共关系是指企业以非付费的方式，为建立和维护与公众之间的良好关系而采用的一系列传播计划和控制措施，从而达到树立良好企业形象，促进产品销售的目的。企业通过媒体进行宣传，或通过其他大众媒介以非直接付费的方式传递信息，都属于公共关系活动。企业进行公共关系活动，是通过中立的第三方发布消息，信息真实可靠，具有新闻价值，加上传播范围广，因此有助于提高公众对企业品牌的认知度。此外，公共关系活动花费的成本低廉，是较省钱的促销工具。公共关系活动的缺点是由于大众媒介不受企业控制，可能会出现负面的新闻报道，对企业不利甚至会给企业带来灾难性的后果。

不同的促销方式各有其优缺点，如表 7-3 所示。因此在营销实践活动中，很少有企业采用单一的促销方式，而是采用促销组合的方式，以充分发挥各种促销方式的优点。

表 7-3　不同促销方式的优缺点

促销手段	付款方式	优点	缺点
人员推销	以工资或薪酬方式向销售人员支付	反馈及时，具有强烈的说服力，可以选择推销对象，能给予详细的产品信息	价格昂贵，信息可能在人员传递过程中改变
广告	按空间和时间支付费用	目标受众广泛，传递速度快，效率高	成本高，效果具有滞后性
销售促进	根据推广方式支付大范围的费用	短期内能有效改变消费者的购买行为，灵活性强	推广方式容易被竞争者模仿，容易引起消费者对产品质量的怀疑
公共关系	无	可信度和真实性很高	很难与媒体合作

3. 促销组合及促销组合策略

（1）促销组合

促销组合是指企业运用人员推销、广告、销售促进和公关关系这四种基本促销方式，组合形成一个策略系统，使企业的所有促销活动互相配合、协调一致，最大限度地获得促销效果，从而顺利实现企业目标。促销组合体现了现代市场营销理论的整合营销思想。促销组合是一种系统化的整体策略，人员推销、广告、销售促进和公共关系则构成了这一整体策略的四个子系统。每个子系统都包含了一些可变因素，即具体的促销手段或工具。某一因素的改变意味着促销组合的变化，也就意味着一种新的促销策略。

（2）促销组合策略

促销组合策略是指根据企业的产品特点和经营目标的要求，有计划地综合运用各种有效的促销手段所形成的一种整体的促销措施。

根据促销运用的手段和侧重点的不同，促销组合策略总体上可分为推式策略和拉式策略两大类型。推式策略是指上游企业直接针对下游企业或目标消费者采用人员推销、销售促进等开展促销活动。拉式策略是指制造商直接针对最终消费者开展促销活动。拉式策略一般以广告为主要促销手段，直接诱发消费者产生购买欲望，由消费者向零售商、零售商向批发商、批发商向制造商求购，由下游至上游，层层拉动，实现产品销售。

企业的促销组合策略，实际上也是对人员推销、广告、销售促进和公共关系这四种促销方式的综合运用策略。在企业促销活动实践中，通常是推拉结合，有推有拉。也就是说，一方面要用广告来拉动最终消费者（用户），刺激最终用户产生购买欲望，另一方面要用人员推销、销售促进的方式向中间商推荐产品，以使中间商乐于经销或代理自己的产品，形成有效的分销链。当然，企业在制定促销组合策略时，还要考虑产品的性质，并参考促销预算等有关因素。

7.4　网络营销

网络营销是电子商务中一种重要的营销形式。近年来，网络信息技术的不断进步，消费者价值观的改变及激烈的商业竞争，促进了网络营销的蓬勃发展。自 2013 年起，我国就一直是全球规模最大的网络零售市场。网络营销在促进我国经济发展的过程中发挥着极为重要的作用。

延伸学习

网络营销的理论基础

7.4.1　网络营销的含义与内容

1. 网络营销的含义

基于不同的视角，众多学者对网络营销有着不同的定义。综合诸多观点，本书认为网络营销（Online Marketing 或 E-Marketing）是指以现代营销理论为指导，以国际互联网为基础，利用数字化的信息和网络媒体的交互性来满足消费者需求的一种新型的市场营销方式。可见，网络营销的实质仍然是市场营销，是传统的营销方式在网络时代的变革与发展。

与传统营销相比，网络营销具有可以降低营销成本，突破市场的时空限制，满足消费者的个性化需求，提供更好的购物体验，实现与消费者的实时互动等优点，因而已成为当前最受企业重视的主流营销方式之一。

2. 网络营销的内容

网络营销涉及的范围较广，所包含的内容也较为丰富，主要有网络市场调查，网络消费者行为分析，网络营销策略制定，营销流程改进，网络营销管理，网络营销工具与方法的应用，网络营销策划。网络营销的具体内容如表 7-4 所示。

表 7-4　网络营销的内容

网络营销的内容	具体描述
网络市场调查	企业通过互联网进行市场调查，包括调查设计、资料收集、资料处理与分析等，旨在快速获取有用的网络信息，了解市场，准确把握消费者需求
网络消费者行为分析	企业深入了解网络消费者不同于传统消费者的需求特征、购买动机和购买行为模式，以帮助企业制定有效的网络营销策略
网络营销策略制定	企业为实现网络营销目标，所制定的产品策略、价格策略、渠道策略和促销策略。企业在制定网络营销策略时，需充分考虑互联网特性、网络产品特征和网络消费者需求特点
营销流程改进	企业利用互联网实现在线销售、在线支付、在线服务等，收集并分析消费者需求，以生产个性化产品，改进营销流程
网络营销管理	企业为实现网络营销目标而采取一系列计划、组织、领导和控制等管理活动。企业在实施管理时应关注网络消费者的隐私保护和信息安全问题
网络营销工具与方法的运用	企业通过使用各种网络营销工具，运用多种网络营销方法实现企业网络营销目标
网络营销策划	企业围绕企业网络营销目标，对营销活动进行策略规划与方案制订

7.4.2　网络营销方式的演进

延伸学习

Web1.0 时代网络营销的主要方式

1. Web1.0 时代的网络营销方式

Web 1.0 是指第一代互联网，始于 20 世纪 90 年代，主导其发展的是以互联网和信息技术为代表的技术创新。以新浪、搜狐、网易为代表的综合性门户网站和以谷歌、百度为代表的通用搜索网站是 Web1.0 的典型代表。在 Web1.0 时代，用户上网主要是浏览信息与搜索信息，流量和广告是互联网商业模式的核心体现。Web1.0 的网络营

销与传统的线下营销在理论上并无明显差异，消费者仍扮演"读者"或"听众"的角色，延续着被动的信息接收状态。在 Web1.0 时代，网络营销形式主要是以广告投放为主的网络宣传推广。

在 Web1.0 时代，网络营销包括企业网站营销、搜索引擎营销、许可 E-mail 营销、交换链接营销、网络广告营销、BBS 营销等。

2. Web2.0 时代的网络营销方式

Web2.0 是 2003 年之后互联网的热门概念之一，是相对 Web1.0 而言的对新一类互联网应用的统称。Web2.0 的核心思想是用户可以主动参与网络而不是被动接受信息。Web2.0 时代的互联网主要有社交网络、博客、论坛等，用户可以主动发布内容，评论他人的内容，分享信息等。相对于 Web1.0，Web2.0 则更注重与用户的交互，用户既是网站内容的浏览者，也是网站内容的制造者。

延伸学习
Web2.0 时代网络营销的主要方式

Web2.0 时代网络营销的本质是互动，网民可以更多地参与信息产品的创造、传播和分享。Web2.0 时代的网络营销方式主要有博客营销、微博营销、微信营销、QQ 营销、RSS 营销、SNS 营销、Wiki 营销等。

3. Web3.0 时代的网络营销方式

Web3.0 是指第三代互联网，也称作"智能互联网"，是在 Web2.0 的基础上发展而来的，是对 Web2.0 的升级和拓展。Web3.0 的核心思想是使用人工智能来改善互联网用户的使用体验。Web3.0 时代的互联网可以自动识别用户的需求，并提供相应的信息和服务。

延伸学习
Web3.0 时代网络营销的主要方式

Web3.0 相对于 Web2.0 具有许多优势。首先，Web3.0 可以通过人工智能和大数据分析等技术更加精准地识别用户的需求和偏好，为用户提供更加个性化的服务。其次，Web3.0 可以通过物联网技术将网络与现实世界联系起来，实现对实体物品的跟踪和管理。再次，Web3.0 还可以通过智能合约等技术提高交易的效率和安全性。最后，Web3.0 相对于 Web2.0 具有更强的交互性和协作性，能够更好地满足用户的需求，带来更加便捷和高效的使用体验。

在网络营销 3.0 时代，网络营销出现了比较大的变化，集中体现在营销策略与实现手段上的变革方面。营销方式主要有精准营销、嵌入式营销、Widget（微件）营销和数据库营销。

7.4.3　网络营销策划

1. 网络营销策划的含义与原则

（1）网络营销策划的含义

网络营销策划是指企业为了实现特定的网络营销目标，通过系统地分析市场和目标消费者，对网络营销活动和策略进行规划、设计和执行的过程。与计划相比，策划更加强调方案的谋略性和创意性，包含了策略思考、布局规划和谋划制胜等内容。

（2）网络营销策划的原则

为了提高网络营销策略的准确性和科学性，企业在制订网络营销策划方案时应遵循经济性、可操作性、协同性、创新性和权变性五大原则，如表 7-5 所示。

表7-5 网络营销策划的原则

原则	描述
经济性	网络营销策划的核心目标是实现经济效益的最大化。能够在有限的资源下，寻求最有效的解决方案，以低成本来获取高收益收是网络营销策划成功的重要标志
可操作性	网络营销方案必须是一系列具体的、明确的、直接的、相互联系的行动指南，所以网络营销策划中要详细规划每个步骤，确保企业各成员、部门能够明确自己的职责
协同性	网络营销策划不是某一种方法的应用，而是多种营销手段和方法的综合应用，如在网络营销策划中使用场景化营销、论坛营销、直播营销多种网络营销方法
创新性	随着网络给消费者带来的选择多样化和便利化，以及个性化消费需求的日益增长，创新对于企业提高效用、赢得市场份额变得尤为重要。在网络营销策划过程中，策划人员应注重创新，创造出符合消费者个性化需求的产品和服务特色
权变性	市场随时都在波动变化，企业的网络营销策划必须具有权变性，只有这样才能适应市场环境，在激烈的市场竞争中获胜

2. 网络营销策划的流程

网络营销策划需按照一定的程序来进行，具体流程如下。

（1）进行市场分析

网络营销策划的第一步是进行市场分析，内容包括网络营销环境分析、目标消费者分析等。网络营销环境分析又可分为宏观环境分析、行业环境分析及企业内部环境分析。目标消费者分析内容包括分析网络消费者的需求特点，影响网络消费者购买行为的因素及网络消费者的购买行为过程等。市场分析是开展网络营销策划的前提，也是界定网络营销策划问题的关键。

（2）确定网络营销策划目标

网络营销策划目标是指企业通过网络营销策划活动所想要取得的预期营销成果。它对企业制定网络营销策略和行动方案具有明确的指导作用。企业在确定网络营销策划目标时要基于市场分析的结果，制定切实可行的目标。企业确定网络营销策划的目标时，应明确以下几点。

① 网络营销策划目标必须具有明确的实施主体，即"由谁来实现目标"。

② 网络营销策划目标的实现要有明确的时间限定，不管是长期目标还是短期目标，都应该有一个预先规定的完成期限。

③ 网络营销策划目标应该有明确的预期成果描述，否则所提的目标不过是空洞的口号。预期成果的描述包括要实现的销售增长目标、市场占有率目标、企业利润目标、企业品牌形象塑造目标等内容。

（3）调查目标消费人群

企业调查目标消费人群，一般可采用网络问卷调查或者借助大数据平台分析"用户画像"来实现。调查的主要内容包括确定目标消费人群的基本信息、生活习惯和消费行为，如年龄、性别、产品偏好、当下需求和购买水平等信息。只有充分掌握目标消费人群的信息，企业才能有的放矢，拟定精准的网络营销策划方案。

（4）构思网络营销策划创意

网络营销策划创意是指策划人员在网络营销策划中的一系列思维活动，是指对网络营销策划主题的提炼及对策划方案的综合思考与想象。

创意是网络营销策划的灵魂，策划人员的创意水平在很大程度上决定了网络营销活动的成败。构思网络营销策划创意是一项复杂而艰辛的创造性工作，但绝不是无中生有。它不仅需要策划人员拥有灵感，更需要策划人员具有扎实的营销功底，丰富的网络营销实战经验和科学严谨的创作态度。

（5）拟定网络营销策划方案

拟定网络营销策划方案是指策划人员在前期工作的基础上进行具体的网络营销活动安排，如投入多少活动经费，采用何种网络营销方式，不同阶段应采取的营销手段等。需要注意的是，在此阶段，策划人员需先拟定多个备选方案，然后从中选择最优的方案，同时方案要落实到书面上，即完成网络营销策划书的撰写。

（6）实施策划方案及监测优化

企业在确定网络营销策划方案之后，下一阶段的工作就是要将方案付诸实施。企业在实施网络营销策划方案时，要注意以下两点：一是企业必须要严格按照确定的方案开展网络营销活动；二是企业要做好对方案的执行、监测和控制工作，一旦发现偏离了既定的策划目标，就需要立即采取纠偏措施，根据监测结果优化调整策划方案，以实现更佳的营销效果。

（7）评估网络营销策划效果

网络营销策划的实施并不是整个活动的终结，企业还要对活动的最终效果进行评估。具体的做法是将实施效果与既定目标进行比较，如果存在问题，要分析问题产生的原因并找出解决的办法，以便今后加以改进。

3. 网络营销策划应用实例

为迎接 2023 年"五一"小长假和端午节的到来，北大荒集团旗下各企业"借势营销"，借"节"发力，综合运用广告、公演、现场售卖等营销手段，开展产品、品牌推介活动，提高产品销售，不断提升北大荒集团的品牌形象和产品市场占有率，让北大荒集团的优质产品走上更多百姓餐桌。

北大荒完达山乳业股份有限公司从"抢动销、扩声量、拓市场、树品牌、增效益"五个方面全面打响了营销战役。公司策划开展了"百日会战""亮翅行动"等决战终端的专项动销活动，通过试饮、促销、妈咪课堂、亲子嘉年华等活动及形式提高了终端成交率，同时以新国标婴幼儿奶粉产品上市为契机，加快了铺市进度和形象焕新，提升了终端形象和品牌认知。

完达山乳业股份有限公司以"新品试饮+全城热卖"方式强化终端促销，重点围绕"黑沃 0 脂高钙有机纯牛奶""乳此新鲜""益养 100""妍轻"及"艾菲娅"产品开展终端试饮及买赠促销活动，实现了新品快速导入、老品加快动销。公司创新性开展"以景点打卡—蛋白质充电站"的方式吸引游客打卡拍照，参与游戏互动，并且利用网红效应，扩大品牌宣传面，提升产品关注度。公司线上与天猫、京东等各营销平台联合推广产品，共享用户流量；同时开展"春意盎然之出游季"主题本地生活直播，提升品牌曝光度。完达山乳此新鲜旗舰店也结合节庆营销，主推网红竹筒冰淇淋等新品，与线上美团、饿了么平台开展应季活动，为门店引流，产品销售再创新高，引爆了节庆营销。

北大荒旗下九三粮油工业集团有限公司开展了"春意盎然新征程、九三昂首战春耕"主题营销活动，充分发挥品牌引领消费作用，积极抢占市场份额；不断强化中高端豆油、花色品类油种的推广及宣传，着力突出"九三"黑土地优质源头、绿色健康等特点，全方位拉动了"九三"品牌在消费人群中的活跃度；进一步深耕线上平台优势，如依托集团公司自有京东、天猫、拼多多、抖音、快手等官方自营电商平台流量，强化全国化市场份额，加深平台渠道合作，深挖优惠利益点。

北大荒食品集团有限公司充分发挥品牌和资源优势，在全国 60 余个重点城市有序开展了 150 余场以"暮春好时光 健康北大荒"为主题的"五一"营销活动；在电商平台、新媒体平台及自营平台"北大荒幸福生活网"小程序等线上营销平台通过限时满减、百亿补贴、户外直播等方式加强产品推广力度，营造出火热的营销氛围，重点推进了以"酒敬春晖、山水共赢"为主题的招商会及铺市活动。截至 2023 年 4 月底，集团郑州公司已圆满完成一场酒水品鉴会，会议期间销售额突破 197 万元；线下依托社区或周边零售终端，开展社区外展、陈列有奖、促销品搭赠等营销活动，并计划在端午节期间开展社区香包 DIY 大赛、包粽子大赛等习俗互动活动，增加临促人员现场讲解、交流沟通，提高消费者对产品的认知度及好感度；北大荒优选超市也借势"五一"、端午节假日的营销热潮，计划开展夏季主题促销，推出夏日冰品、BBQ 烧烤（网络流行语，意指户外烧烤）等时令产品主题活动，以期取得更好的营销成果。

本章实训

1. 实训目的

通过实训，掌握市场营销组合策略制定的程序与方法。

2. 实训内容及步骤

（1）老师介绍实训目标和内容，布置实训任务。

（2）同学们各自选定一家企业进行市场调研，收集相关数据和信息。

（3）同学们基于市场调查结果，确定企业的目标市场和市场定位策略。

（4）同学们在前期工作的基础上，为企业制订最终市场营销组合策略方案。

（5）老师批阅同学们提交的方案，并在课堂上进行总评。

3. 实训成果

实训作业——《××企业市场营销组合策略方案》。

本章习题

一、单选题

1. 市场营销的本质是（　　）。

　　A. 企业的销售增长　　　　　　　　B. 市场占有率的提高

　　C. 满足消费者的需求　　　　　　　D. 企业利润最大化

2. 根据产品整体理论，（　　）是指消费者购买某种产品时所追求的基本效用或利益，是产品整体概念中最基本、最主要的部分之一。

　　A. 附加产品　　　B. 形式产品　　　C. 潜在产品　　　D. 核心产品

3. 产品生命周期的最后一个阶段是（　　　）。

    A. 引入期　　　　　　B. 成长期　　　　　　C. 成熟期　　　　　　D. 衰退期

4. （　　　）是指在新产品上市之初，将价格定得较高，在短期内获取厚利，以尽快收回投资。

    A. 渗透定价策略　　B. 撇脂定价策略　　C. 满意定价策略　　D. 心理定价策略

5. 折扣出售、免费试用、附带赠送礼物属于促销策略中的（　　　）。

    A. 人员推销　　　　B. 广告　　　　　　C. 公共关系　　　　D. 销售促进

二、多选题

1. 现代营销系统的主要参与者包括（　　　）。

    A. 企业　　　　　　B. 供应商　　　　　C. 市场中介

    D. 消费者　　　　　E. 管制机构

2. 有效市场细分的原则有（　　　）。

    A. 可区分性　　　　B. 可测量性　　　　C. 可进入性

    D. 可营利性　　　　E. 可定位性

3. 传统的 4P's 营销组合策略是指（　　　）策略。

    A. 价格　　　　　　B. 渠道　　　　　　C. 产品

    D. 促销　　　　　　E. 公共关系

4. 以下属于 Web1.0 时代的网络营销方式是（　　　）。

    A. 企业网站营销　　B. 搜索引擎营销　　C. 许可 E-mail 营销

    D. 微博营销　　　　E. BBS 营销

5. 以下属于网络营销策划原则的有（　　　）。

    A. 经济性　　　　　B. 可操作性　　　　C. 协同性

    D. 创新性　　　　　E. 权变性

三、名词解释

1. 营销观念　　2. 市场细分　　3. 营销组合　　4. 品牌策略　　5. 网络营销

四、简答及论述题

1. 市场调研的方法主要有哪些？

2. 影响消费者购买行为的因素有哪些？

3. 常见的心理定价策略有哪些？

4. 试论述市场定位策略中的迎头定位策略。

5. 试论述产品成熟期的特点及营销策略。

案例讨论

冰雪节开启　火出圈的"尔滨"再掀热潮

    2024 年 1 月 5 日晚，在漫天烟火的照耀下，在欢快悠扬的歌声中，在此起彼伏的欢呼声中，第 40 届中国·哈尔滨国际冰雪节在哈尔滨冰雪大世界启幕，来自四面八方的游客共同领略了这场冰雪盛宴。哈尔滨冰雪节盛况如图 7-4 所示。

图 7-4　哈尔滨国际冰雪节盛况

冰雪节，对哈尔滨人来说，是一个特别的假期。根据《哈尔滨市人民政府办公厅关于 2024 年哈尔滨市部分节假日安排的通知》，1 月 5 日全市公休 1 天。

2024 年哈尔滨国际冰雪节围绕冰雪节庆、冰雪文化、冰雪艺术、冰雪体育等七大板块，推出了百余项特色活动。自 1985 年哈尔滨举办首个以冰雪活动为主题的国际性节庆活动以来，中国·哈尔滨国际冰雪节已成为与日本札幌冰雪节、加拿大魁北克冬季狂欢节和挪威奥斯陆滑雪节齐名的四大冬令盛典之一。

哈尔滨不仅有排队打卡的冰雪大世界，还有市井气洋溢的红砖街早市，行李箱摆成小山的洗浴中心，排号起码一小时的铁锅炖……冰雪节，只是为近来火出圈的"尔滨"再添了把火。

冰雪节期间，来自广西的 11 个"砂糖橘"引发了网友的"追更"。这群小朋友北上研学，受到"尔滨"无微不至的照顾。冰雪节当天，广西方面传来消息，多批砂糖橘紧急发往冰城，赠送东北"老铁""投橘相报"。

为了举办一场别开生面的"凤凰飞天秀"表演，沈阳将两台"金凤凰"造型的无人机借给哈尔滨，不仅给哈尔滨"上新活儿"，也加强了兄弟城市之间的交流与合作。

中国旅游研究院 1 月 5 日发布的"2024 年冰雪旅游十佳城市"中，哈尔滨市位列榜首。2024 年元旦 3 天假期，哈尔滨市累计接待游客 304.79 万人次，实现旅游总收入 59.14 亿元，均达到历史峰值。

有人说，"尔滨"出圈，缘于"尔滨"变了：切块摆盘的冻梨，新鲜出炉的索菲亚大教堂甜点，1.5 米长的冰糖葫芦，撒糖的豆腐脑，用勺子吃的烤红薯……这座东北城市仿佛一时间开悟，让人们感到"熟悉又陌生"。熟悉的是每年冰雪季都喧嚣热闹，陌生的是旅游业催生出一系列"倾我所能、尽我所有"。

"南北方在饮食、语言习惯上存在不少差异，我们尽量满足游客的需求。"哈尔滨一家餐厅的服务员说，以往人们熟知东北人语言的霸气和豪爽，如今出圈的"公主请上车""王子请吃饭"则代表着"尔滨"的热情与友善。

"以前旅游季人也多，但没今年这么火爆。现在最火的店一天翻台 400 桌左右，接待能力接近饱和"，山河屯铁锅炖创始人说。为了更好地照顾来自南方的游客，该公司组织了爱心车队，在各个景区提供免费接送服务。

看似偶然，"尔滨"的爆火实则有迹可循。"我姓哈，喝阿哈，五湖四海谁都夸……"

2023 年 9 月以来，哈尔滨文旅部门策划推出了颇具"网感"的宣传片，"欢迎来北境""霍格沃茨哈尔滨分校"等符合年轻人喜好的短视频密集发布，为冬季旅游积累了人气。

一波波热度袭来，"尔滨"继续"上大分""一天一个新花样"。地铁方面推出了免费"地铁摆渡票"，文旅部门发布了大雪人地图和旅游攻略，中央大街给地下通道铺上了地毯，交通指示牌被连夜更换，暖心志愿者免费提供红糖姜茶……"尔滨""有求必应"，政府部门和普通市民满腔热忱，感染着四方游客。

"哈尔滨厚积薄发，为这波爆火做足了准备"，中国旅游研究院院长戴斌分析说，游客满意度高不高、经营主体竞争力强不强、发展动能新不新，是新时代旅游业高质量发展面临的必答题；要以游客满意为导向，进一步完善冰雪旅游商业环境，打造更为便利的基础设施和高质的公共服务。

哈尔滨国际冰雪节前夕，哈尔滨市委宣传部、市文明办在全市启动了"激情迎亚冬·窗口展风采"文明服务品质提升专项行动；倡导以客为先、以客为尊、以客为亲，围绕服务品质提升开展了"滨滨有礼"行业风采展示活动、"窗口服务体验官"活动等 6 项主题活动，聚焦"吃住行游购娱"，旨在共同打造"冰雪文化之都"。

按照哈尔滨市有关发展规划，哈尔滨市将积极打造冰雪旅游"吃住行游购娱"全产业链，同时着力提升旅游行业的市场化运营、标准化建设、规范化管理和智慧化赋能水平，推进各类景区景点提档升级，满足个性化、差异化的消费需求。

期待哈尔滨和更多城市以更高的智慧、更久的耐心，夯实城市旅游发展的硬基础和硬实力，拥抱文旅消费的春天。

资料来源：新华网。

思考讨论题：

1. 请从网络营销策划的角度探讨哈尔滨冰雪节的成功。
2. 结合本案例，请谈谈旅游景点如何才能从"网红"变"长红"？

第8章

企业财务管理

本章导学

　　财务管理是企业管理的重要组成内容。企业财务管理的核心是通过有效的管理措施，对企业资金的筹集、使用和分配进行管理，以实现企业的财务目标，为企业的长期发展提供有力支持。本章主要介绍财务管理的有关概念、资金时间价值、企业筹资的方式、影响投资的因素、成本和费用管理、收入和利润管理、财务分析等内容。通过对本章的学习，读者可以掌握企业财务管理的基本知识和技能。

知识结构图

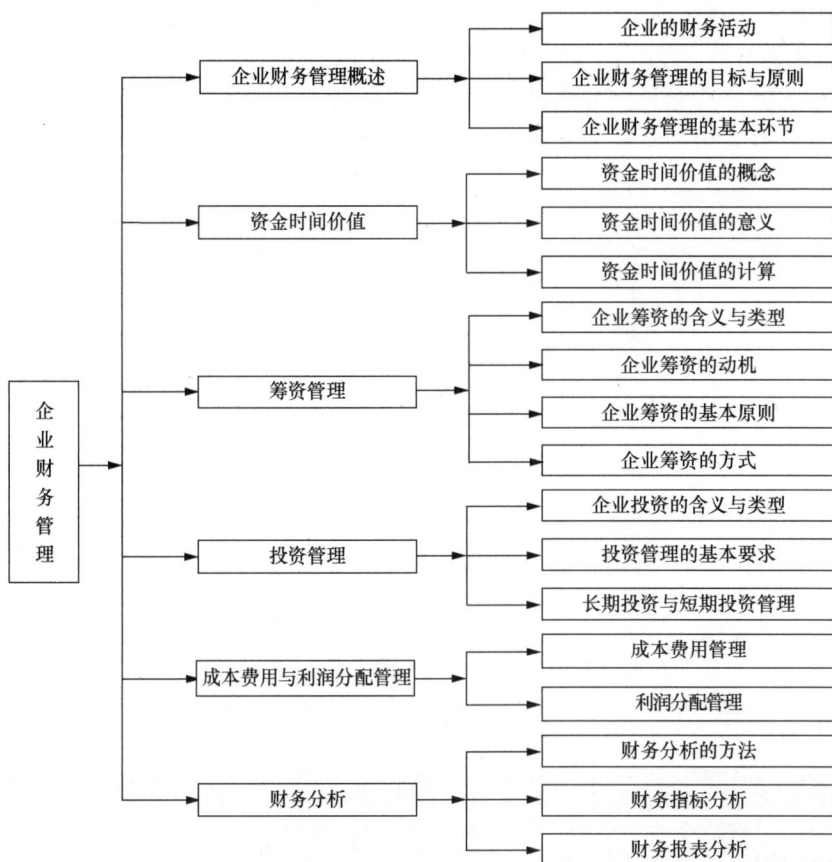

A 公司是一家注册资金为 100 万元人民币的小微企业，主要代销通信产品并负责产品安装等售后服务。该公司在竞争激烈的市场中始终保持着较高的盈利水平，这与其成功的财务管理有很大关系。

成本控制是许多中小企业所普遍重视的，成本的节约应该是一种有取舍、有原则的节约。为了节约人员开支，A 公司采取了灵活的用工策略。对于少量的设备安装业务，公司多采用外包的方式；对于一般产品的日常维护工作，公司交付给经过业务培训的销售人员来完成；针对高端机器的紧急修理工作，公司则通过鉴定协议由上游厂商来完成。

虽然 A 公司财务部只有 3 名员工，但他们的工作对公司的整体运作起到了强大的支撑作用。A 公司推行的是"人人参与财务管理"的模式。A 公司在走廊中以板报的形式让财务人员每天按照合同的具体条目更新现金回收状况。它的出现引起了 A 公司每个人的关注：业务人员经常来查对，并通过它来跟进自己负责的合同的收款进度；主管通过它来估计二级经销商回款情况。在 A 公司，应收账款在收回前被看成一项市场费用。如果还没有收到货款，销售工作就不能算已经完成，当然 A 公司也不会给相应的销售人员支付佣金。"人人参与财务管理"的模式极大地调动了销售人员的积极性，杜绝了销售人员只管签订合同而不管实际收款的情况。

A 公司规模虽然不大，却注重吸收先进技术，运用财务管理软件进行库存管理。A 公司对每个月的销量都会进行细致统计，并建立安全库存管理模式，一旦存货低于警戒线便立即补货。这样公司在保证存货供应的同时，又大大降低了存货所占用的资金。

问题：A 企业财务管理的成功经验是什么？结合案例，请谈谈财务管理在企业经营活动中的重要性。

8.1 企业财务管理概述

企业财务是指企业在生产经营过程中客观存在的资金运动及其所体现的经济利益关系。企业财务管理是企业根据相应的法律、法规，利用价值形式对企业生产经营过程进行的管理，是组织财务活动、处理财务关系的一项综合性管理工作。

8.1.1 企业的财务活动

企业的财务活动是指企业为满足生产经营需要而进行的资金筹集、投放、使用、收回及分配等一系列的活动。企业的财务活动一般包括以下四个方面。

1. 筹资活动

只有在必要的资金支撑下，企业的创立和经营活动才能得以开展。企业筹集资金的常用方式有以下两种：

（1）筹集股权资金方式，包括吸收直接投资、发行股票、企业内部留存收益等方式；

（2）筹集债务资金方式，包括银行借款、发行债券、融资租赁等方式。

2. 投资活动

企业投资分为广义的投资和狭义的投资。广义的投资又可分为对内投资和对外投资。对内投资是指企业将资金投放于企业内部的过程，如购置流动资产、固定资产、无形资产等投资行为；对外投资是指企业将资金投放于企业外部的过程，如购买其他企业的股票、债券或对其他企业进行的直接投资。狭义的投资则仅指对外投资。广义的投资与狭义的投资的共同之处在于都需要企业支付资金，都以获取投资报酬为目的。当投资变现时，企业会产生资金的收入。

3. 资金营运活动

企业在日常生产经营活动过程中，会发生一系列的资金收付行为。首先，企业需要从外部采购材料或商品，用于生产和销售活动。另外，企业还需要支付工资及其他营业费用。其次，企业将商品或产品售出从而取得收入，回收资金。最后，在资金不能满足经营需要时，企业则需要筹集所需资金。营运资金是指为满足企业日常经营活动的需要而垫支的资金。因企业日常经营而引起的财务活动称为资金营运活动。

4. 分配活动

企业通过投资和资金营运活动，在取得相应收入的同时实现了资金的增值。在补偿了成本、缴纳税金后，企业还依据有关法律对剩余利润进行分配。进行利润分配时要注意两种资金报酬分配的不同之处：权益资金的报酬分配是按照税后利润来进行的，负债资金的报酬分配是按照税前利润来进行的。从广义上讲，分配是一种对企业各种收入进行分割和分派的行为活动；从狭义上讲，分配则仅指对企业净利润的分配。

> **课堂讨论**
>
> 有不少人将财务与会计混为一谈，认为两者没有区别，甚至一些企业也这么认为。它们在招聘财务管理人员时根本不区分应聘者是财务专业背景还是会计专业背景，导致一些招聘来的会计无法胜任财务管理工作。
>
> 问题：为什么会有不少人混淆会计和财务的概念？两者到底有哪些不同？

上述财务活动相互联系、相互依存。一个完整的企业财务活动正是由上述四个方面的活动构成的。

8.1.2　企业财务管理的目标与原则

1. 财务管理的目标

（1）利润最大化目标

企业只有取得一定的利润，才能正常经营下去，进而谋求更大的收益。因此，利润最大化是企业财务管理的重要目标之一。

企业以利润最大化为目标，有以下主要优点：①有利于促使企业开源节流，研发新技术和新产品，降低成本，不断优化资源配置结构，从而占领更大的市场，获得更多的利润。②有利于企业更加直观地了解自身的发展情况，明确自身的市场定位。

但是，企业以利润最大化为目标，也有以下缺点：①忽略了利润实现的时间和资金时间价值。在不同历史时期和阶段，货币的价值是不同的，如中华人民共和国成立初期的 1 元与现在的 1 元的价值就是不同的。②忽略了行业问题。在市场经济中，不同行业的情况不同，相同价值的利润对于不同行业的意义是不同的。例如，高新技术产业与纺织工业的利润就不能简单比较。③容易导致企业决策的短期化。因为利润是非常直观的指标，所以企业在实际运营过程中，一般以月、季度或者年为时间段来计算利润，导致容易着力于短期利润而忽略长期发展。

（2）股东收益最大化目标

股东收益最大化是指企业通过财务上的合理经营，为股东带来最多的财富。企业以股东收益最大化为目标，有以下主要优点：①概念清晰，股东收益最大化可以用股票市价来表现。②科学地考虑了资金的时间价值。③科学地考虑了风险因素，因为风险的高低会对股票价格产生重要影响。④在一定程度上能够克服企业在追求利润上的短期行为，因为不仅目前的利润会影响股票价格，预期未来的利润也会对企业股票价格产生重要影响。⑤目标比较容易量化，便于考核和奖惩。

但是，企业以股东收益最大化为目标，也有以下缺点：①只适用于上市公司，对非上市公司很难适用。②要求金融市场是有效的。这是因为股票的分散和信息的不对称，经理人员为实现自身利益的最大化，有可能以损失股东的利益为代价做出逆向选择。③容易忽视其他相关者的利益。企业与员工、合作商等的关系非常紧密，忽视其他相关者的利益，不利于企业的长远发展。

（3）企业价值最大化目标

企业价值最大化是指企业通过在财务上的合理经营，采用最优的财务政策，充分考虑资金的时间价值和风险与报酬的关系，在保证企业长期稳定发展的基础上，使企业总价值达到最大。其基本思想是将企业长期稳定发展摆在首位，强调在企业价值增长中满足各方利益关系。

企业以企业价值最大化为目标的优点是：①有利于企业决策的长期化，避免短期化倾向；②将价值作为指标更加稳定，用价值替代价格作为依据会减少很多外界的干扰，对企业价值的评估会更加有效。

但是，企业以企业价值最大化为目标的主要缺点是价值很难准确界定，缺乏清晰的衡量标准。

2. 企业财务管理的原则

（1）收益与风险均衡原则

风险与收益相伴，要取得收益，就不可避免地要面对一定的风险。对企业而言，如何达到收益与风险的均衡是必须面对的问题。这就要求企业对每一项具体的财务活动都要进行收益性和安全性的分析，按照风险和收益适当均衡的原则，趋利避害，力争做到以较低的风险获取较高的收益。

（2）利益关系协调原则

企业在实施财务管理过程中，应做好债权人和债务人、所有者和经营者、企业和个人、投资者和受资者之间的各种利益关系的协调与兼顾工作。

（3）货币的时间价值原则

企业在资金筹集、运用和分配时运用货币的时间价值原则，能够有效地提高财务管理水平，也是作好融资、投资、分配决策的有效保证。企业运用货币的时间价值原则，需要将投资项目未来的成本和收益通过现值来表示，如果未来收益的现值大于未来的成本现值，并且未来风险投资的收益高于无风险投资的收益，则该项目可以实施，反之则不可实施。

（4）财务战略管理原则

企业的财务战略管理是指企业为了实现财务目标而进行的长远规划和控制的过程，

主要包括四个环节：制定战略目标、确定战略规划、实施战略部署和业绩评价。这就要求企业应从财务目标的角度出发，在对经济周期、经济政策、税收政策、同行业竞争者等财务环境因素进行充分分析的基础上，结合企业的实际情况制定长远规划，掌握企业的发展方向，并积极开展具体的运营活动。

（5）财务收支平衡原则

在财务管理工作中，财务收支平衡原则是企业必须遵循的原则。如果企业收不抵支，则可能会导致资金链的中断或停滞。如果一定时期的收支总额是平衡的，但是收支不同步，出现先支出后收入的情况，则可能会影响企业资金的顺利周转。企业要做到收支平衡，一方面要做到增收节支，另一方面要积极运用短期投资和筹资行为来调剂资金。企业一旦发现资金有所短缺，就应通过办理借款、发行短期债券等方式进行融资；当企业资金充裕时，可以选择合适的项目进行短期投资。

8.1.3 企业财务管理的基本环节

企业财务管理的基本环节是指企业财务管理的一般工作步骤和程序。财务管理的基本环节是否严密、科学和完善，直接关系到企业管理工作的成功与否。实践表明，一个健全的企业财务管理系统至少应包括五个基本环节：财务预测、财务决策、财务预算、财务控制和财务分析。这五个环节相互配合、联系紧密，最终形成财务管理循环。

1. 财务预测

财务预测是指企业根据财务活动的现有资料，结合企业的经营目标，针对企业未来一段时间内的财务活动和财务成果所进行的科学预计和测算的过程。财务预测是为企业财务决策、财务预算、财务控制和财务分析提供较为可靠的依据的环节。财务预测涉及企业的整个经营过程，预测的对象不仅仅是资金需求量和成本费用，还包括销售收入、利润总额和分配等。财务预测工作一般应遵循以下工作步骤：①明确预测对象和目的；②收集和整理相关资料；③确定预测方法，建立预测模型；④确定并提供预测结果。

2. 财务决策

财务决策是指在财务目标的总体要求下，财务人员运用专门的决策方法从众多备选方案中选出最佳方案的过程。现代企业财务管理系统以财务决策为核心，财务决策对企业未来的发展方向起决定作用，也关系到企业的兴衰存亡。财务决策主要包括筹资决策、投资决策、股利决策和其他决策。筹资决策着重解决企业如何以最低成本获得所需资金，维系合理的资本结构的问题，包括确定筹资对象、数量、方式、时间结构比例关系等。投资决策着重解决企业如何选择投资对象、投资数量、投资时间、投资方式和投资结构的问题。股利决策着重解决企业如何合理分配股利的问题。其他决策涉及企业对兼并与收购、企业破产与重整等方面的决策。

财务决策一般应遵循以下工作步骤：①确定决策目标；②提出备选方案；③选择最优方案。常见的财务决策方法有两种：经验判断法和定量分析法。前者的判断依据是决策者的经验，主要包括淘汰法、排队法和归类法。后者以决策理论中的定量方法来确定、分析、评判、选择方案，主要包括数学分析法、数学规划法、概率决策法、效用决策法

和优选对比法。

3. 财务预算

财务预算是指企业运用先进的技术手段和方法，对预算目标进行综合平衡，最终编制主要计划指标的过程。财务预算必须以财务决策确立的方案和财务预测提供的信息作为基础，是对财务预测和财务决策所确定的经营目标进一步的系统化、具体化，也是控制、分析财务收支的基本依据。同样地，财务预算也涉及企业财务活动的整个过程，主要包括现金预算、利润预算、财务状况预算。现金预算的对象是企业特定时期内现金流转时间及金额数量，内容包括对企业营业活动、投资活动和筹资活动的现金流量的预算。利润预算的对象是企业特定时期内的营业利润、利润总额和税后利润。财务状况预算的对象是企业一定时期内资产、负债和所有者权益的规模及分布情况。财务预算一般应遵循以下工作步骤：①分析财务环境，确定预算指标；②协调财务能力；③选择预算方法，编制财务预算。编制财务预算的方法主要有固定预算与弹性预算、增量预算与零基预算、定期预算和滚动预算等方法。

4. 财务控制

财务控制是指财务管理机构及人员以财务制度或预算指标为依据，采用特定的技术手段和方法，对各项财务收支进行日常的计算、审核和调节，将其控制在制度和预算规定的范围之内，发现偏差及时进行纠正，以保证企业财务目标实现的过程。财务控制主要包括对筹资、投资、货币资金收支、成本费用、利润、财务风险等方面的控制。财务控制一般应遵循以下工作步骤：①分解指标，落实责任；②计算误差，实时调控；③考核业绩，奖优罚劣。财务控制方法主要有防护性控制、前馈性控制和反馈性控制。

5. 财务分析

财务分析是指以会计核算资料为依据，对企业财务活动的过程和结果进行分析研究，评价预算完成情况，分析影响预算执行的因素及变化趋势的过程。通过财务分析，企业可以掌握各项财务预算和财务指标的完成情况，检查对国家有关方针、政策及财经制度、法规的执行情况，以不断改善财务预测和财务预算工作，提高财务管理水平。财务分析主要包括偿债能力分析、营运能力分析、获利能力分析、发展能力分析和财务综合分析等内容。财务分析一般应遵循以下步骤：①收集资料，掌握信息；②计算对比，进行评价；③分析原因，明确责任；④提出措施，改进工作。财务分析方法主要有因素分析法（差额分析法、连环替代法）、趋势分析法（定基分析法、环比分析法、绝对值分析法）和比率分析法（比率包括构成比率、效率比率、相关比率）。

8.2　资金时间价值

8.2.1　资金时间价值的概念

在不同的时间节点上，一定量的货币资金具有不同的价值，如今天的 1 万元和 10 年前的 1 万元的价值是不等的。资金在周转使用过程中，由于时间因素而会产生差额价值。该差额价值就是指资金在生产经营过程中带来的价值增值额，即资金的时间价值。

资金时间价值既可以用绝对数来表示，也可以用相对数来表示，即以利息额或利率来表示。在实际，通常以利率进行计量，利率实际上就是社会资金利润率，即指根据社会资金利润率来确定各种形式的利率（贷款利率、债券利率等）的水平。利率受资金时间价值、风险价值和通货膨胀等因素的影响，在利润平均化规律的作用下，资金时间价值一般被认为是在没有风险和没有通货膨胀条件下的社会平均利润率。

8.2.2　资金时间价值的意义

1. 资金时间价值是进行筹资决策，评价筹资效益的重要依据

筹资是企业资本运动的起点。在企业筹资活动中，资金时间价值是企业对筹资决策、筹资效益进行评价的重要依据。第一，企业在选择筹资时机时，要考虑资金的时间价值。一般来说，筹资时间和投资时间需要紧密衔接，即筹集资本之后需要尽快进行资本的投放，才能使所筹集资本能及时被运用，从而避免资本的闲置浪费。但是在实际操作过程中，受到多方面因素的影响，企业的筹资时间和投资时间并不完全一致。因此，企业必须树立资金时间价值的观念，对各项因素进行综合考虑，尽可能保持筹资时间与投资时间的一致。第二，企业选择举债期限时要考虑资金的时间价值。选择举债期限一般遵循以下原则：长期占用的资本用长期资金解决，短期占用的资本用短期资金解决。企业如果没有资金时间价值观念，就可能发生短期占用的资本用长期资金来解决的情况，就会闲置浪费资金，增加企业的筹资成本，加重企业的财务负担。第三，资金时间价值是企业对资本成本以及资本结构进行决策的重要基础。企业要取得和使用资金，必须付出一定的代价，即存在资本成本。资金时间价值和风险价值的统一是资本成本的一个重要属性，即资金时间价值是资本成本的重要组成部分。企业在进行资本结构决策时，资金上必须考虑建立在资金时间价值基础上的资本成本。因此，没有资金时间价值的观念，企业就无法正确确定资本成本，也不能作出正确的资本结构决策。

2. 资金时间价值是进行投资决策，评价投资效益的重要依据

首先，企业利用资金时间价值原理，能动态地对各种投资方案在不同时期的投资成本、投资报酬进行比较，避免了只是进行静态的简单比较，从而可以提高投资决策的正确率。目前，企业投资决策时采用的主要方法基本上考虑了资金时间价值。其次，树立资金时间价值观念，投资者会有意识地加强投资经营管理，从而可以降低投资成本。最后，树立资金时间价值观念，可大大缩短投资项目建设期，争取早日投产，为项目获取更大的效益。

3. 资金时间价值是考核经营成果的重要依据

资金时间价值反映在不考虑风险及通货膨胀的情况下的社会平均利润率。企业资金利润率必须不小于资金时间价值，即资金时间价值是企业资金利润率的最低水平，必须满足资金出让者对资金投入收益的最低要求。一般情况下，企业资金收支不会同时发生，为了对经营的最终成果进行正确评价，企业必须利用资金时间价值原理，将发生在不同时间点上的资金收支进行比较，从而得出正确的经营效益。

8.2.3　资金时间价值的计算

根据资金时间价值理论，可以将某一时点的资金金额折算成其他时点的金额，以便于分析不同时点的资金量。

为方便起见，本节在对资金的时间价值的计算方法进行介绍时，将有关变量用以下字母表示。

F——终值（本利和）；

P——现值（本金）；

A——年金；

i——利率（折现率）；

n——计息期数；

i 和 n 应相互配合，如 i 为年利率，则 n 应为年数；如 i 为月利率，则 n 应为月份数。

1. 单利的计算

单利是指只按本金计算利息，不对应付而未付的利息计算利息的方法。例如，某人将 1 000 元钱存入银行，存款年利率为 5%，一年后本利和为 1 050 元。若存款期限为 3 年，则每一年的利息都是 50 元（1 000×5%），则 3 年后的本利和为 1 150 元。目前我国银行存贷款业务一般都按单利计算利息。

（1）单利终值的计算

终值是指一定数额的资金在经过一段时期后的价值，即资金在其运动终点的价值，在商业上也称作"本利和"。如前例中的 1 150 元（1 000+1 000×5%×3）就是按单利计算的 3 年期存款的终值。单利终值的计算公式如下：

$$F = P + P \times i \times n = P \times (1 + i \times n) \qquad （式8-1）$$

式中，$(1+i \times n)$ 为单利终值系数。

（2）单利现值的计算

现值是指将未来某一时点上的一定数额的资金折合成现在价值后的价值，即资金在其运动起点上的价值，在商业上也称为"本金"。单利现值的计算公式如下：

$$P = F \times \frac{1}{1+i \times n} \qquad （式8-2）$$

式中，$\frac{1}{1+i \times n}$ 为单利现值系数。

可见，单利现值的计算同单利终值的计算是可逆的。由终值计算现值的过程称为被折现。

2. 复利的计算

复利是指在计算利息时，要把上一期的利息并入本金中一起计算利息的方法，即"利滚利"。例如，某人将 1 000 元钱存入银行，存款利率为 5%，若存款期限为 3 年。依据复利计算，则第 1 年的利息为 50 元（1 000×5%），第 2 年利息为 52.5 元（1 050×5%），第 3 年利息为 55.125 元（1 102.5×5%）。在一般情况下，资金的时间价值按复利计算。

（1）复利终值的计算（已知现值 P，求终值 F）

复利终值是指一定量的本金按复利计算若干期后的本利和。

【例8-1】某企业将 80 000 元现金存入银行，存款利率为 5%，如果存款期为 1 年，按照复利计算，则到期后的本利和为

$F = P \times (1+i) = 80\,000 \times (1+5\%) = 84\,000$（元）

假设该企业不提取现金，将 84 000 元继续存入银行，则到第二年的本利和为：

$F = [P \times (1+i)] \times (1+i) = P \times (1+i)^2 = 80\,000 \times (1+5\%)^2 = 88\,200$（元）

若该企业将所得本利和继续存入银行，则第三年的本利和为：

$F = \{[P \times (1+i)] \times (1+i)\} \times (1+i) = P \times (1+i)^3 = 80\,000 \times (1+5\%)^3 = 92\,610$（元）

同理，第 n 年的本利和为：

$$F = P \times (1+i)^n$$

上式就是复利终值的计算公式，式中 $(1+i)^n$ 一般被称作"复利终值系数"，用符号 $(F/P, i, n)$ 表示。例如，$(F/P, 5\%, 3)$ 表示利率为 5%，第 3 期的复利终值系数。因此，复利终值的计算公式也可写作：

$$F = P \times (F/P, i, n) \qquad （式 8\text{-}3）$$

为了便于计算，复利终值系数可以通过查阅"1 元复利终值系数表"获得。"1 元复利终值系数表"的第一行是利率 i，第一列是计息期数 n，则 $(1+i)^n$ 的值在其纵横交叉处。通过该表可查出，$(F/P, 5\%, 3) = 1.157\ 6$，即在利率为 5% 的情况下，现在的 1 元和 3 年后的 1.157 6 元是等值的。

（2）复利现值的计算（已知终值 F，求现值 P）

复利现值是指在未来某一时点的资金按复利计算的现在的价值。

复利现值的计算公式如下：

$$P = F \times \frac{1}{(1+i)^n} \qquad （式 8\text{-}4）$$

式中，$\dfrac{1}{(1+i)^n}$ 一般被称作"复利现值系数"，用符号 $(P/F, i, n)$ 表示。例如，$(P/F, 5\%, 3)$，表示利率为 5%，第 3 期的复利现值系数。因此，复利现值的计算公式也可以写作：

$$P = F \times (P/F, i, n) \qquad （式 8\text{-}5）$$

为了便于计算，复利现值系数可以通过查阅"1 元复利现值系数表"获得。该表的使用方法与"1 元复利终值系数表"相同。

3. 年金的计算

年金是指在定期或不定期的时间内相等金额的现金流入或流出。在年金问题中，系列等额收付的间隔期只要满足相等的条件即可，因此，间隔期完全可以不是一年。

年金有多种形式，根据第一次收到或付出资金的时间不同和延续的时间长短，一般可分为普通年金、即付年金、永续年金和递延年金。

（1）普通年金的计算

普通年金，也称后付年金，即在每期期末收到或付出的年金。

① 普通年金终值的计算（已知年金 A，求年金终值 F）。

普通年金终值是指其最后一次收到或支付时的本利和，是每次收到或支付的复利终值之和。

如果年金相当于零存整取储蓄存款的零存数，那么年金终值就是零存整取的整取数。普通年金终值的计算公式可根据复利终值的计算方法计算得出：

$$F = A + A \times (1+i) + A \times (1+i)^2 + A \times (1+i)^3 + \cdots + A \times (1+i)^{n-1} \qquad （式 8\text{-}6）$$

等式两边同乘 $(1+i)$，则有

$$F \times (1+i) = A \times (1+i) + A \times (1+i)^2 + A \times (1+i)^3 + \cdots + A \times (1+i)^n \qquad （式 8\text{-}7）$$

式（8-7）－式（8-6）：

$$F \times (1+i) - F = A \times (1+i)^n - A$$
$$F \times i = A \times [(1+i)^n - 1]$$

即
$$F = A \times \frac{(1+i)^n - 1}{i} \qquad （式 8\text{-}8）$$

式（8-8）就是普通年金终值的计算公式。式中的分式 $\frac{(1+i)^n - 1}{i}$ 被称作"年金终值系数"，记为 $(F/A, i, n)$，可通过直接查阅"1 元年金终值系数表"求得有关数值。因此，普通年金终值的计算公式也可写作：

$$F = A \times (F/A, i, n) \qquad （式 8\text{-}9）$$

即　　　　　　　普通年金终值＝年金×年金终值系数

② 年偿债基金的计算（已知年金终值 F，求年金 A）。

偿债基金是指为了在约定的未来某一时点清偿某笔债务或积聚一定数额的资金而必须分次等额形成的存款准备金。偿债基金的计算实际上是年金终值的逆运算，其计算公式为：

$$A = F \times \frac{i}{(1+i)^n - 1} \qquad （式 8\text{-}10）$$

式中，$\frac{i}{(1+i)^n - 1}$ 被称作"偿债基金系数"，记作 $(A/F, i, n)$，可通过查阅"偿债基金系数表"获得有关数值。因此，年偿债基金的计算公式也可写作：

$$A = F \times (A/F, i, n) \qquad （式 8\text{-}11）$$

即　　　　　　　年偿债基金＝年金终值×偿债基金系数

年偿债基金的计算公式还可通过年金终值系数的倒数推算出来，即：

$$A = F \div (F/A, i, n) \qquad （式 8\text{-}12）$$

即　　　　　　　年偿债基金＝年金终值÷年金终值系数

③ 普通年金现值的计算（已知年金 A，求年金现值 P）。

普通年金现值是指为在每期期末取得相等金额的款项，现在需要投入的金额。

普通年金现值的计算公式为：

$$P = A \times (1+i)^{-1} + A \times (1+i)^{-2} + A \times (1+i)^{-3} + \cdots + A \times (1+i)^{-(n-1)} + A \times (1+i)^{-n}$$

根据上式整理可得到：

$$P = A \times \frac{1 - (1+i)^{-n}}{i} \qquad （式 8\text{-}13）$$

式中，$\frac{1 - (1+i)^{-n}}{i}$ 被称作"年金现值系数"，记为 $(P/A, i, n)$，可通过查阅"1 元年金现值系数表"求得有关数值。上式也可写作：

$$P = A \times (P/A, i, n) \qquad （式 8\text{-}14）$$

即　　　　　　　普通年金现值＝年金×年金现值系数

④ 年资本回收额的计算（已知年金现值 P，求年金 A）。

年资本回收额是指在给定的年限内等额回收初始投入资本或清偿所欠债务的金额。年资本回收额的计算是普通年金现值的逆运算。其计算公式为：

$$A = P \times \frac{i}{1 - (1+i)^{-n}} \qquad \text{（式 8-15）}$$

式中，$\dfrac{i}{1 - (1+i)^{-n}}$ 被称作"资本回收系数"，记为 $(A/P, i, n)$，可通过查阅"资本回收系数表"或利用年金现值系数的倒数求得。因此，上式也可写作：

$$A = P \times (A/P, i, n) \qquad \text{（式 8-16）}$$

即 　　　　　　　　年资本回收额 = 年金现值 × 资本回收系数

或 　　　　　　　　$A = P \div (P/A, i, n)$ 　　　　　　　（式 8-17）

即 　　　　　　　　年资本回收额 = 年金现值 ÷ 年金现值系数

（2）即付年金的计算

即付年金，也称预付年金，即在每期期初收到或付出的年金。它与普通年金的区别仅在于收、付款时间不同。

① 即付年金终值的计算。

n 期即付年金与 n 期普通年金的收付款次数相同，但由于其收付款时间不同（普通年金是在每期期末收到或付出相等的金额），n 期即付年金终值比 n 期普通年金的终值多计算一期利息。因此，在 n 期普通年金终值的基础上乘以 $(1+i)$ 就是 n 期即付年金的终值。或者，在年金终值系数的基础上，期数加 1，系数减 1 便可得到对应的即付年金的终值。计算公式如下：

$$F = A \times (F/A, i, n) \times (1+i) \qquad \text{（式 8-18）}$$

即 　　　　　即付年金终值 = 年金 × 年金终值系数 × $(1+i)$

或 　　　　　　　　$F = A \times [(F/A, i, n+1) - 1]$ 　　　　　（式 8-19）

即 　　　　　　　即付年金终值 = 年金 × 即付年金终值系数

② 即付年金现值的计算。

同理，n 期即付年金现值比 n 期普通年金的现值多计算一期的利息。因此，在 n 期普通年金现值的基础上乘以 $1+i$ 就是 n 期即付年金的现值。或者在普年金现值系数的基础上，期数减 1，系数加 1 便可得到对应的即付年金的现值。计算公式如下：

$$P = A \times (P/A, i, n) \times (1+i) \qquad \text{（式 8-20）}$$

即 　　　　　即付年金现值 = 年金 × 年金现值系数 × $(1+i)$

或 　　　　　　　　$P = A \times [(P/A, i, n-1) + 1]$ 　　　　　（式 8-21）

即 　　　　　　　即付年金现值 = 年金 × 即付年金现值系数

【例 8-2】某人准备购房，现有两种付款方式可供选择：一是现在一次付清，房款为 100 万元；二是分期付款，于每年年初付款 24 万元，付款期为 5 年。假定银行利率为 9%，请问应选择哪一种付款方式？

$$P = 24 \times (P/A, 9\%, 6) \times (1+9\%) = 24 \times 4.4859 \times 1.09 \approx 117.35 \text{（万元）}$$

因为 100 < 117.35，所以应选择一次付清方式。

（3）永续年金的计算

永续年金，即无限期等额收入或付出的年金，可视为普通年金的一种特殊形式，即期限趋于无穷的普通年金。存本取息可视为永续年金的例子。此外，也可将利率较高、持续期限较长的年金视同永续年金来计算。

由于永续年金持续期无限，没有终止的时间，因此没有终值，只有现值。通过普通年金现值计算可推导出永续年金现值的计算公式：

$$P = A \times \frac{1-(1+i)^{-n}}{i} \qquad （式 8-22）$$

当 $n \to \infty$ 时，$(1+i)^{-n}$ 的极限为零，故上式可写成：

$$P \approx \frac{A}{i} \qquad （式 8-23）$$

【例 8-3】某学校拟建立一项永久性的奖学金，每年计划颁发 20 000 元的奖金。若银行存款利率为 8%，现在应存入多少钱？

$$P = \frac{20\ 000}{8\%} = 250\ 000 \ （元）$$

（4）递延年金的计算

递延年金，即第一次收到或付出的发生在第二期或第二期以后的年金，即第一次收付款与第一期无关，而是隔若干期后才开始发生的系列等额收付款项。凡不是从第一期开始的年金都是递延年金。

① 递延年金终值的计算。

递延年金是普通年金的又一种特殊形式。递延年金终值只与 A 的个数有关，与递延期无关，因此，递延年金终值的计算与普通年金一样，只是要注意期数。

【例 8-4】某投资者拟购买一处房产，开发商提出了三个付款方案：方案一是自现在起 15 年内每年年末支付 10 万元；方案二是自现在起 15 年内每年年初支付 9.5 万元；方案三是前 5 年不支付，自第 6 年起到第 15 年每年年末支付 18 万元。

假设按银行贷款利率 10% 复利计息，若采用终值方式比较，问哪一种付款方式对购买者有利？

方案一：$F = 10 \times (F/A, 10\%, 15) = 10 \times 31.772 = 317.72（万元）$

方案二：$F = 9.5 \times [(F/A, 10\%, 16) - 1] = 9.5 \times (35.950 - 1) \approx 332.03（万元）$

方案三：$F = 18 \times (F/A, 10\%, 10) = 18 \times 15.937 \approx 286.87（万元）$

从上述计算可得出，采用第三种付款方案对购买者有利。

② 递延年金现值的计算。

递延年金现值的计算方法有三种：

方法 1：$P = A \times [(P/A, i, m+n) - (P/A, i, m)]$ （式 8-24）

方法 2：$P = A \times (P/A, i, n) \times (P/F, i, m)$ （式 8-25）

方法 3：$P = A \times (F/A, i, n) \times (P/F, i, m+n)$ （式 8-26）

式中，m 表示递延期；n 表示连续实际发生的期数。

上述方法中，方法 1 假设在递延期内也进行收付，先求出 $(m+n)$ 期的年金现值，然后扣除实际并未收付的递延期 (m) 的年金现值，即可得出最终结果。

方法 2 把递延年金视为普通年金，求出递延期期末的现值，然后再将此现值调整到第一期期初。

方法 3 先求出递延年金的终值，再将其折算为现值。

三种方法第一次收付款发生均在 $(m+1)$ 期期末。例如，递延期 $m = 2$，第一次收付款发生在第三期期末（$m + 1 = 2 + 1 = 3$）。

8.3 筹资管理

8.3.1 企业筹资的含义与类型

企业筹资是指企业为了满足投资和用资的需要，通过一定的渠道，采取适当的方式获取资金的行为。资金向来被称为企业的"血液"，资金不合理的使用和缺乏都会对企业的生存与发展造成不利的影响。企业自主经营，企业享有筹资的自主权。企业要生产与发展就需要充分利用社会的资金。企业在进行资金筹集时，要依据筹资的基本要求，对筹资的渠道与方式进行合理选择。

从不同角度来划分，筹资主要分为几种类型：股权资本与债权资本、长期资本与短期资本、内部筹资与外部筹资、直接筹资与间接筹资等。

1. 股权资本与债权资本

按照资本所有权的不同，筹资可以分为股权资本和债权资本两种类型。

（1）股权资本

股权资本亦称权益资本、自有资本，其所有权归属于企业所有者，由企业依法取得、长期拥有且自由支配。我国有关制度规定，企业的股权资本主要包括投入资本（或股本）、资本公积、盈余公积和未分配利润。按照国际惯例，股权资本曾包括实收资本（或股本）和留存收益两部分。

（2）债权资本

债权资本亦称债务资本、借入资本，由企业依法获得且按期归还，是企业的债务，债权人的债权。

2. 长期资本与短期资本

按照期限的不同，筹资可以分为长期资本和短期资本两种类型。

（1）长期资本

长期资本的期限为 1 年以上。广义的长期资本包括各种股权资本和长期借款、应付债券等债权资本。长期资本还可细分为中期资本和狭义的长期资本。一般而言，期限在 1 年以上、5 年以下的资本为中期资本；期限在 5 年以上的资本为狭义的长期资本。企业长期资本一般由投入资本、发行股票、发行债券、银行长期借款和租赁等筹资方式获得。

（2）短期资本

短期资本的期限在 1 年以内，一般包括短期借款、应付账款和应付票据等，通常通过银行借款、商业信用等筹资方式取得。

3. 内部筹资与外部筹资

按照资本来源的不同，筹资可分为内部筹资和外部筹资两种类型。一般而言，对这两种筹资方式，企业应以内部筹资为先。

（1）内部筹资

内部筹资是一种企业从内部获取资金的方式，而具体的筹资数量由企业具体的利润

分配制度决定。

（2）外部筹资

外部筹资是在企业内部筹资无法满足总的筹资要求的条件下，企业向外部筹集资金的方式。企业进行外部筹资时，一般需要支付一定的费用，如发行股票债权时，需要支付费用。

4. 直接筹资与间接筹资

按照是否借助银行等金融机构，筹资可分为直接筹资和间接筹资两种类型。

（1）直接筹资

直接筹资指的是企业不经过银行等金融机构，直接向资本所有者融资的一种方式。直接筹资的方式主要有吸收直接投资、发行股票、发行债券和商业信用筹资等。

（2）间接筹资

间接筹资则指企业借助银行等金融机构进行筹资。在间接筹资的过程中，银行等金融机构发挥的是中介的作用。间接筹资的主要方式有银行借款和融资租赁等。

8.3.2 企业筹资的动机

企业筹资的基本目的是维持与发展企业。特定的动机驱动企业的具体筹资活动。筹资动机对筹资行为和结果具有直接的影响。企业的筹资动机有些时候是单一的，有些时候则是多个动机的结合，归纳起来主要有以下四类。

1. 创立性筹资动机

创立性筹资动机，是指企业在设立时，为了具备基本的开设企业的条件而产生的筹集资金的动机。我国相关法律规定，创办企业的一个基本条件就是满足最低资金标准。此时企业筹集的资金主要用于购买设备、租用场地等方面。

2. 扩张筹资动机

扩张筹资动机是企业因扩大生产经营规模或追加对外投资的需要而产生的筹资动机。一般来说，具有良好的企业发展前景，处于成长期的企业通常会产生此种类型的筹资动机。企业以扩张性筹资动机筹资，往往会将资金用于扩大企业资产的总规模，改变资本结构。

3. 偿债筹资动机

偿债筹资动机是企业为了偿还某些债务而形成的筹资动机，即借新债还旧债。偿债动机一般有两种情形，一是调整性偿债筹资，即企业虽然有能力偿还到期的旧债，但为了对原有的资本结构进行调整，仍然举债，目的是使资本结构更加合理；二是恶化性偿债筹资，即企业现有的支付能力不能偿付到期债务，而被迫举债还债。这种情况表明企业的财务状况已经恶化。企业以这种筹资动机筹资，往往不能增加企业资产总额和筹资总额，只是会改变企业的债务结构。

4. 混合筹资动机

企业因同时需要长期资金和现金而产生的筹资动机称为混合筹资动机。企业以混合筹资动机进行筹资，既能够将筹集的资金用于扩大企业的资产规模，又能够偿还部分旧债。例如，企业对外进行产权投资时，可通过长期贷款或发行公司债券实现，这样既帮助企业扩大了规模，又改变了企业的资本结构。

8.3.3　企业筹资的基本原则

企业筹资是一项重要而复杂的工作。为了有效地筹集所需资金，企业必须遵循以下基本原则。

1. 规模适当原则

企业在不同的发展时期对资金的需求量会有所不同，企业财务人员要对生产经营状况进行认真分析，采用一定的方法，对资金的需求量进行预测，确定合理的筹资规模。

2. 筹措及时原则

企业财务人员在筹集资金时，对资金时间价值原理和计算方法必须熟知，以便于能够根据具体情况，合理安排筹资时间，适时获取所需资金。

3. 来源合理原则

不同来源的资金，对企业的收益和成本会产生不同影响。因此，企业进行资金来源选择时，要认真研究资金来源渠道和资金市场的情况，合理选择资金来源。

4. 方式经济原则

企业在筹资时，不仅需要确定筹资数量、筹资时间、资金来源，还必须认真研究各种筹资方式。企业筹集资金需要承担一定的风险，也需要付出一定的代价，使用不同的筹资方式会产生不同的资金成本。为此，企业需要认真分析和对比各种筹资方式，选择较为经济、可行的筹资方式进行筹资，从而降低成本，减少风险。

8.3.4　企业筹资的方式

企业筹资方式主要包括吸引直接投资、发行股票筹资、留存收益筹资、发行债券筹资、银行借款筹资、商业信用筹资、融资租赁筹资。

1. 吸收直接投资

吸收直接投资，是指企业按照"共同投资、共同经营、共担风险、共享利润"的原则吸收国家、法人、个人、外商资金的一种筹资方式。吸收直接投资的种类包括国家投资、法人投资、外商投资和社会公众投资。国家投资是指有权代表国家投资的政府部门或机构，将资本投入企业的行为。法人投资是指法人单位将可支配的资产投入企业的行为。外商投资是指其他国家的投资者将资本投入企业，创办中外合资或合作经营企业的行为。社会公众投资是指社会个人或本企业职工将拥有的资产投入企业的行为。

2. 发行股票筹资

发行股票筹资，是指企业通过发行股票的方式筹集资金的行为。股票是股票持有人的一种凭证，表示了其对企业拥有的权利。

3. 留存收益筹资

留存收益筹资，是指企业将之前所获净利润的一部分用于再投资的行为。其实质上是股票持有人对企业的再次投资。

4. 发行债券筹资

发行债券筹资，是指企业通过发行债券来筹集资金的行为。按国家有关规定发行的债券可以在证券市场上自由流通。

5. 银行借款筹资

银行借款筹资，是指企业通过向银行或其他非银行金融机构借入需要还本付息的款项来进行筹资的行为。

6. 商业信用筹资

商业信用筹资，是指企业利用商业信用进行融资的行为。其具体形式包括应付账款、应付票据、预收账款等。

7. 融资租赁筹资

融资租赁筹资，是指企业转移与资产所有权有关的全部或绝大部分风险和报酬进而租赁筹资的行为。

筹资的各种方式既有联系又有区别。企业进行筹资时，需要将各种筹资方式进行有机结合，从而满足企业的筹资需要，提高筹资的效果。

> **课堂讨论**
>
> 一家企业自成立以来坚持不上市、不借款、不发行债券，创始人说有多少钱就办多大的事，这样经营更安全。你同意这个观点吗？请说说你的理由。

8.4 投资管理

8.4.1 企业投资的含义与类型

1. 企业投资的含义

企业投资是指企业将资金投入生产经营过程，期望能够从中获取收益的一种行为。在市场经济条件下，企业作为独立的经济实体，总是通过投资不断扩大其经营规模和经营范围，不断寻找新的收入以及利润来源，并在投资中分散企业的经营风险。因此，投资活动在企业的生产经营活动过程中占有非常重要的地位。

> 延伸学习
>
> 影响企业投资的因素

2. 企业投资的类型

按照不同的标准，企业的投资可以被划分为直接投资与间接投资、短期投资与长期投资、对内投资与对外投资等不同类型。直接投资是指将资金投放于生产经营性资产上，以便取得投资利润的投资。在一般的工业企业中，直接投资的比重较大。间接投资又称有价证券投资，是将资金投放于股票、证券等金融资产上，以便获取股利或利息收入的投资活动。短期投资又称流动资产投资，是指能够在 1 年或者 1 年以内的营业周期里对资本进行回收的投资，主要是针对现金、应收账款、存货、短期有价证券等的投资。长期投资是指在大于 1 年的营业周期里才能收回资本的投资活动，主要是针对厂房、机器设备等固定资产的投资，也包括对无形资产和长期有价证券的投资。对内投资又称内部投资，是指将资金投放于企业内部，用于购置各种生产经营用的资产的投资活动。对外投资是指企业通过多种方式对企业外的其他单位进行投资的投资活动。

8.4.2 投资管理的基本要求

（1）认真进行市场调研，敏锐捕捉投资机会。企业投资活动是从捕捉投资机会，确定投资方向开始的。

（2）收集和整理资料，认真对投资项目的可行性进行分析。进行投资项目可行性分析必须以收集和整理资料为前提，可行性分析是进行投资决策的关键环节。

（3）进行投资决策，编制资本预算。根据经济学理论，当投资项目的边际收益等于边际成本时，其投资收益达到最大，投资规模达到最佳。一旦投资项目被选定后，企业就需要开始编制资本预算，对项目财务进行评估，对选定投资方案分年度的用款额度和项目各年需要投入的资本总量进行科学预测，以此为依据进行资本筹措，以保证项目顺利进行，早日产生投资收益。

（4）监督资本预算的执行情况，对企业的投资风险进行适当控制。企业在进行投资时，一方面要考虑投资收益，另一方面也要考虑投资风险情况，只有在收益和风险达到最佳平衡状态时，才能够获得最佳收益，实现企业财务管理的目标。

8.4.3 长期投资与短期投资管理

企业的长期投资管理和短期投资管理是其财务战略的重要组成部分，两者有着不同的目标和策略。

1. 长期投资管理

长期投资是指投资期限超过 1 年，不准备随时变现的投资。长期投资管理涉及企业为实现其长远战略目标而进行的投资活动。这些投资的目的通常是为了扩大生产能力，进入新市场，开发新产品或获取关键资源。长期投资的时间框架较长，可能是几年甚至几十年。长期投资的特点和策略如表 8-1 所示。

表 8-1　长期投资的特点与策略

特点	策略
投资期限长，与企业的整体战略紧密相关	定期评估投资组合，以确保其仍符合企业的战略目标
追求长期的收益和增长，而非短期利润	注重价值投资，寻找并投资具有长期增长潜力的项目
需要考虑更多不确定性因素，如市场变化、技术进步等	多元化投资以分散风险

2. 短期投资管理

短期投资是指企业购入的各种能随时变现、持有时间不超过 1 年的有价证券，以及不超过 1 年的其他投资。短期投资管理主要关注企业资金的短期运用，以获取流动性、保持资金的安全性和实现短期收益为目标。这些投资通常具有较短的投资期限，可能是几天、几个月或最多 1 年。短期投资的特点和策略如表 8-2 所示。

表 8-2　短期投资的特点与策略

特点	策略
强调资金的快速周转和高流动性	密切关注市场动态，以便及时调整投资策略
通常选择风险较低的投资项目，以保障资金的安全	投资于货币市场基金、短期债券等低风险、高流动性的金融工具
注重短期收益，风险相对较低	保持足够的现金流，以应对可能的短期资金需求

总的来说，企业的长期投资管理和短期投资管理在目标、策略和风险承受能力上有所不同。长期投资管理更注重战略性和长期回报，而短期投资管理则更注重流动性、安

全性和短期收益。企业应根据其财务状况、市场环境和战略目标来平衡这两种投资管理方式。

8.5　成本费用与利润分配管理

8.5.1　成本费用管理

1. 成本费用管理的意义

成本费用管理是指企业对生产经营过程中生产经营费用的发生和产品成本的形成所进行的预测、计划、控制、分析和考核等的一系列管理工作。成本费用管理的意义主要体现在以下四个方面。

（1）加强成本费用管理是企业增加产量的必要手段

生产经营过程中物化劳动和活劳动的耗费体现在成本费用上，所以加强成本费用管理尤为重要。在节约了物化劳动和活劳动耗费的前提下，企业便可以用同样的耗费，生产出更多的产品来满足社会需要。

（2）加强成本费用管理是企业增加利润的根本手段

企业生产的主要目标是提高经济效益，获取利润。在产品的质量、价格相同的前提条件下，成本费用越低，利润就会越多。因此，企业加强成本费用管理，采取各种有效措施控制费用开支，降低产品成本，可增加企业利润。

（3）加强成本费用管理是提高企业竞争力的重要手段

企业的生存和发展与企业的竞争力息息相关。加强成本费用管理，是提高企业竞争力的重要手段。

（4）加强成本费用管理是全面提高企业工作质量的重要途径

成本费用是企业综合性经济指标之一。成本费用直接或间接地反映了企业经营管理水平。企业为了加强经济核算，提高管理水平，需要加强对成本费用的管理。

2. 成本费用的分类

在企业生产经营过程中，成本费用有多种多样的表现形式。对其进行科学合理的分类，是企业加强成本费用管理的基础。根据成本费用特点和管理的要求，成本费用可以分为以下几种。

（1）按成本费用的经济用途分类

以工业企业为例，成本费用按经济用途可以被分为生产成本和期间费用两大类。生产成本和期间费用，按照企业的特点还可以进一步细分，被划分为若干项目。

生产成本即制造成本，主要是指与企业生产产品直接相关的费用。它一般包括直接材料、直接人工、其他直接支出、制造费用四个成本项目，如表 8-3 所示。

表 8-3　生产成本的分类

费用项目	具体明细
直接材料	企业生产经营过程中实际消耗的原材料、辅助材料、备品配件、外购半成品、燃料、动力、包装物以及其他直接材料
直接人工	直接从事产品生产的人员的工资、奖金、津贴和补贴
其他直接支出	直接从事产品生产的人员的职工福利等
制造费用	企业各个生产单位（分厂、车间）为组织和管理生产所发生的各种费用

期间费用，是指企业在生产经营过程中发生的，与企业的生产活动没有直接联系，属于某一时期耗费的费用。在工业企业当中，期间费用包括管理费用、财务费用和销售费用三类，如表 8-4 所示。

表 8-4　期间费用的分类

费用项目	具体明细
管理费用	企业行政管理部门为管理和组织企业的生产经营活动而发生的各项费用
财务费用	企业为筹集资金而发生的各项费用
销售费用	企业在销售产品、自制半成品和提供劳务等过程中所发生的各项费用，以及专设销售机构的各项经费

（2）按成本费用与产品产量之间的关系分类

按照成本费用与产品产量之间的关系，成本费用可分为变动成本费用、固定成本费用和混合成本费用三类。

变动成本费用是指随着产品产量增减变动而按比例变动的成本费用。固定成本费用是指不随着产品产量的变动而变动的成本费用。混合成本费用是指同时具有变动成本费用和固定成本费用的性质的费用。

3. 成本费用的管理要求

（1）正确划分各种费用支出的界限，保证成本计算的正确性

在成本费用管理中，正确划分各种费用支出的界限是至关重要的。因为特定时期内所生产产品的成本，并不涵盖企业在整个生产经营过程中产生的所有费用。只有对各种费用进行精确的分析和归类，才能确保产品成本的准确性，从而实现收入与费用的合理匹配。

（2）做好成本费用管理的基础工作

进行成本核算与控制是成本费用管理的前提，主要包括做好各项定额、预算的制订和修订工作，建立和健全各项原始记录，做好计量检测工作，完善内部结算价格等。同时，企业要在此基础上建立和健全一整套成本费用的管理制度，使成本费用管理工作有章可循。

（3）实行全面成本费用管理

成本费用可以综合反映企业整个生产经营过程中的资金耗费情况，只有在实行全面成本费用管理的前提下，企业才能达到降低成本、增加利润的目的。

8.5.2　利润分配管理

1. 企业利润的形成

利润体现一定期间内企业生产经营的综合成果，是企业纳税的基础，也是财务预测的重要内容。

企业利润总额包括营业利润、投资净收益和营业外收支净额三个部分。本文以工业企业为例说明其具体内容。

利润总额的计算公式为：

利润总额＝营业利润＋投资净收益＋营业外收支净额

（1）营业利润。它是营业收入扣除成本、费用和各项流转税及附加税费后的数额。其计算公式为：

$$营业利润=产品销售利润+其他业务利润-管理费用-财务费用$$

其中，产品销售利润=产品销售收入-产品销售成本-产品销售费用-产品销售税金及附加

$$其他业务利润=其他业务收入-其他业务支出$$

（2）投资净收益。它是指投资收益扣除投资损失后的数额。其计算公式为：

$$投资净收益=投资收益-投资损失$$

（3）营业外收支净额。它是营业外收入减营业外支出的差额。其计算公式为：

$$营业外收支净额=营业外收入-营业外支出$$

2. 利润分配

利润分配有广义和狭义之分。狭义的利润分配是指企业对在一定期间（通常是 1 年）内实现的税后净利润进行的分配。广义的利润分配则指企业对在一定期间（通常是 1 年）内实现的税前利润总额进行的分配。利润分配涉及多方面的利益，因此企业在利润分配时要更加谨慎。

根据《企业会计准则》和《企业财务通则》的规定，利润分配的内容和顺序如下。

（1）支付被没收的财物损失及各项税收滞纳金和罚款。

（2）弥补以前年度的亏损。企业在弥补以前年度的亏损时，如果亏损额超过了国家规定的税前利润抵补期限所能弥补的部分，那么超出部分应用税后利润来弥补。

（3）提取法定盈余公积金，按税后利润扣除前两项后的 10% 提取。法定盈余公积金已达到企业注册资本的 50% 时，可不再提取。盈余公积金可用于弥补亏损或用于转增资本金，但转增资本金时，以转增后留存企业的法定盈余公积金不少于注册资本的 25% 为限。

（4）向投资者分配利润。企业以前年度未分配的利润，可以并入本年度向投资者分配。

3. 利润分配管理

利润是企业经营成果的综合表现。企业想要抓住生产经营管理的"牛鼻子"，就需要抓住利润管理。企业在进行利润管理时，既要确定目标利润，也要不断寻求利润增加的途径。

（1）目标利润的确定

目标利润是指在一定时期内，企业必须实现的利润。常用的目标利润确定方法如下。

① 基期利润调整法。这是指企业以某一基准期（通常为上一年的实际利润）为基础，结合计划期内相关因素的变化趋势，对利润进行调整和预测，从而确定未来一段时间内目标利润的计算方法。其计算公式为：

$$预期目标利润=基期实际利润×(1±有关因素影响的调整比率)$$

② 量本利分析法。它是利用销量、成本与利润之间的相互关系对计划期各指标变化趋势进行分析研究，进而确定目标利润的一种方法。其基本公式为：

$$目标利润销售量=\frac{固定成本+目标利润}{单位售价-单位变动成本}$$

$$目标利润销售额=\frac{固定成本+目标利润}{1-\dfrac{单位变动成本}{单位售价}}$$

企业在实际测算时，可依据上述公式确定目标利润，要综合考虑销售数量、单位售

价、单位变动成本、固定成本以及产品结构等因素变化对利润的影响。

（2）企业增加利润的主要途径

营业利润是企业利润总额的主体。一般情况下，产品（商品）销售利润占营业利润的绝大部分，因此企业增加利润的主要途径如下。

① 提高产品销量。在单位利润不变的情况下，提高销量是增加销售收入和利润总额的有效方法。

② 努力降低经营成本。成本与利润反向影响。在收入不变的情况下，降低成本可增加利润；在收入增加的情况下，降低成本可使利润更快地增长；在收入减少的情况下，降低成本，也可对利润的下降产生抑制作用。

③ 提高产品质量，合理制定价格。企业通过应用现代技术，以合理的价格为市场提供高质量的产品，提高产品销售量，增加企业利润。

④ 优化产品结构。对现有产品结构进行优化，以期提高市场竞争力和产品销售量，增加企业利润。

课堂讨论

一家新成立的小企业刚运营 1 年，就因成本费用控制不力和股东在利润分配上无法达成一致而陷入了僵局。该企业是由几名大学毕业生合资创立的，主要业务为短视频创作。企业设立之前，他们觉得短视频是当下的风口，投入小、回报丰厚，只要短视频的创意好、制作精良，就不愁没钱挣。但企业真正运作起来后，几位合伙人才发现在经营过程中到处都需要花钱，成本一点也不低。他们辛辛苦苦干了 1 年，才挣了不到 10 万块钱。面对这不多的盈余，有人主张分掉，有人坚持要留作企业的发展资金，为此吵得不可开交。

问题：你觉得这家新创企业的财务管理出了什么问题？如何做好成本费用管理和利润分配管理工作？

8.6 财务分析

为给企业改进财务管理工作和优化经济决策提供重要的财务信息，反映企业在运营过程中的利弊得失和发展趋势，财务分析以企业财务报告及其他相关资料为主要依据，对企业的财务状况和经营成果进行评价和剖析。

8.6.1 财务分析的方法

财务分析的常用方法包括趋势分析法、比率分析法和因素分析法三种。

1. 趋势分析法

趋势分析法又称水平分析法，是通过对比两期或连续数期财务报告中的相同指标，确定其增减变动的方向、数额和幅度，以此说明企业财务状况或经营成果的变动趋势的一种方法。

2. 比率分析法

比率分析法是一种通过对各种比率指标的计算来确定经济活动变动程度的分析方

法。比率指标主要有构成比率、效率比率和相关比率三类。

（1）构成比率

构成比率又称结构比率，是指企业某个部分占总体的百分比，反映了部分与整体的关系。企业利用这个指标可以衡量分析某个部分占总体的比例是否合理，从而进行优化。其计算公式为：

$$构成比率 = \frac{某个组成部分数值}{总体数值} \times 100\%$$

（2）效率比率

效率比率，是指付出与所得的百分比，反映的是投入与产出的关系。企业利用这个指标可以衡量财务活动的得失，对经济效益进行评估。例如，用利润除以销售成本，计算出的是成本利润率，用利润除以销售收入，计算出的是销售利润率等。

（3）相关比率

相关比率，是指以某个项目和与其相关项目的百分比，反映相关的经济活动之间的关系。例如，将负债总额除以资产总额计算出的是资产负债率，可以用来评判企业的长期偿债能力。

3. 因素分析法

因素分析法是依据分析指标与其影响因素的关系，从数量上确定影响因素对分析指标的影响方向和影响程度的一种方法。因素分析法包括连环替代法和差额分析法。

（1）连环替代法

连环替代法，是指将财务分析指标分解为各个可以计量的因素，并根据各个因素之间的依存关系，顺次用各因素的比较值替代基准值，据此计算各因素对分析指标的影响的方法。

（2）差额分析法

差额分析法，是指通过各个因素的比较值与基准值之间的差额，来计算各个因素对所分析指标的影响的方法。实质上，差额分析法是连环替代法的简化。

8.6.2　财务指标分析

总结和评价企业财务状况与经营成果的指标通常包括偿债能力指标、营运能力指标、盈利能力指标和发展能力指标四种。

1. 偿债能力指标

偿债能力是指企业偿还到期债务的能力。偿债能力分析包括短期偿债能力分析、长期偿债能力分析以及偿债能力保障程度分析。

（1）短期偿债能力

短期偿债能力指企业以流动资产偿还流动负债的能力。常用分析指标包括流动比率、速动比率和现金比率三种。

① 流动比率是指企业的流动资产与流动负债的比率，是衡量企业偿付即将到期债务能力的指标。其计算公式为：

$$流动比率 = \frac{流动资产}{流动负债} \times 100\%$$

② 速动比率是指企业的速动资产与流动负债的比率，是衡量企业运用随时可变现资

产偿付到期负债能力的指标。其计算公式为：

$$速动比率 = \frac{速动资产}{流动负债} \times 100\%$$

其中，速动资产＝流动资产－存货－预付账款－一年内到期的非流动资产－其他流动资产。

③ 现金比率也叫现金流动负债比率，是指现金资产和流动负债之比。其计算公式为：

$$现金比率 = \frac{货币资金 + 交易性金融资产}{流动负债} \times 100\%$$

（2）长期偿债能力（资本结构）

长期偿债能力分析指标主要包括负债比率、所有者权益比率、固定比率、固定长期适合率、长期负债对所有者权益比率等。

① 负债比率又称资产负债率，是指企业的负债总额与资产总额的比率。其计算公式为：

$$负债比率 = \frac{负债总额}{资产总额} \times 100\%$$

② 所有者权益比率是指企业的所有者权益总额与资产总额的比率。其计算公式为：

$$所有者权益比率 = \frac{所有者权益总额}{资产总额} \times 100\%$$

对于股份公司来说，所有者权益比率又称作股东权益比率，计算公式为：

$$股东权益比率 = \frac{股东权益总额}{资产总额} \times 100\%$$

所有者权益比率与负债比率之和应该等于1。

③ 固定比率是指企业的固定资产净值与所有者权益的比率。其计算公式为：

$$固定比率 = \frac{固定资产净值}{所有者权益} \times 100\%$$

④ 固定长期适合率是指企业的固定资产净值与所有者权益与长期负债之和的比率。其计算公式为：

$$固定长期适合率 = \frac{固定资产净值}{所有者权益 + 长期负债} \times 100\%$$

⑤ 长期负债对所有者权益比率是对长期债权人提供的资本和企业所有者权益的比例关系进行反映的指标。

（3）偿债能力保障程度

偿债能力保障程度主要用于衡量企业对固定利息费用所提供的保障程度。偿债能力保障程度指标主要包括收益对利息保障倍数和收益对利息本金保障倍数等。收益对利息保障倍数用于衡量企业支付负债利息的能力，倍数越大，说明企业支付利息费用的能力越强，债权人的安全程度也就越高。其计算公式为：

$$收益对利息保障倍数 = \frac{净利润 + 利息费息 + 所得税}{利息费息} \times 100\%$$

收益对利息本金保障倍数是指企业一定时期的净现金流量与还本付息金额的比率。

其计算公式为：

$$收益对利息本金保障倍数 = \frac{利润总额 + 利息费用}{利息费用 + 年度还本额 \times \dfrac{1}{1 - 所得税税率}}$$

在这个公式中，利润总额代表企业的经营成果，利息费用是企业为借款所支付的利息，年度还本额是指企业在一年内需要偿还的本金金额，所得税税率则是企业应缴纳的税款比例。利用这个公式可以综合评估企业的盈利能力、债务负担以及税务情况，从而判断其对利息和本金的支付保障程度。

2. 营运能力指标

企业的营运能力主要取决于资产与权益的周转速度，周转速度越快，资金使用效率越高，企业的营运能力越强。企业营运能力分析指标主要包括存货周转率、应收账款周转率、营运资金周转率、固定资产周转率、全部资产周转率等。

（1）存货周转率

存货周转率是指企业一定期间的销货成本与平均存货成本的比率。其计算公式为：

$$存货周转率 = \frac{销货成本}{平均存货成本}$$

存货周转率也可以用存货周转天数表示。存货周转天数是指存货周转一次所需要的天数。其计算公式为：

$$存货周转天数 = \frac{计算期天数}{存货周转次数}$$

（2）应收账款周转率

应收账款周转率是指企业的赊销收入净额与平均应收账款余额的比率。其计算公式为：

$$应收账款周转率 = \frac{赊销收入净额}{平均应收账款余额}$$

反映应收账款变现速度的另一个指标为应收账款周转天数，计算公式为：

$$应收账款周转天数 = \frac{计算期天数}{应收账款周转次数}$$

（3）营运资金周转率

营运资金周转率是指企业在一定期间的销售净额与平均营运资金余额的比率。其计算公式为：

$$营运资金周转率 = \frac{销售净额}{平均营运资金余额}$$

其中，$平均营运资金余额 = \dfrac{营运资金年初数 + 营运资金年末数}{2}$

（4）固定资产周转率

固定资产周转率是指企业在一定期间的销售净额与平均固定资产净值的比率。其计算公式为：

$$固定资产周转率 = \frac{销售净额}{平均固定资产净值}$$

（5）全部资产周转率

全部资产周转率是指企业在一定期间的销售净额与平均资产总额的比率。其计算公式为：

$$全部资产周转率 = \frac{销售净额}{平均资产总额}$$

3. 盈利能力指标

盈利能力是指企业获取利润的能力。评价企业获利能力的财务比率主要有资产报酬率、股东权益报酬率、销售净利率和成本费用净利率。

（1）资产报酬率

资产报酬率，也称资产收益率、资产利润率或投资报酬率，是指企业在一定期间的净利润与资产平均总额的比率。其计算公式为：

$$资产报酬率 = \frac{净利润}{资产平均总额} \times 100\%$$

其中，$资产平均总额 = \frac{期初资产总额 + 期末资产总额}{2}$

（2）股东权益报酬率

股东权益报酬率也称净资产报酬率、净值报酬率或所有者权益报酬率，是指一定期间企业的净利润与股东权益平均总额的比率。其计算公式为：

$$股东权益报酬率 = \frac{净利润}{股东权益平均总额} \times 100\%$$

其中，$股东权益平均总额 = \frac{期初股东权益 + 期末股东权益}{2}$

（3）销售净利率

销售净利率是指企业净利润与销售收入净额的比率。其计算公式为：

$$销售净利率 = \frac{净利润}{销售收入净额} \times 100\%$$

（4）成本费用净利率

成本费用净利率是指企业净利润与成本费用总额的比率。其计算公式为：

$$成本费用净利率 = \frac{净利润}{成本费用总额} \times 100\%$$

4. 发展能力指标

企业的发展能力也称企业的成长性，是指企业通过自身的生产经营活动，不断扩大积累而形成的发展潜能。企业的发展能力分析包括竞争能力分析、企业周期分析和财务比率分析三个方面。其中分析企业的发展能力的指标主要包括营业收入增长率、资本保值增值率、资本积累率、总资产增长率、营业利润增长率、技术投入比率、营业收入 3 年平均增长率和资本 3 年平均增长率 8 项指标。限于篇幅，本书不详细介绍。

8.6.3 财务报表分析

财务报表是反映企业财务状况的重要资料。它不仅记录了企业的经营活动和成果，还是投资者、债权人、政府等利益相关者了解企业运营状况，评估投资风险，进行决策的重要依据。

1. 财务报表的组成

财务报表主要由资产负债表、利润表和现金流量表三大部分组成。

（1）资产负债表

资产负债表反映了企业在某一特定日期的资产、负债和所有者权益状况，一般在月末和年末编制。资产是指企业拥有或控制的能带来经济利益的资源，负债是指企业应支付的经济利益，所有者权益则表示企业资产扣除负债后由所有者享有的剩余权益。资产负债表按照会计等式编制，一般有两种形式：账户式和报告式。我国的资产负债表形式为账户式。

（2）利润表

利润表也称损益表，是反映企业在一定期间生产经营成果的财务报表。利润表要求每月编报，并且要计算累计数。利润表包含了收入、费用、利润等关键财务数据。通过分析利润表，可以了解企业的盈利能力、成本控制能力以及经营效率。

（3）现金流量表

现金流量表反映了企业在一定会计期间现金和现金等价物的流入和流出情况。现金流量表中的现金是指企业的库存现金以及可以随时用于支付的存款。现金等价物是指企业持有的期限短、流动性强、易于转换为现金、价值变动风险较小的短期投资。现金流量是指一定时期内企业现金流入和流出的数量。

企业产生现金流的能力反映了企业的生产经营活动能否正常进行的能力。企业在一定会计期间的现金和现金等价物流入和流出的信息一般由现金流量表反映。根据现金流量表，可以了解和评价企业获取现金和现金等价物的能力，并对企业的未来现金流量进行预测。

2. 财务报表分析的方法

财务报表分析的方法多种多样，常见的包括水平分析、垂直分析、趋势分析和比率分析等。

（1）水平分析。通过对比不同时期的财务数据，观察各项指标的变化情况来分析企业的财务状况是否有所改善或恶化。

（2）垂直分析。通过计算各项财务指标在总体中所占的比例来揭示企业财务结构的变化情况和合理性。

（3）趋势分析。根据连续几个时期的财务数据，预测企业财务状况的发展趋势。

（4）比率分析。通过计算各种财务比率，如流动比率、速动比率、资产负债率等来评估企业的偿债能力、营运效率和盈利能力。

本章实训

1. 实训目的

通过实训，学会通过财务指标分析判断企业的经营状况。

2．实训内容及步骤

（1）以小组为单位成立任务实训团队，并推选团队负责人。

（2）各实训团队收集某一上市公司公开发布的最新财务报表。

（3）各实训团队根据财务报表数据并结合企业的经营环境，对企业的偿债能力、营运能力、盈利能力和发展能力进行分析。

（4）各实训团队根据财务分析结果撰写企业经营状况报告。

（5）完成实训报告的撰写，交由授课老师批阅。

3．实训成果

实训报告——《基于财务指标分析的某上市公司经营状况报告》。

本章习题

一、单选题

1．财务管理的首要环节是（ 　　 ）。

    A．财务预算　　　　　B．财务决策　　　　　C．财务分析　　　　　D．财务预测

2．（ 　　 ）最大化指的是企业通过财务上的合理经营，为股东带来最多的财富。

    A．股东收益　　　　　B．企业利润　　　　　C．消费者利益　　　　D．企业价值

3．（ 　　 ）指的是企业不经过银行等金融机构，直接向资本所有者融资的一种方式。

    A．外部筹资　　　　　B．直接筹资　　　　　C．间接筹资　　　　　D．内部筹资

4．流动资产是指企业可以在（ 　　 ）的营业周期内变现或运用的资产。

    A．1个月或1个月以内　　　　　　　　B．1个季度或1个季度以内

    C．1年或1年以内　　　　　　　　　　D．以上均不正确

5．（ 　　 ）是指企业在生产经营过程中发生的，与企业的生产活动没有直接联系，属于某一时期耗费的费用。

    A．期间费用　　　　　B．管理费用　　　　　C．财务费用　　　　　D．销售费用

二、多选题

1．企业的财务活动包括（ 　　 ）。

    A．筹资活动　　　　B．投资活动　　　　C．资金营运活动

    D．经营活动　　　　E．发行债券和股票活动

2．以股东收益最大化为财务管理目标的优点包括（ 　　 ）。

    A．有利于促使企业开源节流，研发新技术和产品

    B．考虑了资金的时间价值

    C．科学地考虑了风险因素

    D．在一定程度上能够克服企业在追求利润上的短期行为

    E．目标比较容易量化，便于考核和奖惩

3．企业财务管理的原则包括（ 　　 ）。

    A．收益与风险均衡原则　　　　　　　B．货币的时间价值原则

    C．利益关系协调原则　　　　　　　　D．财务战略管理原则

    E．财务收支平衡原则

4. 企业筹资是一项重要而复杂的工作，为了有效地筹集企业所需资金，企业必须遵循的基本原则有（　　　）。

A. 现金流充足　　B. 规模适当原则　　C. 筹措及时原则

D. 来源合理原则　　E. 方式经济原则

5. 短期偿债能力指企业以流动资产偿还流动负债的能力。常用分析指标包括（　　　）。

A. 流动比率　　B. 速动比率　　C. 现金比率

D. 负债比率　　E. 盈利比率

三、名词解释

1. 企业财务管理　2. 财务决策　3. 流动资产　4. 长期投资　5. 成本费用管理

四、简答和论述

1. 企业财务管理的目标是什么？

2. 企业筹资的方式有哪些？

3. 流动资产管理的内容有哪些？

4. 企业运营能力的分析指标主要有哪些？

5. 试论述企业财务报表分析。

五、计算题

1. 某人持有一张带息票据，票据面额为 50 000 元，票面利率为 6%，出票日期为 8 月 12 日，到期日为 11 月 10 日（90 天），则该持有者到期后可得到的本利和为多少？

2. 某企业有一笔 5 年后到期的债务，该债务本息共计 1 200 万元。该企业打算从现在起每年等额存入银行一笔款项。假定银行存款利率为 8%，则企业每年应存入多少金额？

案例讨论

B 公司的股权风波

B 公司是一家从事 IT 产品开发的企业，由三位志同道合的朋友共同出资 100 万元，三人平均分配股权比例共同创立。企业发展初期，创始股东都以企业的长远发展为目标，关注企业的持续增长能力，所以注重加大研发力度，不断开发新产品。这些措施有力地提高了企业的竞争力，使企业实现了营业收入的高速增长。在开始的几年间，公司销售业绩以每年 60% 的速度提升。然而，随着利润的不断快速增长，三位创始股东开始在收益分配上产生了分歧。股东 W 和 Y 倾向于分红，而股东 Z 则认为应将企业取得的利益用于扩大再生产，以提高企业的持续发展能力，实现长远利益的最大化。由此产生的矛盾不断升级，最终导致坚持企业长期发展的 Z 被迫退出，出让持有的 1/3 股份而离开企业。

但是，此结果引起了与企业有密切联系的广大供货商和分销商的不满，因为许多人的业务发展壮大都与 B 公司密切相关，他们深信 B 公司的持续增长能力将为他们带来更多的机会。于是，他们威胁如果 Z 离开企业，他们将断绝与企业的业务往来。面对这一情况，企业两位股东 W 和 Y 提出他们可以离开企业，条件是 Z 必须收购他们的股份。Z 的长远发展战略需要较多投资，这样做将导致企业陷入没

有资金维持生产的境地。这时，众多供应商和分销商伸出了援助之手，他们或者主动延长应收账款的期限，或者预付货款，最终使 Z 又重新回到了企业，成为公司的掌门人。

经历了股权风波后，B 公司在 Z 的领导下不断加大投入，实现了企业规模化发展，在同行业中处于领先地位，企业的竞争力和价值不断提升。

思考讨论题：

1. 股东 Z 坚持企业长远发展，而其他股东要求更多分红，你认为 Z 的目标是否与股东财富最大化的目标相矛盾？

2. 案例中 B 公司的所有权和经营权是合二为一的，这对企业的发展有什么利弊？

第9章

企业创新与企业文化管理

本章导学

如今企业面临的经营环境越来越复杂。这要求企业在管理上必须有创新意识，要在观念、制度、文化、知识、技术等方面不断创新。企业文化在企业的经营管理活动中发挥着极为重要的作用。正如华为创始人任正非所言：世界上一切资源都可能枯竭，只有一种资源可以生生不息，那就是文化。本章主要阐述企业创新与企业文化管理。通过对本章的学习，读者可以正确认识企业创新的内涵，掌握企业文化管理的思路与方法。

知识结构图

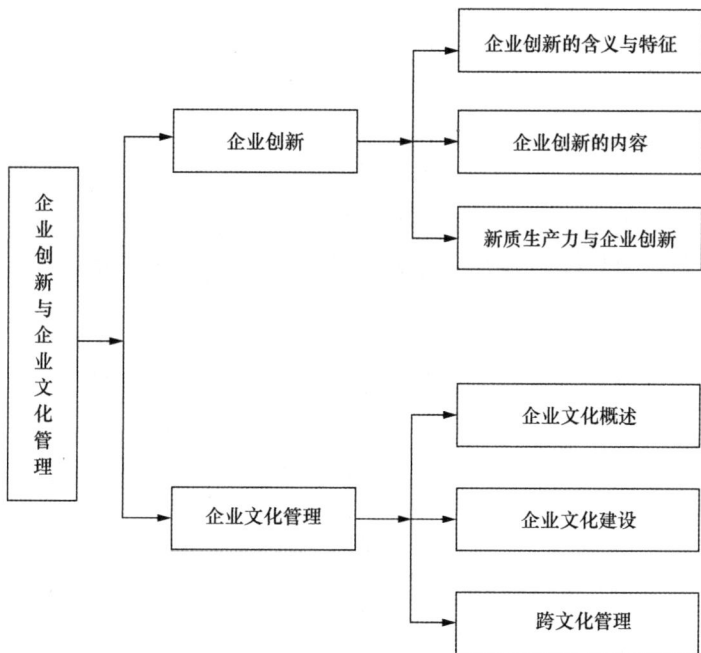

开篇引例　推动传统产业转型升级，大力培育新质生产力

近年来，广西深入实施工业强桂战略和工业振兴三年行动方案，推动传统产业加快向高端化、智能化、绿色化工业发展，一批"老树发新芽"，同时大力培育新质生产力，一批专精特新"小巨人"企业在八桂大地茁壮成长。

位于南宁·中关村创新示范基地的广西卡迪亚科技有限公司是一家专注于研发高速精密电磁计量阀的高新技术企业，获得多余项国家专利和国际专利，已实现全产业链多项核心技术突破。

广西晶联光电材料有限责任公司坚持自主创新，制备出尺寸和致密度等均达到国际一流标准要求的 ITO 靶材，并通过技术工艺的不断改进，实现了国产化应用；柳州东方工程橡胶制品有限公司在 LNG 储罐、核电领域基础隔震产品上持续攻关，不断拓展国内外市场。

广西铝资源丰富，电解铝产能在全国占据重要位置。广西百色广投银海铝业有限责任公司经过技术改造，公司一吨铝生产水耗电量从过去的 13 650 度降到 13 250 度。公司电解铝年产能为 20 万吨，一年下来可节约用电 8 000 万度。

广西南国铜业有限责任公司创新铜冶炼工艺技术，实现生产废水 100% 循环利用，并延伸出硫酸、白银等副产业链；广西太阳纸业有限公司采用先进技术实施绿色化改造，实现废水零排放……越来越多企业向"绿"生长，打开发展新空间。

如今，广西涌现出一批高技术制造业"佼佼者"，在市场竞争大潮中，逐步成为细分市场的排头兵企业。

资料来源：新华网。

问题：结合本案例，请谈谈创新和变革对企业发展的重要意义。

9.1　企业创新

9.1.1　企业创新的含义与特征

1. 企业创新的含义

企业创新是指企业在经营过程中，通过引入新的思维、技术、产品或服务以及商业模式等，打破传统经营方式，以创造新的价值和竞争优势的过程。这一过程涉及多个方面，包括但不限于产品创新、技术创新、流程创新和组织创新。创新是企业的活力之源，是企业在激烈的市场竞争中求生存、求发展的必然选择，更是企业立身之本。

延伸学习

企业创新的意义

阅读资料

让创新的动能更澎湃

全面建设社会主义现代化国家，实现第二个百年奋斗目标，创新是一个决定性因素。党的二十大报告强调："坚持创新在我国现代化建设全局中的核心地位。"惟创新者进，惟创新者强，惟创新者胜。坚持科技是第一生产力、人才是第一资源、

创新是第一动力，深入实施科教兴国战略、人才强国战略、创新驱动发展战略，才能开辟发展新领域新赛道，不断塑造发展新动能、新优势。

只有创新才能自强、才能争先。党的十八大以来，以习近平同志为核心的党中央把科技创新摆在国家发展全局的核心位置，坚定不移地走中国特色自主创新道路，我国科技事业发生了历史性、整体性、格局性重大变化，进入创新型国家行列。据世界知识产权组织发布的《2022 年全球创新指数报告》显示，中国位列第十一位，较 2021 年再上升 1 位，连续 10 年稳步提升。在七大类 81 项细分指标中，我国在国内市场规模、本国人专利申请、劳动力产值增长等 9 项指标上排名全球第一；在国内产业多元化、产业集群发展情况等指标上名列前茅，世界领先的五大科技集群我国独占两席。这表明我国的创新与发展呈现出良好的正向关系，创新投入转化为更多更高质量的创新产出。

2. 企业创新的特征

企业创新具有高风险性、高回报率、复杂性、时效性、受抵制性等特征。下面分别进行介绍。

（1）企业创新具有高风险性

企业创新的风险性主要来自两个方面。首先是市场需求的风险。当出现创新的产品时，市场方向无从确定，也就无法确定需求。比如，在美国，计算机刚出现时，有人估计全美国市场只有几十台的需求，这显然同实际情况相差万里。市场不确定性的来源，还可能是企业不知道如何将市场潜在需要融入创新产品的设计中，以及未来产品如何变化才能反映用户的需要。当存在创新竞争时，市场的不确定性风险还指创新企业能否在市场竞争中战胜对手。其次是企业创新的技术不确定性所带来的风险。有不少产品构思，按其设计的产品要么无法制造，要么制造成本太高，因此这种构思和制造出来产品都没有太大的商业价值。

（2）企业创新具有高回报率

企业创新具有高风险性，但反过来，高风险也可能给企业带来较高的收益。只要企业坚持科学创新，创造出优于竞争对手的产品或服务，形成在某一方面独特的优势，就会获得远超投入的较高回报。

（3）企业创新具有复杂性

传统的创新理论认为，创新过程是一种"线性模型"，即是一种"创新链"。在这种线性模型中，知识的流动被描绘得相当简单：基础研究——应用研究——新技术、新产品的开发。这种创新链是线性的、静止的。创新的过程被解释为只要增加上游的基础研究的投入就可以直接增加下游的新技术、新产品的产出。但在实际活动中，创新有许多起因和知识来源，可以在研究、开发、市场化和扩散等任何阶段发生。创新是诸多因素之间一系列复杂的、综合的相互渗透而共同作用的结果。创新不是一个独立的事件，而是体现为由许多小事件组成的一个螺旋式上升的轨迹，是一个复杂的系统工程。

（4）企业创新具有时效性

企业创新要讲时效，要抓住一个"快"字。随着科学技术的不断发展，产品更新换代的速度越来越快，产品的生命周期将变得越来越短，这就对创新在速度上提出了更高的要求。以前企业界常说"大鱼吃小鱼"，就是形容大企业相对小企业具有绝对竞争优势。而如今企业提得更多的却是"快鱼吃慢鱼"，即不管大企业还是小企业，谁能率先创新成功，谁就能先人一步形成竞争优势。

（5）企业创新具有受抵制性

企业创新活动常常受到来自各方面的排斥、压力和抵制。习惯于原有工作方式和思维方式的企业员工往往不欢迎任何变动和变革，尤其是那些利益有可能受创新影响的员工更会极力抵制。所以，企业创新的推动者应该充分考虑这一点，提前做好应对抵制的措施。

9.1.2 企业创新的内容

1. 观念创新

创新已成为当今时代的主旋律，而一切创新都来源于观念的创新。观念不创新，就很难有技术的创新、制度的创新和管理的创新。观念创新是一切创新的前提，对企业创新有着极为深远的影响。创新就是打破旧的规则、秩序、平衡，是对现有秩序的破坏，所以，创新就可能会与固有的文化、观念产生很大的冲突。因此，在进行创新之前，首先要解决观念创新问题，否则人们根本接受不了，即使去实施，也不会收到很好的效果。古人云，不谋全局者，不足谋一域；不谋万世者，不足谋一时。说的就是"思路决定出路"。而新思路的形成离不开观念的创新。因此，观念创新是一切创新的前提。下面以市场观念创新为例进行介绍。

市场观念创新主要是指从满足市场需求到引导和创造市场需求的经营理念的转变。人们一般认为，新产品的开发是企业创造市场需求的主要途径，其实市场创新的更多内容是通过企业的营销活动来进行的，即在新产品的材料、结构、性能不变的前提下，可以通过多种途径来寻求新的客户：寻求产品新用途，开发新的细分市场；重新树立产品形象，寻求新的客户；转移阵地，寻求新的地域市场；刺激现有客户，增加产品使用量；赋予产品一定的心理使用价值，影响社会对某种消费行为的评价，从而诱发和强化客户的购买动机，增加产品的销售量。

> **课堂讨论**
>
> 海尔前首席执行官张瑞敏曾把海尔成功的秘诀概括为"第一是创新，第二是创新，第三还是创新"。海尔的创新就是将原有的成功经验统统打破，不断地打破原有的平衡，重塑自我、超越自我。创新首先来源于观念创新，企业没有敢于与旧观念挑战的意识，就无法培养企业的创新精神，也不会有后来的成功。
>
> 问题：如何理解"创新首先来源于观念创新"？企业创新还包含哪些方面的内容？

2. 制度创新

制度是指企业运行方式、管理规范等方面的一系列的原则规定。制度创新是指对现有企业制度进行的革新或变革，包括组织结构、管理流程、激励机制等方面的调整和改革，旨在提高企业效率，适应社会经济环境的变化。企业具有完善的企业制度创新机制，才能保证技术创新和管理创新的有效进行。如果旧的落后的企业制度不进行创新，就会成为严重制约企业创新和发展的桎梏。

企业制度创新主要包括产权制度创新、经营制度创新和管理制度创新三个方面。

（1）产权制度是决定企业其他制度的根本性制度。它规定着企业最重要的生产要素的所有者对企业的权利、利益和责任。不同的时期，企业各种要素的相对重要性是不一样的。在主流经济学领域，生产资料被认为是企业生产的首要因素，因此，产权制度主要指企业生产资料的所有制。产权制度创新即是要将产权在不同的产权主体之间进行重新组合，以期更好地发挥产权的各项功能，最大限度地提高资源的使用效率。

（2）经营制度是有关经营权的归属及其行使条件、范围、限制等的原则规定。它表明企业的经营方式，确定谁是经营者，谁来组织生产资料的占有权、使用权和处置权的行使，谁来确定企业的生产方向、生产内容、生产形式，谁来保证企业生产资料的完整性及增值，谁来向企业生产资料的所有者负责以及负什么责。经营制度的创新方向应该是不断寻求最有效利用企业生产资料的方式。

（3）管理制度是企业行使经营权，组织日常经营的各种具体规则的总称，包括对材料、设备、人员及资金等各种要素的取得和使用的规定。比如，企业的人员招聘和培训制度、管理者选拔和竞聘制度、财务制度、收入分配和奖惩政策、绩效考评制度、员工守则、福利制度、工伤退休政策等。制度安排的首要特征是公平、公正、公开。管理者不能因个人的喜怒哀乐而随意解释和执行。

产权制度、经营制度、管理制度三者之间的关系是错综复杂的。一般来说，一定的产权制度决定相应的经营制度。但是，在产权制度不变的情况下，企业具体的经营方式可以不断进行调整；同样，在经营制度不变的情况下，企业具体的管理规则和方法可以不断改进。而管理制度的改进一旦发展到一定程度，就会要求企业经营制度做相应的调整；经营制度的不断调整，必然会引起产权制度的变革。因此，管理制度的变化会反作用于经营制度，经营制度的变化会反作用于产权制度。

企业制度创新的方向是不断调整和优化企业所有者、经营者、劳动者三者之间的关系，使各方面的权利和利益得到充分的体现，使企业成员的各种作用得到充分的发挥。

3. 技术创新

技术创新是企业管理创新的主要内容。企业中出现的大量创新活动是与技术相关的。在科学技术快速发展的今天，产品的生命周期在日渐缩短，产品的更新换代速度越来越快。企业要在激烈的市场竞争中处于主动地位，就必须不断地进行技术创新。与企业生产制造有关的技术创新主要包括要素创新和产品创新。

（1）要素创新

要素创新主要包含材料创新，设备创新，生产工艺和操作方法创新，生产过程组织创新四类。

① 材料创新。材料是构成产品的物质基础，材料费用在产品成本中占较大的比例，而且材料的性能在很大程度上影响产品的质量。材料创新的内容包括：开辟新的材料来源，以满足企业开发新产品或扩大再生产的需要；开发和利用量大价廉的普通材料（或寻找普通材料的新用途），以降低生产成本。随着科学技术的发展，人们对材料的认识渐趋深入，利用新知识和新技术制造的合成材料不断出现，材料创新的内容也正在逐渐地

向合成材料创造这个方向转移。这为企业的材料创新提供了广阔的前景。

② 设备创新。设备是现代企业进行生产的物质技术基础。设备创新主要体现在几个方面：企业通过利用新的设备，提高生产过程的机械化和自动化程度；通过将先进的科学技术成果用于改造和革新原有设备，延长设备的技术寿命，提高效能；有计划地进行设备更新，以更先进、更经济的设备来取代陈旧的、过时的设备，以保证生产的顺利进行。

③ 生产工艺和操作方法创新。生产工艺是指企业制造产品的总体流程和方法，包括工艺过程、工艺参数和工艺配方等。操作方法是指劳动者利用生产设备在具体生产环节对原材料、零部件或半成品进行加工的方法。生产工艺和操作方法的创新既要求企业在设备创新的基础上，改变产品制造的工艺、过程和具体方法，也要求企业在不改变现有物质生产条件的同时，不断研究和改进具体的操作技术，调整工艺顺序和工艺配方，使生产过程更加合理，使现有设备得到充分的利用，使现有材料得到充分的加工。

④ 生产过程组织创新。生产过程组织包括设备、工艺装备、在制品以及劳动在空间上的布置和在时间上的组合。空间布置影响工人的劳动生产率；各种生产要素在时空上的组合，不仅影响在制品、设备、工艺装备的占用数量，从而影响生产成本，而且影响产品的生产周期。因此，企业应不断地研究和采用更合理的空间布置和时间组合方式，以提高劳动生产率，缩短生产周期，从而在不断增加要素投入的前提下，提高要素的利用效率。

（2）产品创新

产品创新包括新产品的开发和老产品的改造。这种开发和改造是指对产品的结构、性能、材质、技术特征等进行改造、提高或独创。它既可以是企业利用新原理、新技术、新结构开发出一种全新型产品，也可以是企业在原有产品的基础上，部分采用新技术制造出来的适合新用途，满足新需要的换代型新产品，还可以是企业对原有产品的性能、规格、款式、品种进行完善后的产品，但其在原理、技术水平和结构上并无突破性的改变。

产品创新是企业技术创新的核心，既受制于技术创新的其他方面，又影响其他技术创新效果的发挥。新的产品、产品的新结构往往要求企业利用新机设备或者新工艺，而新设备、新工艺的运用又为产品创新提供了更优越的物质条件。

4. 组织结构创新

组织结构创新是指企业为了能够在快速变化的市场中保持竞争力而对组织结构进行变革与调整。扁平化、分立化和柔性化是近年来组织结构创新的主要趋势。下面分别进行介绍。

（1）扁平化

组织结构的扁平化是指企业通过精简管理层次，再造工作流程，增加授权，扩大管理跨度等措施减少组织层次的过程。其目的是提高企业的运作效率，增加企业的灵活性与适应性。

传统的金字塔式的组织结构层级过多，信息流程长且传递效率低。一旦组织规模较大，就容易出现人浮于事，官僚主义严重，信息沟通不畅，对环境变化反应迟钝，以及员工士气低落等诸多弊端，这就是所谓的"大企业病"。为根治"大企业病"，因此必须要实施组织结构扁平化变革。

（2）分立化

组织结构分立化是指企业将其内部一些功能性组织外化的过程，即从原先的组织中分离形成一些能独立运营、自负盈亏的小企业，从而将其原本与公司总部的上下级关系外部化，形成建立在股权基础上的市场化合作关系。

分立化用市场机制代替层级制的行政机制，提高了企业的创新能力与灵活性。组织结构的分立化是一种有效的组织变革方式，可以提高企业管理效率，突出企业主营业务，解决企业内部纠纷，增强企业自主性和分散风险。

（3）柔性化

柔性化是指组织或系统在面对复杂多变的经营环境时，通过灵活调整自身结构、流程和策略，快速响应市场需求的能力。它通常以核心企业为中心，整合供应商、制造商、分销商、零售商和最终用户，形成动态的功能网络，并通过高效控制信息流、物流和资金流，实现资源的优化配置和协同运作。柔性化的实现方式包括虚拟企业、战略联盟和网络化组织等。

① 虚拟企业。虚拟企业是以核心企业为龙头，为抓住某种市场机会，将拥有能实现该机会所需资源的若干企业集结而形成的一种网络化的动态组织。当市场机会不存在时，虚拟企业则自行解体。

② 战略联盟。战略联盟是指多个具有对等经营实力的企业，为达到共同拥有市场、共同利用资源等战略目标，通过各种协议、契约而形成的优势互补、风险共控的网络组织。

③ 网络化组织。网络化组织是按工作流程构成的一个具有固定连接业务关系的小单元联合体。它既可以是企业内部的工作单位的联合体，也可以是扩充到外部联盟企业的联合体。

5. 知识创新

知识创新是指通过科学研究，包括基础研究和应用研究，获得新的基础科学知识和技术科学知识的过程。知识创新的目的是追求新发现、探索新规律、创立新学说、创造新方法、积累新知识。知识创新是技术创新的基础，是新技术和新发明的源泉，是促进科技进步和经济增长的革命性力量。知识创新为人类认识世界、改造世界提供新理论和新方法，为人类文明进步和社会发展提供不竭动力。

伴随着经济全球一体化和知识经济的到来，知识作为重要的核心资源，正在发挥着越来越重要的作用，并成为推动社会发展的关键因素。当今的企业处在知识化、信息化的社会环境中，面临着以知识为基础的更高形态的竞争。其兴衰成败、实力强弱已不再取决于它所拥有的物质、资本，而首先在于其拥有的知识和创新能力，取决于它是否善于进行知识管理和积极推进管理创新。工业经济时代的企业管理重点是增加生产，加快流通和销售。而在知识经济时代，由于知识代替了劳动、资本和自然资源成为企业最重要的资源，企业需要对知识有效地识别、获取、开发、使用、存储和共享，并通过不断创新来提升竞争力。

6. 文化创新

企业员工的行为受可见因素和不可见因素两大类因素的影响。可见因素包括战略、组织结构、技术、人员、设备、资金、正式的权力、企业指挥命令链、管理制度等；不可见因素则有态度、非正式交往、人际冲突与矛盾、文化（习惯、道德、观念）等。不少企业管理者往往只重视前者而忽视后者。但是，决定企业命运的往往是不可见因素。这就像一艘行驶在海洋中的大船，看得见的是水面上的部分，隐藏在水下的船体是很难看见的，而决定船是否会沉没的恰恰是隐藏在水下的部分。在企业中，人们看不到的、却又能影响企业员工行为的因素，事实上就是企业文化。

企业文化创新是指企业为了使企业的发展与环境相匹配，根据本身的性质和特点形成体现企业共同价值观的文化，并不断创新和发展的过程。其实质是要突破与企业经营管理实际脱节的、固有的企业文化的束缚，形成适合企业当前经营环境的、新的企业文化，以促进企业更好地发展。

7. 环境创新

企业环境创新不是指企业为适应外界环境变化而调整内部结构或活动，而是指企业通过积极的创新活动去改造环境，去引导环境朝着有利于企业经营的方向变化。例如，通过企业的公共关系活动，影响社区、政府政策的制定；通过企业的技术创新，引领社会技术进步的方向。就企业来说，市场创新是环境创新的主要内容。

市场创新是指在市场经济条件下，作为市场主体的企业创新者，通过引入并成功将各种新市场要素商品化、市场化，以开辟新的市场，扩大市场份额，促进企业生存与发展的新市场研究、开发、组织与管理等活动。例如，一些企业把科技创新与市场开发紧密地联系在一起，形成了一个有机的整体，利用高科技来开辟市场，引导市场消费。

小案例

华为围绕客户需求持续创新

任何先进的技术，只有转化为满足客户需求的商品，进而转化为客户的商业成功，才能产生价值。在产品投资决策上，华为坚持客户需求导向优先于技术导向，在深刻理解客户需求的前提下，对产品和解决方案进行持续创新。

一切有利于更好地满足客户需求，为客户创造更多、更大价值；有利于改造内部运作效率和质量，降低成本；有利于更好地与客户做生意，方便服务客户；有利于提升客户体验，增加客户忠诚度的技术、管理、商业模式的创新都是必需的。这体现在客户更坚定地选择华为，综合体现在市场的卓越表现上。由于内部管理及商业模式的创新与改进最终都要体现在客户对华为的综合感知和体验上，体现在华为为客户创造的价值上，因此可以认为，华为的创新一直是紧紧围绕客户需求进行的。

客户始终是华为的良师诤友。在运营商领域，是客户逼着华为读懂技术标准，读懂客户的需求。客户像严厉的诤友，逼着华为一天一天进步，只要哪一天不进步，就可能被淘汰。正是客户处处将华为与西方最著名的公司进行比较，达不到同样的条件就不被选用，逼得华为只有不断地努力、不断地创新，赶上并超过西方公司水平。没有客户的严厉和苛求，华为就不会感受到生存危机，就不会一天也不停地去创新，就不会有今天的领先地位，华为的产品和解决方案就不会有持续竞争力。

面对未来网络的变化和数字化浪潮，面对客户需求的变化，华为必须围绕客户需求不断创新，为构建万物互联的智能世界而创新。

资料来源：腾讯网。

9.1.3　新质生产力与企业创新

1. 新质生产力的内涵

2023 年，习近平总书记在地方考察调研期间首次提出"新质生产力"这一重要概念。中央对"新质生产力"给出了一个比较清晰的界定："概括地说，新质生产力是创新起主导作用，摆脱传统经济增长方式、生产力发展路径，具有高科技、高效能、高质量特征，符合新发展理念的先进生产力质态。它由技术革命性突破、生产要素创新性配置、产业深度转型升级而催生，以劳动者、劳动资料、劳动对象及其优化组合的跃升为基本内涵，以全要素生产率大幅提升为核心标志，特点是创新，关键在质优，本质是先进生产力。"我们可以从以下三个方面深刻新质生产力的科学内涵[①]。

（1）新质生产力的"新"，核心在以科技创新推动产业创新

科技创新应坚持以企业为主体、市场为导向、产学研用深度融合，一体化推进部署创新链、产业链、人才链，从而提高科技成果转化和产业化水平。只有让科技创新与产业创新相互促进、同频共振，在生产过程的实践中不断优化生产要素，才能实现以新技术培育新产业、新模式、新业态、新动能，引领产业转型升级，进而实现生产力的跃迁。

（2）新质生产力的"质"，可以从两个方面理解，其一是质态，其二是质效

从质态看，数据具有流动性、虚拟性，新质生产力把数据作为驱动经济运行的新质生产要素，打破了传统生产要素的质态。"数据要素×"能提高全要素生产率，创造新产业、新模式，实现对经济发展的倍增效应。从质效看，新质生产力的内涵包括提升生产工艺和产品品质，迈向产业链和价值链的高端，提高经济社会发展的质量和效益……这些都是高质量发展的应有之义。提质增效就是要提高生产效率，降低生产成本，提升产品质量，减少能源消耗和环境污染，拉长产业链条，提高产品附加值，提升产业竞争力。

（3）新质生产力，最终落脚点是生产力

生产力是指具有劳动能力的人和生产资料相结合而形成的改造自然的能力，是推动人类社会经济发展和历史前进的决定力量。新质生产力是生产力发展和科技进步的产物，代表着人类改造自然能力的提升，必然要依靠新型劳动者带来更多颠覆式创新，把人才红利注入创新驱动高质量发展的进程，以"新"提"质"、以"质"催"新"，塑造更多发展新动能、新优势。

---

① 向新质生产力要增长新动能__中国政府网。

阅读资料

新质生产力的提出

2023年9月7日，习近平总书记在黑龙江主持召开新时代推动东北全面振兴座谈会。在座谈会上，总书记首次提出新质生产力。他强调，要积极培育新能源、新材料、先进制造、电子信息等战略性新兴产业，积极培育未来产业，加快形成新质生产力，增强发展新动能。

次日，总书记在听取黑龙江省委和省政府工作汇报时再次提到新质生产力。他要求黑龙江"整合科技创新资源，引领发展战略性新兴产业和未来产业，加快形成新质生产力"。

新质生产力的提出，不仅指明了新发展阶段激发新动能的决定力量，更明确了我国重塑全球竞争新优势的关键着力点。

2. 新质生产力与企业创新的关系

企业创新与新质生产力之间的关系密切。企业需要不断进行创新以适应新质生产力的发展要求，并充分利用新质生产力的优势推动自身的创新发展。下面从两个方面对二者之间的关系进行探讨。

（1）新质生产力对企业创新的影响

新质生产力对企业创新的影响主要包含以下三点：①提供创新平台与机会。新质生产力的发展为企业创新提供了更广阔的平台和更多的机会。例如，随着数字化、智能化技术等的发展，企业可以在新的生产环境下探索更多的创新可能。②引领创新方向。新质生产力的发展趋势往往反映了市场和技术的未来走向，从而引导企业的创新方向。企业需要密切关注新质生产力的发展动态，以便及时调整创新策略和方向。③提升创新效率与质量。新质生产力的高效性、精准性等特点有助于提升企业创新的效率和质量。例如，借助先进的生产技术和管理手段，企业可以更快地验证创新想法，提高产品质量和市场竞争力。

（2）企业创新对新质生产力的推动作用

企业创新对新质生产力的推动作用体现在以下几点。首先，技术创新是新质生产力的源泉。企业通过技术创新，引入新技术、新工艺和新设备，促进了新质生产力的形成。例如，在高科技领域，企业的技术创新能够推动产业升级，形成更高效、更智能的生产方式。其次，管理创新提升新质生产力的效率。企业通过管理创新，如采用先进的生产管理系统、优化生产流程等，能够提高新质生产力的运行效率。企业这种管理上的创新对于适应新质生产力的要求至关重要。最后，组织创新为新质生产力提供结构支持。为了适应新质生产力的特点，企业需要进行组织创新，如建立灵活的项目团队，调整组织架构等。这些创新有助于企业更好地整合内部资源，以适应新质生产力的发展要求。

随着新质生产力的不断发展，在未来，企业将面临更多的机遇和挑战。因此，企业需要不断加强自主创新能力，紧跟新质生产力的发展趋势，这样才能在激烈的市场竞争中赢得竞争优势并实现可持续发展。

课堂讨论

除了上述几点外，你觉得新质生产力与企业创新的关系还有哪些？

9.2　企业文化管理

9.2.1　企业文化概述

1. 企业文化的含义

延伸学习

企业文化的特征

企业文化是指企业在经营管理实践中，逐步形成的带有本企业特色的价值观念、经营准则、企业精神、道德规范与发展目标的总和。所有企业都有自己的企业文化，但有强弱之分。强文化是指企业员工认同企业的价值观，并自觉遵守企业的行为规范。这种企业文化对员工们的行为有很大的影响。弱文化则对企业员工行为的影响有限，并且企业很难用所谓的价值观来指导员工的工作。

企业文化的形成与创始人有着密切的关系，甚至有人称企业文化即为"创始人文化"。因为创始人在企业成立之初提倡的价值观和行为准则主要体现了自己性格特点和反映了一些亲身经历。所有企业文化总会被打上创始人的烙印。例如，韩国现代集团员工说现代汽车的生产历史是"以创造神话为目标，不断克服困难与接受挑战的历史"。这体现了创始人郑周永激进好胜的性格。另外，苹果、华为等企业的文化，可以非常清楚地使人感受到创始人的信仰和价值观。例如，苹果公司创始人史蒂夫·乔布斯（Steve Jobs）在人才的使用上极力强调"精"和"简"。他相信由顶尖人才组成的一个小团队能够运转巨大的轮盘，公司拥有较少的顶尖团队就足够了。乔布斯邀请百事可乐总裁约翰·斯高利（John Lithgow）加盟苹果时说："难道你想一辈子卖汽水，不想改变世界吗？"在这样的个人化文化驱使下，乔布斯以用户个人化引导产品或服务，以员工个人化塑造公司文化和创新能力，以自身个人化获得自由和惬意的人生。

2. 企业文化的结构

企业文化的结构可分为三个层次，即实体文化、制度文化和精神文化。每一层次又包含若干不同的构成要素，进而形成了一个有着内在联系的网络，如图 9-1 所示。

（1）实体文化

实体文化又称表层文化，处于企业文化的外在显现层，是看得见、摸得着的企业文化形态。其主要包括产品、厂区、车间、办公楼、设备、建筑设计、娱乐休息环境、文化设施等。实体文化是企业文化最直观的部分，也是人们最容易感知的部分。例如，一家企业拥有花园式厂区，整洁的车间，先进的生产管理设备，宏伟的办公楼，一定规模的职工图书馆，设施齐全的健身中心等，反映了这家企业经营状况良好，充满活力，重视员工，可使人产生安全感和信任感。虽然实体文化只是企业文化的最外层文化，但它体现了企业的外在形象，是企业及其成员精神风貌的具体反映，是外界对企业进行评价的重要依据。

```
                      ┌──────────┐
                      │  企业文化  │
                      └────┬─────┘
        ┌──────────────────┼──────────────────┐
   ┌────┴────┐        ┌────┴────┐        ┌────┴────┐
   │  实体文化 │        │  制度文化 │        │  精神文化 │
   └────┬────┘        └────┬────┘        └────┬────┘
```

	表层文化： 产品、厂区、车间、办公楼、设备、建筑设计、娱乐休息环境、文化设施	中层文化： 规章制度、行为准则、道德规范、领导风格、传统习惯、经营活动、宣传活动、体育活动、娱乐活动	深层文化： 企业目标、企业宗旨、价值标准、管理思维方式
表现形态			

构成要素	企业理念	企业精神	企业价值观	企业道德	企业素质	企业形象	企业行为	企业制度

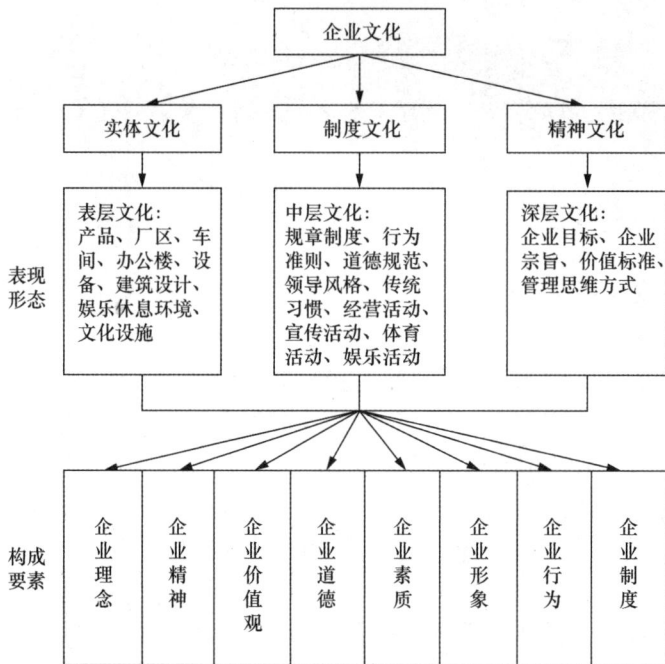

图 9-1　企业文化结构

阅读资料

麦当劳的金色拱门

除了麦当劳叔叔以外，人们对于麦当劳最深刻的印象就是那标志性的 LOGO——金色拱门"m"了。

麦当劳的金黄色"m"标志，看上去就像是两扇打开的黄金拱门（见图 9-2），象征着欢乐与美味，象征着麦当劳的"品质（Q）、服务（S）、清洁（C）和价值（V）"。广大消费者通过麦当劳一系列的活动识别和视觉识别，领悟麦当劳的正确理念，从而使麦当劳"Q、S、C+V"的经营理念通过良好的企业形象，像磁石一般不断把消费者吸进这座欢乐之门。

图 9-2　夜幕下的麦当劳金色拱门

麦当劳的 LOGO 以黄色为标准色，因为黄色给人以明亮、积极之感，而且辨识度极高，而辅助色则采用了稍暗的红色，红色能给人以喜庆友善的感觉，这也正是麦当劳想向人们所传递的企业文化。

（2）制度文化

制度文化又称中层文化，介于精神文化和实体文化之间，主要包括两个方面：一方面是各项规章制度、行为准则、道德规范、领导风格、传统习惯等，以成文或不成文形式被企业成员接受并执行；另一方面是经营活动、宣传活动、体育活动、娱乐活动等各种企业活动，用以增强企业凝聚力。制度文化规定了企业成员在共同的生产经营活动中应当遵守的行为准则，是企业实体文化和精神文化对企业员工和组织行为的具体要求。

（3）精神文化

精神文化又称深层文化，是企业文化的核心，主要包括企业目标、企业宗旨、价值标准、管理思维方式等，是企业成员共同存在的意识形态和价值取向，是企业价值观的体现和概括。精神文化反映了企业成员共同的认识和追求，共同信守的基本信念，是企业文化的核心和灵魂，也是形成实体文化和制度文化的基础。

企业文化由外到内的三个层次构共同构成了一个完整的文化体系。实体文化是企业文化的外在表现；制度文化是精神文化的转化，为实体文化提供支持；精神文化是根本，对实体文化和制度文化起决定作用，主导企业文化的共性和特性。

小案例

海底捞的企业文化建设

海底捞将员工视为"家人"，并通过充分授权和激励机制激发其主动性。在海底捞，服务员不仅熟练掌握标准服务流程，还被鼓励根据顾客需求灵活创新（如提供免费美甲、代买零食等服务）。公司注重员工职业发展，建立"师徒制"和清晰的晋升通道，普通员工可通过优异表现晋升至管理岗位。

海底捞在员工福利上投入显著，提供高于行业水平的薪资、住宿及子女教育补贴，其员工忠诚度远高于行业平均水平。为传递服务理念，海底捞编写了《海底捞服务手册》，以通俗案例指导员工如何"用服务创造惊喜"，例如"顾客手机掉进火锅，立即换新机并免单"的经典案例就体现了这一理念。通过企业文化建设，海底捞已成为国内服务业的标杆之一。

3. 企业文化的功能

企业文化对企业行为的影响是无形的、持久的。在企业文化的熏陶下，企业成员很容易拥有相同或相近的价值观和道德观，放弃一些企业不期望的行为和利益取向，这就是企业文化的正功能。其主要包括凝聚功能、导向功能、约束功能、激励功能、辐射功能、协调功能。同时，企业文化也具有负功能，对企业的发展有着潜在的负面作用，如一些既定的思维定势，往往成为企业组织变革与发展的障碍。企业文化的功能如表 9-1 所示。

表 9-1　企业文化的功能

类别	功能	描述
正功能	凝聚功能	通过共同理想与信念，增强企业成员对企业的认同感和归属感，形成强大的向心力和凝聚力
	导向功能	引导企业成员的价值取向和行为取向，建立共同的价值目标

类别	功能	描述
正功能	约束功能	通过成员自身的认同心理实现行为的规范和约束
	激励功能	激发成员的积极性和首创精神，产生内在的激励作用
	辐射功能	对社会产生一定的影响，展示企业形象并影响社会道德和思想意识
	协调功能	调节和适应企业内部和外部的矛盾，减少因变革带来的不适应
负功能	多样化的障碍	企业文化的统一性可能使企业失去多样化带来的优势
	变革的障碍	根深蒂固的企业文化可能成为企业发展变革的束缚
	兼并和收购的障碍	企业文化差异可能导致企业兼并或收购的失败

9.2.2　企业文化建设

企业文化建设是指企业有意识地保持与发扬积极的、优秀的企业文化，克服现有企业文化中的消极因素的过程，包括企业文化塑造和企业文化的建设与落实两部分。企业文化建设是指企业优化、更新企业文化以应对环境变化带来的挑战的过程，是企业发展战略的重要内容之一。

微课堂

企业文化建设

1. 企业文化塑造

企业文化结构由内到外包括精神文化、制度文化、实体文化三层结构。企业文化塑造也围绕这三个层次展开。

（1）凝练企业价值观

企业价值观是指企业成员普遍存在的信念和行为准则，反映了企业成员共同的认识和追求，是企业在长期实践中形成的群体心理定势和价值取向，是企业文化的核心和灵魂。企业要确立企业价值观，需要做到以下几点。

第一，企业要结合自身的具体情况，如企业性质、企业规模、人员构成等，使企业价值观与企业需要相吻合。

第二，企业要考虑外部环境，如政治、经济、民族文化、法律制度等因素对企业成员思想意识的影响，有针对性地确立企业价值观，使之符合外部环境的要求。

第三，企业价值观要准确明晰，具有鲜明的企业特点，充分体现企业的宗旨和发展方向。

第四，企业价值观初步确立后，企业要征求企业成员的意见和建议，调查企业成员的认可程度，反复修改，直至符合企业特点且企业成员接纳程度比较高。

良好的企业价值观应既体现企业整体利益，又融合企业成员的理想信念，能够体现企业的发展方向和目标，成为鼓励企业成员努力工作的精神力量。

（2）完善制度建设

制度建设主要包括领导风格建设、企业结构建设、管理制度建设三个方面。领导风格是领导者的行为模式，也是其个人价值观和偏好的体现。企业结构是企业为了有效整合资源而规定的领导与协作关系，主要受领导体制、外部环境、企业目标、成员思想文化素质等因素的影响。管理制度是指企业制定的强制性的规定和条例，主要包括人事、生产管理、经营、分配等方面的规章制度。企业管理制度是企业成员应遵守的准则，能够使成员个人的生产经营活动符合企业整体的要求，时间一长会使员工养成一定的行为

习惯，这本身对员工行为是一种很好的引导。完善制度建设是指企业在明确领导风格的前提下，建立合适的企业结构，制定相应的规章制度，使所形成的制度文化与企业文化整体相适应。例如，企业领导提倡权威与服从，则需要建立等级严格的企业机构，制定繁多的规章制度，严格监管，不鼓励企业成员越级自由表达个人意见。

（3）优化实体文化

实体文化是企业文化的外在显现层文化，主要包括厂区、工作环境、文化设施等，是企业文化最直观的部分。实体文化的优化过程具体直接，效果明显。但实体文化的塑造与企业价值观的塑造一样，也是一个全面的系统工程。首先，企业要确定整体风格，保证与企业文化一致。例如，在鼓励创新、崇尚自由的文化氛围下，办公环境色彩不能过分偏冷暗色调，办公设备不宜完全整齐划一。其次，企业要选择合适的生产设备、办公设备、娱乐设施、文化设施等。这些设备及设施的购置，不但能提高员工工作效率，保证劳动安全，美化生活环境，还可以提高员工的工作兴趣，提升员工对企业的忠诚度和责任感，增强企业的凝聚力。最后，聘请专业人员对产品、建筑、娱乐休息环境、文化设施等的色彩、照明、空间布局和物品摆放等进行全方位设计。这种专业化的设计能够营造出一个协调、舒适的环境，为企业成员和外部人员带来积极的视觉、听觉和触觉体验，进而影响他们的心理感受。因此，专业化设计在实体文化优化中至关重要。实体文化不仅体现了企业的外在形象，是外界对企业评价的重要基础，还是影响企业成员工作热情的重要因素。需要注意的是，在优化实体文化过程中，企业与专业人员进行有效沟通，让对方完全、准确地理解企业文化的实质和具体反映，才能达到良好的优化实体文化的效果。

2. 企业文化的建设与落实

企业文化是一个长期培育、逐步深入的过程，正如美国著名管理学家托马斯·J.彼得斯（Thomas J.Peters）和罗伯特·H.沃特曼（Robert H. Waterman）在《追求卓越》一书中写到的："价值观是由高层的经理们通过分分秒秒、年复一年的行动表现出来的，上上下下透彻了解并深入全体成员心中的东西。"

（1）创始人及高层管理人员引领与传承

企业文化在很大程度上来自创始人。企业现行的惯例、传统、行为处事的一般方式，在很大程度上都源于创始人早期的努力，以及努力所带来的成功。企业在成立初期一般规模比较小，创始人能够用自己的思想意识去直接影响其他成员，随着企业的不断发展壮大，这些价值观逐步植入企业成员，变得根深蒂固，成为企业文化的核心和基础。高层管理人员对企业文化也有很大的影响。高层管理人员通过自己的日常行为和有意识、有目的的宣传倡议，将企业精神、价值观和行为准则渗透到企业中。

（2）强化企业成员的认同感

企业文化要在企业成员之间实现广泛共享和强烈共识，需要不断地强化，使企业成员的个人价值观与企业价值观统一起来。强化企业成员的认同感主要有以下几种途径。

① 教育培训。企业需要帮助员工尤其是新员工适应企业文化，教育培训是最直接有效的途径之一。例如，星巴克咖啡为新员工提供培训，教会他们掌握咖啡调制所需的全部技能，同时向他们传递星巴克的经营思想和价值观念。在接受了培训之后，星巴克的新员工不但可以为顾客详细解说每一种咖啡产品的特性，还善于与顾客沟通，能够做到

态度真诚，语气轻缓，与星巴克轻松温馨的气氛融为一体。

② 树立榜样。榜样是企业文化的人格化身，对企业成员具有真实的感召力和影响力。例如，北京公共汽车售票员李素丽在工作中处处为乘客着想，主动搀扶"老幼病残孕"上、下车；耐心为外地乘客指路，到站提醒下车；自制一个小棉垫，当车上人多找不到座位时，让小孩子垫着坐在售票台上。这些虽然都是小事，但体现了北京公交集团真诚热情为乘客服务的精神。李素丽的榜样力量，带动了北京公交集团更多的员工为乘客提供优质的服务。

③ 举办特殊仪式。仪式是指在比较盛大的场合中举办的，具有专门规定的程序化的行为规范和行动，如颁奖仪式、签字仪式、开幕仪式等。企业举办特殊仪式，有助于进一步强化企业文化对企业成员的影响。某化妆品公司为销售代表举办奖励年会就是一个典型的案例。该公司的颁奖仪式在一个巨大的礼堂举行，要求所有的与会者都穿着正式的晚礼服。在年会上，成绩突出的销售人员会获得重奖，并接受台下众人的欢呼。通过年会企业强化了"积极、乐观、勇于克服困难，只要足够努力，就能获得成功"的企业理念，提高了全体成员对企业文化的认同感。

9.2.3 跨文化管理

在全球经济一体化背景下，企业跨国经营已成为一种趋势和潮流。跨国企业在享受全球经济一体化所带来的巨大收益的同时，也常为不断涌现的文化冲突而倍感困惑。一些企业，甚至是沃尔玛、家乐福等这些深谙市场和顾客需求的企业都有过跨国经营失败的惨痛经历。这其中，跨文化管理失败是最为重要的原因之一。

1. 文化差异对企业经营管理的影响

不同文化之间存在着一定的差异，有些差异相对较小，如同属于东方文化体系下的不同国家文化；有些文化则差异巨大，如强调集体主义的东方文化和强调个人主义的西方文化等。文化差异对企业经营管理有着双重影响，既有可能为企业带来竞争优势，提高企业的竞争力，也有可能给企业带来经营风险，使企业陷入经营困境。

（1）文化差异与竞争优势

文化差异为企业带来的竞争优势主要体现在以下几个方面。

首先，在市场方面，文化差异提高了企业对于目标市场文化的理解能力和适应能力。企业通过配置不同文化背景的员工以达到与不同客户群体的相互匹配，从而更加理解客户的需求，提高企业在目标市场的适应能力。许多在华经营的跨国企业往往聘请中国本土的管理人员来开拓中国市场，通过实施本土化策略来实现企业的经营目标。

其次，在成本方面，企业聘用东道国当地的员工不仅可大大节省人力资本，同时也可利用当地员工对当地文化的熟悉和深入理解，避免因对当地文化的误解而造成的不必要的沟通障碍，这有利于企业减少市场开拓的盲目性，从而降低信息成本。

最后，在创新方面，文化差异可以为企业提供更广阔的视野，激发解决问题的新思路和新方法，提高企业的创新能力。

（2）文化风险

不同的文化由于价值观念、伦理道德、风俗习惯、思维方式和行为方式等的差异，会增加管理上的不确定性和复杂性，从而带来经营上的风险。这些风险主要表现为以下几种。

① 管理风险。管理风险是指由母公司的管理人员的管理思想、方法、习惯不被当地员工所认同和接受而带来的风险。在一国行之有效的管理方式，到了另一个不同文化背景的国家则可能就不再适用。在东欧剧变之后，一些西方国家的跨国企业纷纷涌入波兰、匈牙利等国家，以期在这些国家的市场转型期获得良好的发展机遇。它们带着自以为先进的管理理念投资设厂，结果是多数企业在经营伊始就遭遇了挫折。例如，福特公司在匈牙利开设汽车工厂，但当地的员工对于福特公司的管理模式根本无法接受。多年的计划经济体制已使得匈牙利的工人养成了自由、散漫的工作风格，员工习惯于吃"大锅饭"，对于福特公司的一套做法非常抵触，最终导致了企业经营效益低下，预期目标无法顺利实现。

② 种族优越风险。一些西方发达国家的管理人员往往带有较强的种族优越感，他们很难客观地评价他国文化，不自觉地形成所谓的"先见"。这些企业倾向于采用单一的、照搬母国的管理方式，致使企业很难适应当地的社会文化环境。

③ 沟通风险。文化差异的客观存在，经常会造成跨国公司在与当地政府、客户、经销商和员工沟通时存在障碍。例如，东方人在表达情感时一般比较含蓄，不喜欢正面争执，习惯于使用一些模棱两可的语言。而西方人比较直接，不会迂回，缺少灵活性。这些差异很容易造成双方在沟通上的障碍。

④ 商务礼仪与禁忌风险。如果企业原有的商务运作管理、业务洽谈习惯等不能适应新的文化环境，也会带来跨国经营失败的风险。例如，在中国，谦虚被奉为一种美德，在得到别人的赞扬时，中国人常以"哪里""不好""不行""还不够"等来回应。这与西方的文化截然不同，西方人得到别人的夸奖时，常以"Thank you"来回应。

2. 跨文化管理的主要模式

从不同文化相互关联的方式来划分，跨文化管理模式可分为文化平行模式、文化覆盖模式和文化交叉模式三种。下面分别予以介绍。

（1）文化平行模式

文化平行模式是指两种文化平行共存的模式，也称跨文化管理的本土化模式。这种模式是指跨国公司在保持母公司文化的基础上，将全球视为异质性市场，通过了解和分析各细分地区市场的消费偏好、习惯、理念等，对不同的地区市场做出相应的反应，即根据各细分市场的特征和客户需求，设计和生产不同的产品或提供不同的服务。本土化包括产品本土化、营销本土化、产品品牌本土化、研究开发本土化、人力资源本地化等。在这种管理模式下，母公司不强制推行自身文化，而是根据子公司情况实现文化共存，并赋予子公司高度自治，以融入东道国文化环境。

但此模式也有缺陷，过度迁就本土文化可能削弱母公司技术优势，产生发展障碍。同时，本土化可能带来文化适应难、沟通不足和投资成本大等问题。此外，过度本土化可能导致跨国公司吸纳不良文化因素，造成管理困难。

（2）文化覆盖模式

文化覆盖模式是一种强势文化覆盖另一种弱势文化的模式，也可称为跨文化管理的自主性模式。这种管理模式的核心是，母公司派遣人员担任海外子公司的高级主管，通过这些管理人员，把母公司的文化移植到各个地区和国家的子公司中，让子公司的当地员工逐渐适应并接受外来文化，并按照这种文化背景下的工作模式开展子公司的日常业务。这种模式的优点在于可以高度集权，使公司一切按既定方针进行，统一行动，减少公司的运营成本，拥有在追求规模经济方面的竞争优势。

文化覆盖模式的缺点是，实行这种管理模式的公司往往忽略文化差异的存在，把母公司原有的文化生搬硬套于东道国，难以化解母公司外派管理人员与当地员工之间在文化、心理和行为上的冲突，从而往往难以真正实现富有成效的全球跨国经营，效率虽然高但效益差。

（3）文化交叉模式

文化交叉模式是指使两种文化相互交融的一种模式，又称跨文化管理的融合模式。这种模式较多适用于合资企业。文化交叉模式的优点在于能够减少文化冲突，增强跨国经营企业的文化变迁能力。

不同文化的融合是一个过程，需要经历探索期、碰撞期、整合期和创新期四个阶段。在探索期和碰撞期，随着时间的推移，冲突强度不断增加，在整合期的初始阶段，冲突强度达到顶点，随后冲突强度不断降低，在创新期达到低点。

需要注意的是，这种消除文化差异，建立新的文化体系的过程不可能是一帆风顺的，经常会遇到很大的阻力。一般母公司的文化总是在公司文化总体文化中占据主要地位，新文化往往难以得到各方面的认同，如果在实施时阻力过大，就有可能将管理引入进退两难的境地。

本章实训

1. 实训目的

通过实训，加深对企业文化建设的认识。

2. 实训内容及步骤

（1）将全班同学划分为若干任务团队，各团队推选小组长负责此次实训活动。在实训开始，团队成员阅读如下案例材料。

1992 年南方李锦记有限公司（简称南方李锦记）创立。从一开始，南方李锦记就将自己定位为一个致力于传播中国优秀养生文化的民族企业。

从 2002 年开始，南方李锦记开始大力推崇"思利及人"的文化价值观，在整个公司范围内掀起一场革命（完整材料详见二维码）。

案例材料

南方李锦记"思利及人"的企业文化

（2）各团队阅读完案例材料后回答如下问题：何谓"思利及人"的文化价值观？南方李锦记是如何塑造企业文化的？给我们的启示有哪些？

（3）各团队将问题答案上传至班级课程学习群，团队间相互评阅。

（4）课代表根据各团队上传的案例分析答案及团队间的相互评阅情况，撰写本次实训结论。

（5）完成本次案例分析，交由授课老师批阅。

3. 实训成果

实训作业——《南方李锦记"思利及人"的企业文化案例分析》。

本章习题

一、单选题

1. 在信息社会，产品的生命周期（　　　），企业的产品必须不断地超前于消费的需要。

A. 越来越长　　　　B. 越来越短　　　　C. 没有变化　　　　D. 无规律可循

2. （　　　）是决定企业其他制度的根本性制度。它规定企业最重要的生产要素的所有者对企业的权利、利益和责任。

A. 组织制度　　　　B. 经营制度　　　　C. 产权制度　　　　D. 管理制度

3. 对企业文化影响最大的人是（　　　）。

A. 中层管理者　　　B. 高层管理者　　　C. 创始人　　　　D. 基层管理者

4. （　　　）体现了精神层对企业成员的要求，是企业精神和宗旨的动态反映。

A. 实体文化　　　　B. 制度文化　　　　C. 精神文化　　　　D. 以上均不正确

5. 企业需要帮助成员尤其是新成员适应企业文化，（　　　）是最直接有效的途径之一。

A. 教育培训　　　　B. 树立榜样　　　　C. 特殊仪式　　　　D. 以上均不正确

二、多选题

1. 企业创新的主要特征有（　　　）。

A. 高风险性　　　　B. 高回报率　　　　C. 复杂性

D. 时效性　　　　　E. 受抵制性

2. 近年来，企业组织结构的创新呈现（　　　）的趋势。

A. 垂直化　　　　　B. 扁平化　　　　　C. 水平化

D. 柔性化　　　　　E. 固定化

3. 企业文化的负功能有（　　　）。

A. 多样化的障碍　　　　　　　B. 导向障碍

C. 变革的障碍　　　　　　　　D. 兼并和收购的障碍

E. 协调障碍

4. 企业文化结构由外到内包括（　　　）。

A. 外部文化　　　　B. 实体文化　　　　C. 制度文化　　　　D. 精神文化

5. 强化成员对企业文化认同感的手段有（　　　）。

A. 加强制度建设和监管　　　　B. 树立榜样

C. 教育培训　　　　　　　　　D. 将收入与工作业绩挂钩

E. 特殊仪式

三、名词解释

1. 企业创新　　2. 市场观念创新　　3. 新质生产力　　4. 企业文化　　5. 精神文化

四、简答及论述题

1. 为什么企业创新具有抵制性的特征？

2. 企业文化的正功能主要体现在哪几个方面？

3. 如何确定企业的核心价值观？

4. 试论述新质生产力对企业创新的影响。

5. 试论述跨文化管理的三种主要模式。

案例讨论

任正非与华为的企业文化

华为，这个由任正非在 1988 年以 2 万元资金创立的企业，历经 30 余载的风雨洗礼，现已崛起为全球知名的高科技企业。

华为积极吸纳西方企业的先进管理经验，以此探索并建立了现代企业制度。但是，这仅局限于企业的运营层面。在指导思想上，华为坚持独立思考，用思想引领公司不断前行。时至今日，华为的管理思想依然深受任正非对中国传统文化独到解读的影响。

任正非从不墨守成规，华为也未曾建立起高大上的系统化管理思想体系。但恰恰是这种不拘一格、与时俱进的灵活态度，构成了华为的核心竞争力。每当企业在运营中出现偏差时，任正非总能及时出手调整，使企业重回正轨；每当管理层出现自满情绪时，任正非又会适时给予提醒，让其保持冷静与谦逊。

许多企业在发展壮大后往往会遇到各种问题，这往往是因为它们过于依赖固定的管理理论。当新问题出现而旧理论无法解决时，企业便会陷入困境，甚至迷失方向。华为则因其灵活多变的管理方式，能够迅速应对各种挑战。

在思想层面，华为始终与中国传统文化紧密相连。相较于西方管理思想，中国传统文化对华为的影响更为深远。例如，"利出一孔"这一古老智慧，在华为的管理实践中得到了生动的体现。

作为华为的精神领袖，任正非的每一次内部讲话、每一篇文章都堪称管理学的经典。《华为的冬天》《一江春水向东流》《北国之春》《天道酬勤 幸福不会从天降》等文章深具感染力和启发性，引人深思、发人深省。

思考讨论题：

1. 华为的企业文化有何特点？

2. 创始人任正非对华为的企业文化有何深远影响？

第10章

现代企业人工智能管理

本章导学

    人工智能技术的发展是时代对社会智能化需求的体现。企业将人工智能技术应用于管理，能够使企业的发展得到有力的技术支撑。本章首先介绍人工智能的概念、特征、产业链及发展；然后阐述人工智能在智能制造、营销管理、财务管理、供应链与物流、人力资源管理等领域的具体应用；最后选取中国船舶集团有限公司中船九院的数字化升级改造和京东云的人工智能全景布局作为典型案例进行介绍。这两个案例生动展示了人工智能如何在企业管理中发挥关键作用，实现效率提升和业务创新。通过对本章的学习，读者可以熟悉人工智能在企业管理中的应用情况，并掌握人工智能管理的基本思路。

知识结构图

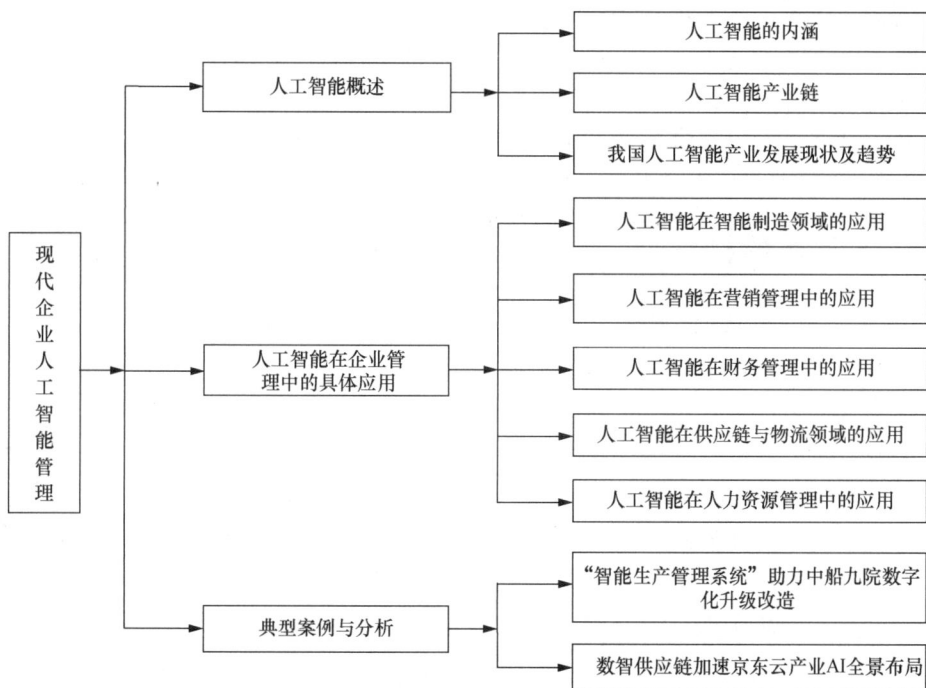

开篇引例　小米集团：推进数字化制造更智能

党的二十大报告提出，加快发展数字经济，促进数字经济和实体经济深度融合，打造具有国际竞争力的数字产业集群。这让小米集团对利用数字技术提升制造水平充满信心。为了做好装备与工艺，量产极致超窄边框，小米集团从硬件、视觉、智能化等方面入手，让制造精度再上新台阶。在小米集团亦庄智能工厂，生产效率、产线切换效率大幅提升，超九成智能装备由小米集团和其投资的公司自主研发。

走进小米集团亦庄智能工厂，厂房里没有开灯，也看不到埋头操作的产线工人，只有运输机器人往来穿梭。机器上的信号灯不停闪烁，一台台自动化SMT（表面贴装技术）贴片机发出清脆的"嗒嗒"声，提示着生产正在火热进行。

200多个高清摄像头、8 000多个传感器实时收集着生产数据。工程师打开手中平板电脑的"数字孪生"界面，便可实时监看设备运转情况。

小米集团历时6个月自研胶线视觉检测算法，实现了三维胶线路径全检，不仅消除了边框加工误差导致的点胶偏位，还通过机器学习提高引导效率40%，并将引导工位、点胶工位合二为一，点胶良率超过99.5%，并已申请2项发明专利。

作为小米集团智能制造布局的超大"实验室"，亦庄智能工厂的效率比代工业内最先进的工厂的效率还提升了25%，产能提升10倍。昌平智能工厂更是瞄准了中国制造的最高水准目标。

小米集团创始人雷军曾表示，智能工厂承载了该集团很大的梦想——做"制造的制造"，不是替代代工厂，而是帮助代工伙伴提升制造效率，帮助中国制造业提升智能化水平。党的二十大报告提出促进数字经济和实体经济深度融合，更加坚定了小米集团做制造业背后智能解决方案和装备服务商的信心和决心。截至2023年上半年，小米集团已经投资了超过170家智能制造企业，投资额超过160亿元，拉动了上下游产品及技术供应商100余家，初步形成了国产制造装备供给生态集群。

小米集团利用人工智能科技手段为企业赋能，推进企业数字化管理，实现智能制造，大大提高、优化了企业效率。由此可见，人工智能将是企业管理中不可或缺的组成部分，将为企业发展带来新的维度。

问题：结合本案例，请谈谈人工智能在企业管理中的应用前景。

10.1　人工智能概述

10.1.1　人工智能的内涵

人工智能（Artificial Intelligence，AI）是指研究、开发用于模拟、延伸和扩展人的智能的理论、方法、技术及应用系统的一门新的技术科学。人工智能使计算机或机器具备某种形式的智能，能够学习、识别模式、决策、解决问题，甚至在某些情况下进行创造。人工智能有三大特征：一是由人类设计，为人类服务，本质为计算，基础为数据；二是能感知环境，能产生反应，能与人交互；三是有适应特性，有学习能力，有演化迭代，有连接扩展。

延伸学习

人工智能三大特征详解

10.1.2 人工智能产业链

人工智能产业链是指以人工智能技术为核心，形成的一个涉及研究、开发、应用和服务等多个环节的复杂系统。人工智能产业链由相互支撑的基础层、技术层和应用层构成。基础层是人工智能产业链的基础，主要研发硬件及软件，为人工智能提供数据及算力支撑，具体包括 AI 芯片等计算硬件，大数据、云计算和 5G 通信等计算系统技术，以及涉及数据采集、标注和分析的数据资源。技术层是人工智能产业链的核心，以模拟人的智能相关特征为出发点，构建技术路径，主要包括机器学习等算法理论，基础开源框架和技术开放平台等开发平台，以及计算机视觉、智能语音、自然语言理解等应用技术。应用层是人工智能产业链的延伸，集成一类或多类人工智能基础应用技术，面向特定应用场景需求形成解决方案或软硬件产品，具体包括"AI+传统行业"形成的行业解决方案，以及智能汽车、机器人等热门产品。

随着技术的不断进步和市场需求的持续增长，人工智能产业链呈现出多元化、融合化、合规化的发展趋势。具体来说，AI 技术不断创新，如边缘计算、量子计算等前沿技术的发展，以及 AI 与其他新兴技术的深度融合，不断拓宽 AI 应用场景和价值边界。同时，随着数据量爆炸式增长，数据安全与隐私保护成为重要议题，法律法规的完善、合规技术的发展以及行业自律的加强，将共同推动构建安全可信的 AI 生态环境。此外，全球范围内出现 AI 产业高地，形成集科研、开发、应用于一体的产业集群，吸引大量人才、资本和技术公司聚集。最后，产业链上下游企业通过战略合作等方式，打破壁垒，共享资源，共同推进 AI 技术的产业化进程。

10.1.3 我国人工智能产业发展现状及趋势

人工智能是新一轮科技革命和产业变革的重要驱动力量。加快发展新一代人工智能是事关我国能否抓住新一轮科技革命和产业变革机遇的战略问题。当前，我国人工智能产业的发展现状与发展趋势主要表现在以下几个方面。

1. 核心技术取得突破，创新能力显著提升

我国人工智能创新能力显著提升，总体看，有四个方面的进展。

（1）人工智能专利申请量居世界首位

我国人工智能专利申请数量呈现出强劲的增长态势。根据国家工业信息安全发展研究中心、工信部电子知识产权中心发布的《新一代人工智能专利技术分析报告》，自 2017 年以来，我国在人工智能领域的专利申请数量持续增长，年均增长率达到 30%。特别是在软件框架领域，专利申请数量约七千余件，显示出我国在这一领域的创新活力和实力。

此外，从全球范围来看，中国在人工智能专利申请方面的表现也尤为突出。根据中国信息通信研究院发布的《全球数字经济白皮书（2023 年）》，从 2013 年到 2023 年第三季度，全球 AI 专利申请量累计达到 129 万件，其中中国的 AI 专利申请量占到了全球的 64%，位列世界第一。这充分展示了中国在人工智能领域的研发能力和创新实力。

具体到企业和机构，百度、浪潮、国家电网、阿里等成为我国人工智能专利申请的重要力量。其中，百度在人工智能领域的专利申请数量位居国内首位。

（2）创新载体建设取得新进展

一批新型研发机构在人工智能大模型、人工智能计算芯片等领域取得了技术突破。我国算力基础设施达到世界领先水平。全国一体化大数据中心体系基本构建，"东数西算"工程加快实施；建成一批国家新一代人工智能公共算力开放创新平台。

（3）关键核心技术局部突破，部分关键应用技术居世界先进水平

我国企业在应用算法、智能芯片、开源框架等关键核心技术上已取得重大突破，图像识别、语音识别等应用技术进入国际先进行列，智能传感器、智能网联汽车等标志性产品有效落地应用。

（4）产业生态初步形成

截止 2024 年年初，我国已有 238 所高校开设了人工智能专业，高端人才培养位居全球前列。截至 2022 年年底，全球人工智能代表企业数量 27 255 家，其中，我国企业数量 4 227 家，约占全球企业总数的 16%。截至 2024 年 2 月 18 日，中国 AI 算力行业累计企业共有 213 家，新增注册企业数量呈逐年增长趋势，2021 年迎来注册爆发期，新增注册企业 54 家，2023 年注册企业数量为 69 家。我国人工智能产业已形成长三角、京津冀、珠三角三大集聚发展区。百度、阿里、华为、腾讯、科大讯飞、云从科技、京东等一批 AI 开放平台初步具备支撑产业快速发展的能力。

2. 融合应用步伐加快，赋能效果持续显现

目前，人工智能已经开始与第一、二、三产业有效结合，融合效果已初步显现，应用领域正在从医疗、交通、制造等前沿产业向旅游、农业等更广泛的行业延伸。在诸多领域中，智能金融、智能医疗、智能安防以及智能交通等已经成为人工智能技术实现产业化应用的重要场景。特别是在制造业中，从研发设计到工艺仿真，再到生产制造和产品检测，各个环节的智能化水平都得到了显著提升。

以公交车为例，通过安装智能系统，公交车队可以利用先进的人工智能算法，通过高度精准的动态飞线图来全面掌握线路客流状况，这包括哪个时间段、哪个路段的客流量较大，从而针对性地调整线路，以及在高峰时段的发车频率。这一智能化改进不仅优化了线路的运营效率，为乘客提供了更为便捷的出行体验，也为公交公司实现了降本增效，有力地推动了城市的智慧出行进程。

阅读资料

文心一言 4.0 版的应用场景

文心一言大模型 4.0 版是百度基于文心大模型技术推出的生成式对话产品，应用场景非常广泛。例如，在搜索方面，百度的搜索产品已经基于 AI 大模型完成了重构，具有极致满足、推荐激发和多轮交互三个特点，为用户提供了更加智能和个性化的搜索体验。此外，文心一言大模型 4.0 版还可以应用于商业智能、智能办公等多个领域，帮助企业提高工作效率和创新能力。

---

3. 推动关键核心技术攻关，培育良好发展生态

为实现人工智能产业高水平自主可控，我国需要加强产学研用协同创新，推动关键

核心技术攻关。

（1）大力推进人工智能基础软硬件开发，加强小样本学习、迁移学习等基础技术研究，提升原创能力。

（2）加快智能芯片、深度学习框架及关键算法等共性技术迭代升级与产业化，发展感存算一体化的智能传感器。

（3）强化知识计算引擎、跨媒体智能、自然语言处理、自主无人系统等技术攻关与应用，加快人工智能安全技术创新。

（4）加速语音、图像文字等多媒体技术向跨媒体技术提升，推动感知智能向认知智能演进，发展超大规模预训练模型。

（5）鼓励开发融合人工智能技术与其他技术（如 5G、大数据、云计算、区块链等）的产品，并加速这些产品的商业化落地。

（6）推动类脑智能等前沿技术发展，前瞻布局人工智能与量子信息、脑机接口等前沿领域探索。

以技术突破和应用拓展为主攻方向，依托我国超大规模市场优势吸引全球资源要素，我国人工智能产业正在与实体经济深度融合，成为经济社会发展新的增长引擎。

10.2　人工智能在企业管理中的具体应用

企业进行现代化管理的目的是对内部人、物、财、技术、信息等资源进行合理优化配置，以实现多快好省发展，推动自身经济效益与社会效益的共赢。将人工智能引入企业管理中，可有效提高企业智能化、规范化与标准化的管理水平，实现企业管理效率的大幅提升。

10.2.1　人工智能在智能制造领域的应用

智能制造是基于新一代信息通信技术与先进制造技术深度融合，贯穿设计、生产、管理、服务等制造活动的各个环节，具有自感知、自学习、自决策、自执行、自适应等功能的新型生产方式。智能制造对人工智能的需求主要表现在以下三个方面。

1. 智能装备

智能装备主要包括自动识别设备、人机交互系统、工业机器人及数控机床等，涉及跨媒体分析推理、自然语言处理、虚拟现实智能建模及自主无人系统等关键技术。例如，在广东广州市的广汽本田工厂，传统的质检主要靠"人眼+经验"，先在被检车辆前后各放两面大镜子，再由质检员坐进车里对着 4 面镜子观察，在克服灯光干扰的同时，利用经验识别不同车型及与之配套的车灯，之后再用纸质表单手动登记检测结果。现在，在百度智能云"开物"的助力下，广汽本田在生产线装上 7 台球形摄像机，开启全方位检测，展现出准、快、全的质检效果。比如，针对单一车型的 20 多种车灯，系统可通过 7 台摄像机同步拍摄并计算 120 张细节图片，检测全程仅需数秒。

2. 智能工厂

智能工厂主要包括智能设计、智能生产、智能管理及集成优化等具体内容，涉及跨媒体分析推理、大数据智能、机器学习等关键技术。例如，走进广东格兰仕数智化基地，一个个充满活力的"数智化"场景就扑面而来：每条生产线都有 10 余个机器人，由计算机数字化控制，可以瞬间切换不同的工作模式。过去，从接单到出货需要人工协调沟通各车间部门，无法快速响应市场，加上海外客户对批量产品的个性化需求越来越多、越来越细，生产和运转流程难以及时提供个性化的定制服务。近年来，格兰仕探索数字化转型，通过数字赋能打通产业链的各个环节。一台微波炉从市场订单到完成生产，过去需要 20 天以上，现在流程可以缩短到 7 天，劳动效率提升了 40%，订单交付期缩短了 67%。

3. 智能服务

智能服务主要包括大规模个性化定制、远程运维及预测性维护等具体服务模式，涉及跨媒体分析推理、自然语言处理、大数据智能、高级机器学习等关键技术。例如，现有涉及智能装备故障问题的纸质化文件，可通过自然语言处理，形成数字化资料，再通过非结构化数据向结构化数据的转换，形成深度学习所需的训练数据，从而构建设备故障分析的神经网络，为下一步故障诊断、参数设置优化提供决策依据。

10.2.2 人工智能在营销管理中的应用

人工智能在营销管理中的应用包括以下 8 个方面。

微课堂

人工智能在营销
管理中的应用

1. 数据收集与分析

企业可以运用人工智能技术收集和分析客户的购买历史、浏览记录、点击率等数据，利用大数据分析、自然语言处理和机器学习等技术，处理海量数据，识别消费者需求和行为模式，构建用户画像，深入了解客户需求和行为模式，从而制定精准营销策略。

2. 个性化推荐

基于客户的历史行为和兴趣，人工智能可以帮助企业为客户提供个性化的产品和服务推荐。这种个性化推荐不仅提高了客户的满意度和忠诚度，还促进了产品销售额的增长。例如，某电商平台利用人工智能技术进行用户画像构建和购买行为分析，根据用户的浏览记录、购买历史和搜索关键词等信息，精准推送个性化的商品推荐和优惠活动。

3. 市场预测

人工智能可以通过预测分析功能，帮助企业预测市场趋势和客户行为，从而提前布局，抓住市场机遇。例如，通过对历史销售数据的分析，人工智能技术可以帮助企业预测未来一段时间内某类产品的需求量，合理安排生产和库存。

4. 自动化营销

人工智能可以帮助企业实现营销活动的自动化执行，如自动化邮件发送、社交媒体互动等，降低企业的人力成本，提高营销效率。企业可以利用人工智能技术设置自动化营销流程，当客户满足特定条件（如购买满额、浏览特定商品等）时，营销活动自动触发（如发送优惠券、推荐相关商品等）。

5. 广告优化

人工智能可以帮助企业通过对用户数据的深度分析，实现广告的精准投放。企业可以根据用户的兴趣、行为特征等，向用户展示与之相关并具有吸引力的广告内容。例如，电商可利用人工智能技术分析用户的购买行为和消费偏好，向其推送精准的广告信息，从而提高广告的点击率和转化率。

6．智能客服

人工智能在市场营销领域最广泛的应用之一为智能客服。智能客服系统可以自动回答客户的常见问题，如账户信息查询、密码重置、订单状态跟踪等，大大减少了客户的等待时间。而且不同于简单的自动回复，智能客服系统能够进行多轮对话，理解并回应更复杂的用户需求，提供连贯和个性化的服务。高级的智能客服系统能够分析客户的情感和情绪，据此调整回复的语气和内容，提升客户体验。随着技术的进步和数据的积累，智能客服系统能够自我更新和完善，适应不断变化的市场需求。

7．内容创作与分发

人工智能技术还可以运用于自动化内容创作和个性化内容分发。通过分析用户兴趣和市场需求，人工智能技术可以帮助企业生成符合品牌风格和用户喜好的营销内容，如文章、视频、图片等，并将这些内容精准地推送给目标用户群体，提高内容的曝光率和转化率。例如，某些人工智能内容创作工具可以根据用户输入的关键词和主题自动生成营销文案或视频脚本。

8．营销决策支持

人工智能通过预测和模拟，帮助企业进行更加智能的营销决策。企业可以利用人工智能技术分析不同营销策略的效果和成本，从而选择最优的营销方案。

10.2.3　人工智能在财务管理中的应用

人工智能在财务管理中的应用主要包含以下 3 个方面。

1．自动化处理

人工智能能够自动识别财务数据，完成会计分录，并自动生成各类财务报表，如资产负债表、利润表等，从而减少了人工录入的时间和错误率，大大提高了工作效率。同时，通过 OCR（Optical Character Recognition，光学字符识别）技术，人工智能还能够自动识别发票信息，自动匹配费用科目，实现费用报销的自动化处理，简化了报销流程，进一步提升了报销效率。此外，人工智能可以自动完成税务计算、申报等工作，减少人工操作的时间和错误率，提高企业税务管理的效率。

2．数据分析与预测

人工智能可以帮助企业对历史财务数据进行深度挖掘和分析，揭示数据背后的规律和趋势，为企业决策提供有力支持。基于历史数据和实时信息，企业运用人工智能技术还可以构建预测模型，对企业未来的财务状况进行预测，包括现金流预测、利润预测等，更好地规划未来发展。此外，人工智能可以帮助企业分析市场趋势，为企业制定战略规划提供参考，帮助企业抓住市场机遇，规避潜在风险。

3．风险管理与合规监管

人工智能能够帮助企业通过对企业内外部数据的综合分析，及时发现潜在风险，为企业提供风险预警和应对策略建议。同时，人工智能还可以自动检测交易数据中的违规行为和异常情况，提升企业合规管理的效率和准确性，确保企业财务活动的合规性。

10.2.4　人工智能在供应链与物流领域的应用

人工智能在供应链与物流领域的应用主要在以下 5 个方面。

1. 预测需求和库存管理

人工智能通过分析历史销售数据、天气预报、市场趋势等，能够预测未来的产品需求，从而帮助企业优化库存管理。这种预测不仅有助于企业减少库存成本，还能降低过度备货的风险，确保产品能够及时供应给市场。例如，人工智能可以帮助企业分析季节性变化和供应链效率，以决定最佳的库存水平，从而满足市场需求并减少过剩和缺货现象。

2. 运输管理

在物流和运输管理方面，人工智能提供了智能的运输和路线优化解决方案。人工智能可以考虑交通状况、天气预报、成本和交付时间等多种因素，为运输车辆选择最佳的送货路线，从而减少企业运输成本和交货时间。此外，人工智能还能实时监测货运情况，提高企业物流和运输的效率。例如，某些智能道路系统为自动驾驶汽车和用户提供路况信息，帮助优化物流卡车的行驶路线。

3. 质量控制和风险管理

人工智能在供应链物流中的另一个重要应用是质量控制和风险管理。人工智能可以监测供应链中的风险因素，如质量问题、延迟交货、供应商倒闭等，并通过实时监测供应链中的生产过程来提高质量控制能力。此外，人工智能还能帮助企业提前识别潜在的风险，并采取措施来减轻这些风险对供应链的影响。

4. 供应商选择与合作伙伴管理

人工智能可以帮助企业通过分析供应商的历史业绩、信用评级、产品质量等，评估和选择最合适的供应商。这种基于数据的供应商选择方法有助于企业优化合作伙伴管理，提高供应链的整体效率和质量。

5. 智慧仓储管理

在仓储管理方面，人工智能的应用领域包括智慧存储设备、智能分拣系统等。通过运用机器视觉、路径规划等技术，无人仓、自动化仓库中的搬运机器人、分拣机器人等物流机器人可以实现自我感知、自我学习、自我决策和自我执行，从而提高仓储作业的效率和准确性。此外，人工智能还可以基于历史消费数据建立库存需求量预测模型，实现库存水平的实时调整。

10.2.5　人工智能在人力资源管理中的应用

人工智能在人力资源管理中的应用主要在以下5个方面。

1. 员工招聘

人工智能能够自动解析简历内容，根据企业预设的岗位要求和关键词进行快速筛选，大大缩短了HR筛选简历的时间，提高了招聘效率。目前已有企业将语音分析技术应用于招聘过程，通过对应聘者说话语序、用词习惯、语气、声调等的采集与分析，推测出其个性和偏好，进而推测出其可能适合的岗位，为招聘决策提供更多维度的参考。

2. 绩效考核

人工智能可以帮助企业有效消除个人主观因素的影响，使绩效考核的结果更加科学、公正。通过大数据分析和算法模型，人工智能能够帮助企业综合评估员工的工作表现，减少人为差错。

3. 薪酬福利管理

在薪酬福利管理方面，人力资源管理者可以选择"人机结合"的方式，利用人工智能模型进行薪酬测算，形成合理、公平的薪酬方案。人工智能帮助企业可以大幅度降低劳动强度，减少人为出错的机会，实现薪酬福利管理的自动化和智能化。

4. 员工培训

人工智能可以帮助企业根据员工的学习习惯、能力水平和工作需求，为员工推荐个性化的培训课程和学习资源，帮助员工提升职业技能和综合素质。此外，通过运用人工智能技术，企业可以实时监测员工的学习进度和成效，为培训效果评估提供客观、准确的数据支持。

5. 劳动关系管理

在劳动关系管理方面，人工智能可以作为虚拟助手，协助企业处理员工入职、档案管理、离职流程等基础工作，提高人力资源管理的工作效率。同时，企业还可以通过采用人工智能客服系统，为员工提供在线咨询服务，解答关于人力资源政策、流程等方面的问题，提升员工满意度和归属感。

10.3　典型案例与分析

10.3.1　"智能生产管理系统"助力中船九院数字化升级改造

2021 年，中国船舶集团有限公司旗下的中船第九设计研究院工程有限公司（简称中船九院），成功研发出一套针对船厂钢板库区的"物料自动化管理系统"。这套系统从钢板入库、堆垛建立、智能翻板到自动上线，全程实现自动化，并已在中国船舶集团旗下的大连船舶重工集团有限公司得到实际应用。该系统融合了先进的智能制造理念和技术，是国内大中型船厂钢板库区作业环境和工艺流程的定制化解决方案。

该系统由七大功能性子系统组成，包括仓库管理系统、物流管理系统、网络通信系统、地面输送系统、安全警示与视频系统、自动化起重机系统，以及视觉检测系统。通过数字化、信息化、智能化的网络布局，实现了物料的自动跟踪、信息存储、指令分配、工位调度和自动控制，显著提升了生产作业的标准化水平和空间利用率。

1. 仓库管理系统

船厂钢板库区空间大、物料重，存放、运输、管理十分不便。仓库管理系统将库区分割成不同区域，对每个区域的空间、垛位分布和位置进行编码，并在系统中进行成比例缩放。通过集成的库区模拟"看板"，让仓库管理一目了然，实现无人化管理。

2. 物流管理系统

物流管理系统设计了一整套的智能搬运库区物料方案。只要在系统输入"作业工单"，系统就会控制库区内各个设备的运行，从而规避潜在的运行冲突。该系统还可根据库区运行状态设计最优物料运输路线，提高运行效率。同时，系统还具备安全联动和实时报警功能。

3. 网络通信系统

库区网络通信系统由有线网络和无线网络组成。有线网络包括系统服务器、主操作站等设备，通过光纤通信、工业以太网等进行数据沟通。移动设备如自动化行车、转运车等，通过无线网络与地面服务器通信。无线信号覆盖整个库区，确保无盲区，并支持在基站间快速漫游。此外，该系统还能与其他数据系统进行互联。

4. 地面输送系统

地面输送系统由两台有轨制导小车组成，实现自动导航、运输和定位，通过与地面管理系统的数据交互，自动控制小车运送钢板物料入库。

5. 安全警示与视频系统

该系统设置了多类型安全管理信号，包括安全门、护栏、电子锁等，通过多重措施避免未经授权人员进入作业区，并对紧急情况实时预警。同时，系统可对库区进行实时监控。

6. 自动化起重机系统

自动化起重机系统由行车定位系统、行车防摇系统、车载 HMI、车载服务器、行车遥控系统及行车本体传动控制系统组成。在库区作业过程中，行车定位系统通过精确调节设备位置，实现堆垛对齐的精准定位。行车防摇系统可有效降低行车时车辆摆动频率，提高作业效率。

7. 视觉检测系统

在传统钢料库区中，预处理完成后的钢板需要人工进行麻点板检测，不仅工序烦琐、效率低下，而且存在漏检隐患。视觉检测系统可对钢板麻点进行自动筛查，有效解决检测问题。视觉检测系统针对船舶建造钢板表面缺陷进行检测，构建钢板表面缺陷大数据知识库及基于人工智能算法的缺陷库自学机制，实现对钢材表面缺陷的自动识别和实时测量。

人工智能技术发展对推动船舶产业进步具有重要意义，将改变船厂规划建设、生产建造、运营维护、科学试验测试等各阶段模式，推动船海工业信息化发展迈入新的历史阶段。基于工业互联网的船舶智能制造和智能船厂是未来船海工业发展的重要方向。

课堂讨论

企业为何要引入人工智能，向智能化转型？企业智能化转型过程中要注意哪些问题？

开拓视野

以人工智能为引擎推动产业智能化发展

党的二十大报告强调，推动战略性新兴产业融合集群发展，构建新一代信息技术、人工智能、生物技术、新能源、新材料、高端装备、绿色环保等一批新的增长引擎。当前，人工智能日益成为引领新一轮科技革命和产业变革的核心技术，在制造、金融、教育、医疗和交通等领域的应用场景不断落地，极大地改变了既有的生产生活方式。统计数据显示，中国 2021 年机器人出货量达 268 195 台，存量突破 100 万台。2011 年后，中国人工智能专利申请量高居世界首位，2020 年达到 46 960 项，这表明中国已跻身全球人工智能发展的前列，市场前景广阔。作为世界第二大经济体，我国拥有数以亿计的互联网用户及海量大数据资源，这种大国经济特征为深化人工智能应用、加快产业智能化发展提供了丰富的数据支持和广阔的应用场景。我国门类齐全、体系完整和规模庞大的产业体系，更是为产业智能化向广度和深度发展奠定了坚实基础。展望未来，人工智能技术引领的新一轮科技革命和产业变革浪潮，将使人工智能技术成为未来世界经济和高端制造的主导技术。

10.3.2 数智供应链加速京东云产业 AI 全景布局

只有将人工智能大规模、系统性地融入产业链的全流程，打造产业 AI，才能形成更强大的产业竞争力。京东的实践表明，围绕着供应链全流程来推动人工智能的应用是高效的方法。京东云产业 AI 正在推动数实融合，加速开放共生，带动产业上下游加快数字化转型。

1. 京东云打造长在数智供应链的产业 AI，生于产业，服务产业

京东在自有的零售、物流、服务等复杂的供应链场景中，深度应用人工智能技术，实现了业务的全面自动化升级、降本增效、优化体验。

产业 AI 使决策更智能。以京东零售为例，京东通过对供应链超级自动化的实践和探索，运用运筹优化、深度学习等技术，将 AI 能力应用于各供应链场景，实现了在供需不确定场景下，对于自营业务千万量级 SKU 的精准预测、智能决策及高效协同，采购自动化率达 85%，并助力京东库存周转天数保持在接近 30 天的水平，做到供应链运营效率全球领先。

产业 AI 使物流更高效。京东物流在全国超 25 个城市投用的 400 余辆智能快递车，成为京东供应链末端配送的有益补充；在京东物流"亚洲一号"智能产业园地狼机器人仓内，拣货员与地狼机器人分工明确、配合默契。这种"人机协作"模式有效提升拣货效率达 3 倍以上。

产业 AI 使服务更有效。京东云旗下的言犀人工智能应用平台是一种从京东复杂业务场景中深度解耦而来的 AI 技术产物。京东的 AI 生成商品营销文案功能目前覆盖 3 000 余个三级类目，人工审核通过率超过 95%，累计生成超 30 亿字。京东云通过提供技术支持，搭建了能够实现全流程协同处理的智能客服系统。基于言犀人工智能应用平台的 AI 能力，该客服系统通过"咨询+服务"的交互模式，可自动化应答 90% 的服务咨询。

基于京东业务发展和场景需要衍生出来的 AI 能力，使得京东云的产业 AI 更具独特性，不仅技术成熟，更能够高度适配产业发展。

2. 京东云推出言犀人工智能应用平台，产业 AI 坚持以实助实

2020 年 11 月 25 日，京东云正式对外推出言犀人工智能应用平台。2022 年 7 月 13 日，在京东全球科技探索者大会之京东云峰会上，京东宣布对言犀平台进行了升级，并将其定位为"最懂产业的人工智能应用平台"。此次升级进一步明确了该平台在京东云生态中的角色和定位，即面向产业提供智能化解决方案。

在言犀人工智能应用平台的技术能力加持下，京东云以产业 AI 为基石，助力千行百业实现数字化发展。以制造业为例，京东云依托领先的人工智能技术，通过"智能终端+弹性算力"模式，助力常州区域实现企业需求与工厂闲置产能的对接，将闲置产能及算力有效利用，在增加企业效益的同时，赋能区域生产产能"一网通享"。目前，京东工业互联网平台已成功接入常州区域内 600 余家工厂的 4 万多台设备，并成功消化 3 亿多元的剩余产能，实现区域内产业结构转型升级。

京东云积极服务 12345 政务服务便民热线，提升问题解决效率。在京东的云助力下，河北保定 12345 政务服务便民热线建立"接诉即办"数字化监管平台，提升了全渠道、全时段、全方位响应效率。2022 年上半年，该平台共受理群众诉求 960 190 余件次，同比增长 122.78%，响应率达 100%。

3. 加速布局数智技术未来，京东云引领产业元宇宙发展

未来的产业竞争一定不是单项的竞争，而是整体产业效率的竞争，随着产业数智化进入深水区，对数智供应链技术提出了更高的要求。京东云加速布局面向未来的数智技术，积极构建产业元宇宙。自京东探索研究院行业首提"产业元宇宙"这一概念开始，京东云一直以供应链为主轴，在制造、零售、物流等环节打磨能力，实现单点突破，逐渐走向"产业元宇宙"链路的融合突破。

产业元宇宙在京东供应链的多个场景已经取得了初步成绩：京东通过数字孪生系统对供应链进行仿真优化，实现决策效率提升 95% 以上。京东探索研究院正在将京东在产业元宇宙领域的实战能力沉淀为元聚力——OmniForce 产业元宇宙一体化供应链平台，构建了覆盖企业全流程的低代码、低门槛的使用工具和生产工具，弥合了底层能力到上层应用之间的二次开发环节，提供了一体化解决方案，使中小企业部署 AI 能力变得简单、直观、易操作。

数字化发展的未来图景是产业联结、数智创新和生态融合，核心是产业链的全局优化。以产业 AI 为基石的数智供应链将通过联结更多生态伙伴，实现更高效的数字化转型，助力数字经济发展。结合自身在产业数字化领域的洞察和积累，京东云将持续秉承开放共生的理念，将"更懂产业"践行到底，以产业 AI 为基石，为千行百业打造数智供应链。

作为一家兼具实体企业基因和属性、数字技术和能力的新型实体企业，京东集团未来将坚定地沿着"以实助实"的路径走下去，持之以恒地推进货网、仓网、云网"三网通"，进一步实现链网融合，为推动实体经济高质量发展持续作出更大贡献。

资料来源：央广网。

本章实训

1. 实训目的

通过实训，了解人工智能在企业管理中的实际应用，并认识到其对提升企业运营效率的重要性。

2. 实训内容及步骤

（1）将全班同学划分为若干任务团队，各任务团队推选一名负责人。

（2）各团队选择一个具体的人工智能在企业管理中的应用案例进行深入研讨。

（3）各团队准备展示 PPT，内容包括所选案例的背景、实施过程、效果评估及可能

面临的挑战。

（4）组织课堂讨论，各任务团队轮流上台展示并接受其他任务团队提问。

（5）授课老师对各团队的案例分析进行批阅，给出实训分数。

3. 实训成果

实训作业——《人工智能在企业管理中具体应用的案例分析》。

本章习题

一、单选题

1. 人工智能产业链的核心是（　　）。

　　A. 大数据技术　　　B. 人工智能技术　　C. 5G 技术　　　　　D. 云计算技术

2. 人工智能由人类设计，为人类服务，其本质为计算，基础为（　　）。

　　A. 网络　　　　　　B. 人力　　　　　　C. 数据　　　　　　D. 技术

3. （　　）在人工智能领域的专利申请数量位居国内首位。

　　A. 腾讯　　　　　　B. 阿里　　　　　　C. 华为　　　　　　D. 百度

4. 人工智能在市场营销领域最广泛的应用之一为（　　）。

　　A. 洞察消费者需求　　　　　　　　　B. 文案写作

　　C. 广告精准推送　　　　　　　　　　D. 智能客服

5. 在（　　）管理方面，人工智能可以作为虚拟助手，协助企业处理员工入职、档案管理、离职流程等基础工作。

　　A. 员工招聘　　　　B. 薪酬福利　　　　C. 绩效考核　　　D. 劳动关系

二、多选题

1. 我国人工智能产业的三大聚集发展区是（　　）。

　　A. 东三省　　　　　B. 长三角　　　　　C. 珠三角

　　D. 京津冀　　　　　E. 江浙沪

2. 我国人工智能创新能力显著提升，以下有关我国人工智能发展情况说法正确的有（　　）。

　　A. 人工智能专利申请量居世界首位

　　B. 创新载体建设取得新进展

　　C. 我国企业在应用算法、智能芯片、开源框架等关键核心技术上已取得重要突破

　　D. 我国已有超过 400 所学校开办人工智能专业，高端人才居全球第二

　　E. 我国人工智能产业在全国各地区发展均衡

3. 人工智能产业链主要包括（　　）。

　　A. 基础层　　　　　B. 中间层　　　　　C. 技术层

　　D. 应用层　　　　　E. 网络层

4. 智能制造对人工智能的需求主要表现在（　　）三个方面。

　　A. 智能装备　　　　B. 智能工厂　　　　C. 智能策划

　　D. 智能服务　　　　E. 智能决策

5. 智能服务涉及（   ）等关键技术。
   A. 跨媒体分析推理 B. 自然语言处理　C. 大数据智能
   D. 高级机器学习　E. 个性化定制

三、名词解释
1. 人工智能　　　2. 人工智能产业链　　　3. 智能制造

四、简答及论述题
1. 人工智能的特征有哪些？
2. 人工智能在营销管理中的应用包括哪几个方面？
3. 人工智能在供应链与物流领域的应用包括哪几个方面？
4. 试论述人工智能在财务管理中的具体应用。
5. 试论述人工智能在人力资源管理中的应用。

案例讨论

华为赋能矿山数字化转型

矿井下，数百米深的机电硐室内，巡检机器人正在进行360°视频监测、音频采集、红外热成像等工作。在掘进工作方面，工人坐在集控室里，只需要动动手指就能指挥机器割煤。矿井上，电子屏幕上实时显示井下瓦斯浓度、温湿度等数据，综采、掘进、运输等场景一览无余。

这是晋能控股集团寺河煤矿的工作场景。一年多来，寺河煤矿基于华为智能矿山解决方案与智能化应用，不断提高调配管理水平、生产效率及矿井安全性。

利用云计算、人工智能、5G、物联网等新一代信息技术，华为孵化创新场景方案，解决矿山安全生产中遇到的难题。

（1）实现设备互联，改善工作环境

数字基础设施薄弱，生产设备无法互联互通，是煤矿进行数字化、智能化改造面临的第一道难题。

华为相关部门与国家能源集团联合30多个伙伴单位，开发出了基于华为鸿蒙系统的矿鸿操作系统。它实现了数据融合、共享和智能化应用，目前已应用于神东13个煤矿和1个洗煤厂。其中，其在乌兰木伦全矿部署，稳定运行超过一年，涵盖无人巡检等多种创新应用场景。国能神东副总经理介绍，国能神东和华为不断探索，展现了矿鸿操作系统在矿山装备工业控制领域的价值，为矿山行业的智能化打下操作系统底座。智能化改造，也实现了煤矿从"专岗专技专人"向"无人值守、机器巡检"的转变。在陕西煤业化工集团红柳林矿业有限公司的智能化选煤厂，控制室的"数字矿工"只需轻点鼠标，巡检机器人便会沿着预定轨道行进。

（2）拓展应用场景，服务更多行业

自2021年以来，陕西煤业化工集团红柳林矿业有限公司携手华为，将智能矿山整体架构与煤炭生产全流程结合，建成覆盖智能综采、智能掘进、智能辅运、智能主煤流、智能选洗等多个场景的应用，实现业务系统融合联动。

煤矿智能化的成功经验，还复制应用于越来越多的非煤矿山领域。山东黄金集团有限公司建设金属矿山大数据平台，通过华为云应用与数据集成平台收集各系统数据，依托智能数据湖平台对数据进行管理，实现数据管理的规范化、制度化和资产化。金川集团、紫金矿业、宝武钢铁集团、鞍本钢铁集团、五矿集团等金属矿企也与华为在智能化转型方面开展了不同程度的合作。

　　中国矿山智能化的成功经验也正走向海外。2022 年 5 月，在南非举办的数字矿业峰会上，华为宣布将联合 160 多个解决方案合作伙伴和 60 多个设备伙伴迈向国际市场。

　　资料来源：董丝雨. 智能改造　生产提效[N]. 人民日报，2023-02-02（00）.

　　思考讨论题：

1. 人工智能对企业管理的重要意义是什么？
2. 华为利用信息技术，赋能矿山数字化转型给我们的启示有哪些？

参考文献

[1] 李东进，秦勇. 管理学原理[M]. 3 版. 北京：中国发展出版社，2014.

[2] 刘冬蕾，赵燕妮. 管理学原理[M]. 北京：中国林业出版社，2012.

[3] 葛玉辉. 人力资源管理[M]. 3 版. 北京：清华大学出版社，2012.

[4] 单凤儒. 企业管理[M]. 4 版. 北京：高等教育出版社，2020.

[5] 赫连志巍，张敬伟，苏艳林. 企业战略管理[M]. 北京：机械工业出版社，2015.

[6] 王鹏. 供应链管理[M]. 北京：北京理工大学出版社，2016.

[7] 李东进，秦勇，陈爽. 网络营销[M]. 2 版. 北京：人民邮电出版社，2021.

[8] 罗娟，宋卫. 生产运作管理[M]. 北京：人民邮电出版社，2021.

[9] 张志强. 全面质量管理与企业创新[M]. 北京：中国经济出版社，2022.

[10] 赖文燕，蔡影妮. 现代企业管理[M]. 南京：南京大学出版社，2019.

[11] 张建伟. 现代企业管理[M]. 3 版. 北京：人民邮电出版社，2021.

[12] 李东进，秦勇. 市场营销[M]. 2 版. 北京：人民邮电出版社，2021.

[13] 赵修美，周振. 市场营销基础与实务[M]. 北京：人民邮电出版社，2024.

[14] 韦绪任. 财务管理[M]. 北京：北京理工大学出版社，2018.

[15] 王化成，刘亭立. 高级财务管理学[M]. 北京：中国人民大学出版社，2022.

[16] 夏洪胜，张世贤. 生产运作管理[M]. 北京：经济管理出版社，2014.

[17] 舒辉. 企业战略管理[M]. 3 版. 北京：人民邮电出版社，2024.

[18] 郑树泉，王倩，武智霞，等. 工业智能技术与应用[M]. 上海：上海科学技术出版，2019.

[19] 蔡勤，李圆圆. 直播营销[M]. 北京：人民邮电出版社，2024.

[20] 张仁德，霍洪喜. 企业文化概论[M]. 天津：南开大学出版社，2001.

[21] 陈劲，郑刚. 创新管理[M]. 北京：北京大学出版社，2021.

[22] 张国梁. 企业文化管理[M]. 北京：清华大学出版社，2010.

[23] 陈超红. 人工智能在人力资源管理中的应用[J]. 河北企业，2020(07):123-124.

[24] 马春浩，崔辰. 人工智能赋能供应链物流领域探析[J]. 铁路采购与物流，2023,18(01):36-38.

[25] 周文霞，辛迅. 组织职业生涯管理对个体职业生涯管理的影响：一个被调节的中介模型[J]. 中国人民大学学报，2017(5):80-89.